ハンザ「同盟」の歴史

中世ヨーロッパの都市と商業

高橋　理 著

創元社

はじめに

ハンザとは何か

「ハンザ」とは何か。ドイツ語ではこれをHanseというが、それを独和辞典で引いてみると、「ハンザ同盟」というまことに不適切な訳語が載せられている。これを本場ドイツの辞典、思い切って最高最大のグリムの大辞典を繙いてみると、「商人団体」というかなりましな言葉で言い換えられている。しかしそれでも一〇〇%的確ともいいがたい。専門の立場からいえばグリムの説明すら不十分といわざるをえないほど、「ハンザ」の正体は定義が至難なのである。

その点を知っていただくために二つの挿話をご紹介しよう。ハンザ史研究家のなかにもなかなかの暇人はいるもので、あるハンザ史研究家は御苦労なことに一九世紀末から二〇世紀へかけての著名な二人の経済史学者、カール・ビュッヒァーとヴェルナー・ゾンバルトの著作をすべて読んだところ、「ハンザ」という用語にはただの一度も出会わなかったという。本当か否か確かめてはいないが、もしそうだとしたらこの二名の経済史学者は「ハンザ」の存在に気づいていなかったことになる。これは実に奇妙な話で、「ハンザ」は一九世紀末のドイツ中世史学界では強烈に意識されていたはずなのである。思うにビュッヒァーにせよ、ゾンバルトにせよ、ハンザを知らなかったはずはなく、おそらくその著作の随所でリューベクだの、ハンブルクだのダンツィヒだの個々のハンザ都市には言及しているであろう。しかし、総体としてのハンザについての確たる自覚が欠けていたために、結果として「ハンザ」に言及せずして終わってしまったのであろう。

もう一人の暇人の例を一つ。これはきわめて著名なハンザ史学の泰斗の話であるが、彼は旅行に行く先々で電話帳を調べ、「ハンザ」または類似の名称を含んだ会社名を探したという。その結果、有名な航空会社「ルフト・ハンザ」のみならず「ハンザ」という名称を、もとよりドイツ語のみならず英語形やフランス語形で含んだ例がかなりの数にのぼったという。それも、リューベク、ハンブルクなどドイツの旧ハンザ都市にとどまらず、ロンドン、アムステルダム、ニューヨークなどで見られた。そこで同氏は、「ハンザ」が一般にはまるで語られないのに、企業世界ではこの用語が広く行きわたっていることを知り、その乖離に呆れもし、慨嘆もしているのである。

以上二例の暇人の発見はしかし、「ハンザ」の正体とその用語としての運命を実に良く反映している。上記に挙げた二人の古典的経済史家の場合、総体としての「ハンザ」が自覚されなかったのは、「ハンザ」が国民国家ではなく、別次元の存在だったからであろう。一九世紀から二〇世紀へかけては、おそらく世界の人々が国民国家を史上最も強烈に自覚した時代に属するであろう。イタリア、ドイツの統一実現と、その直後の熾烈な帝国主義的植民地獲得競争のさなかにあって当時の学者が世界を近代国家を基準にしてしか考えられなかったのもやむをえないことであった。つまり、そのような意味において、「ハンザ」は歴史学の主題として甚だ曖昧であり、定義しがたく、かつ誤解も生じやすい。それゆえに本書の主題である「ハンザ」に関しては、その歴史的現象を述べるに先立って「ハンザ」とは何かという根本的定義を取り上げざるをえないのである。

一種の国家形態または国家の対応物

歴史を通じて人類はさまざまな形態の国家・社会を構築してきた。今日でこそ一つの国家は最低でもある一定の規模を擁しているることが必要とされているが、史上にはそうとは考えられていない時代もあった。古代ギリシアなどでは国家――つまりいわゆるポリス――はかえって大き過ぎてはいけなかったのである。さらに、今日でこそ一定の規模を有する統一的主権国家がわれわれの存在基盤となっており、われわれ現代人にとっては日本人であるとか、アメリカ人であるとか、ドイツ人であるとかが第一次的人間規定となっているが、史上のすべての時代が古くからそうであったわけではない。たとえば江戸時代の日本ではこのような意味での第一次的人間規定は幕府直属であるとか、何々藩の家中であるとかであった。現在のごとき統一的主権国家の実現は歴史上かなり後のことに属するのであって、史上多くの場合は上述の意味での国家が人間の存在基盤ではなかったのである。この点を無視して、現代国家と同一の体制を過去の人間存在の当然の前提として考えるならば、それは大変な時代錯誤である。歴史学の使命はこうした錯誤に陥ることのないよう、人々を啓蒙することに存するのだといってよい。

そのような意味では、本書の対象であるヨーロッパ中世の「ハンザ」は、上記「啓蒙」の好個のテーマだといえる。というのも「ハンザ」の基本単位はドイツだの、イギリスだの、フランスだのという「近代・現代国家」ではなく、実は「都市」だからである。「ハンザ」には当時なりに多くの人口が属していたが、その一人一人が自分はドイツ人だの、オランダ人だの、スウェーデン人だのと意識していたわけではなかった。ましてや中世のヨーロッパにはドイツだのオランダだのという「国家」は存在していなかったのだから尚更である。では彼らの人間的基本アイデンティティは何であったのかといえば、それこそが「都市」にほかならない。中世のハンザが地理的に占める範囲はヨーロッパ大陸の北方であるが、その地方に居住していた人々にとり、今日のわれわれにおける「国家」に相当するのは「都市」であって、われわれが自分たちを第一次的に日本人だのアメリカ人だのと主張するのと同様に、「自分はリューベク市民」だとか、「ハンブルク市民」だとか、「アムステルダム市民」だとか、「ダンツィヒ市民」だとか自己を主張していたのである。そこには今日のわれわれが直ちに意識する統一的主権国家などが介在する余地はない。もちろん、当時この地域に居住していたのは都市市民のみではなく、農村人口もまた少なくなかったであろう。その人々が「何々市民」であるというアイデンティティを主張したはずもないが、それでも彼らの第一次的帰属意識はたぶん村落か領主の支配地であって、近代的国家ではありえなかった。しかも、近世以前にあっては、生産の大部分は農業生産ではあっても、社会における経済的ひいては政治的影響力はもっぱら都市の商工業者より発していた。それゆえ「ハンザ」は歴史上人間の帰属単位が「国家」ではなく、「都市」にあった時代の存在を教示しているのである。

同時に一方では「ハンザ」をもって近世以降の国家に相当するという見方もありうる。たしかに一四世紀後半に「ハンザ」がデンマークと戦争を交えた時の「ハンザ」は、まさに主権国家と同一の資格と役割を示したのであった。しかしこの点は、旧時のハンザ史学が偏見を生み出した最大の問題点なのであって、相手方のデンマークはともかく、他方の「ハンザ」は到底「国家」的実体などは有していなかった。だからこの対デンマーク戦争はデンマークという王国とハンザという「国家」が対立した戦争では決してなかったのである。この点を旧時のハンザ研究は気づかなかった――というよりはむしろ対デンマーク戦争におけるハンザ側の輝かしい勝利に幻惑されて、ドイツ民族やドイツ国家の賞揚に利用したために、あらぬ誤解を世にひろめてしまったのである。事実、ハンザ地方の住人で自分は「ハンザ」の一員であると自覚していた人など、まずはありえない。そう自覚していたのは個々人ではなく「都市」それ自体または市政を担当する市民に限られていたであろう。

ところで「都市」が人間存在の基本となるためには「都市」が成立していなければならない。わが国では「都市」の発生自体が史上きわめて遅れていた。それがために「都市」が歴史の原動力として主体的に存在・活躍していた例はごく例外的な時代と地域に考えられうるに過ぎない。それゆえ、「都市」の歴史的役割など日本人にはなかなか理解しがたいのである。この点に関して筆者の個人的体験を紹介するのをお許し願いたい。

かつてフランスの一高校生と話を交わしていた時のことである。フランスの高校にも日本と同じく修学旅行があり、彼はフランシュ・コンテ地方ブザンソンの高校生で、修学旅行にノルマンディ地方の都市カン（Caen）を訪れたというのである。その時この高校生が何気なく私に向かって言ったのは「でもカンは歴史の浅い都市ですけれど」ということであった。それは年長の私に教えるなどという言い方ではなく、一つの常識を指摘するに過ぎないという何気ない言い方であったが、それだけにかえって真実味が感じられたのであった。事実、カンの都市としての成立はせいぜいのところ、一一世紀か一二世紀であって今から千年ほど以前である。これが日本であれば、何しろ一一、二世紀といえば平安時代の後半くらいだから、カンとは随分と「古都」だといわれるであろう。日本では戦国時代に発生した都市でさえ「古都」として讃嘆されるほどであるからである。

さてそれではヨーロッパで「古都」といわれるためにはどのくらいの歴史が必要かといえば、それは実に二千年なのである。今から二千年前といえば西暦紀元がはじまる頃、つまりローマ時代、それも共和政から帝政への移行期に相当する。その時期のヨーロッパでは一度にいくつもの「都市」が発生した。この場合の「都市」とは経済的・社会的な意味のみにとどまらず、法制的な意味においても定義されるべきものであり、特に最後の意味においての定義が歴史研究上は重要である点を銘記してほしい。そうしてそれが今日なお大都市として存在している例が多い。実例を挙げるならばロンドン、パリ、リヨン、アルル、ヴィーン、ケルン、トリーア、ボン、アウクスブルク等がそうであり、もちろんイタリア半島のローマやミラノなどは当然それ以上の古都である。だからヨーロッパ的な基準でいえば、前記のカンなどそれこそ「歴史の浅い都市」に過ぎない。それだから、日本のたとえば金沢や仙台を古都だと称するのは、ヨーロッパ的基準で見ればまったく成り立たない話である。しかもそのことがヨーロッパの高校生にとってさえ常識となっているという点にこそ、彼我の大きな差異が認識されなければならないと思うのである。

以上の通り、わが国で通常「ハンザ同盟」という不適切な呼称で知られているヨーロッパ中世の一歴史的現象には、日欧の違いを知るために西洋史を学習しようとする日本人にとって、類例のない教訓的・啓蒙的な要因が含まれているのである。

そもそも、「ハンザ同盟」とは何であるかという初歩的な問題の解明自体が意義深いのであるが、その点に立ち入るのは「はしがき」の限界を越えてしまう。今は直ちに本論に入ることとしよう。

目次

第4章 一四世紀前後のハンザ貿易

地図 河本佳樹　装丁 濱崎実幸

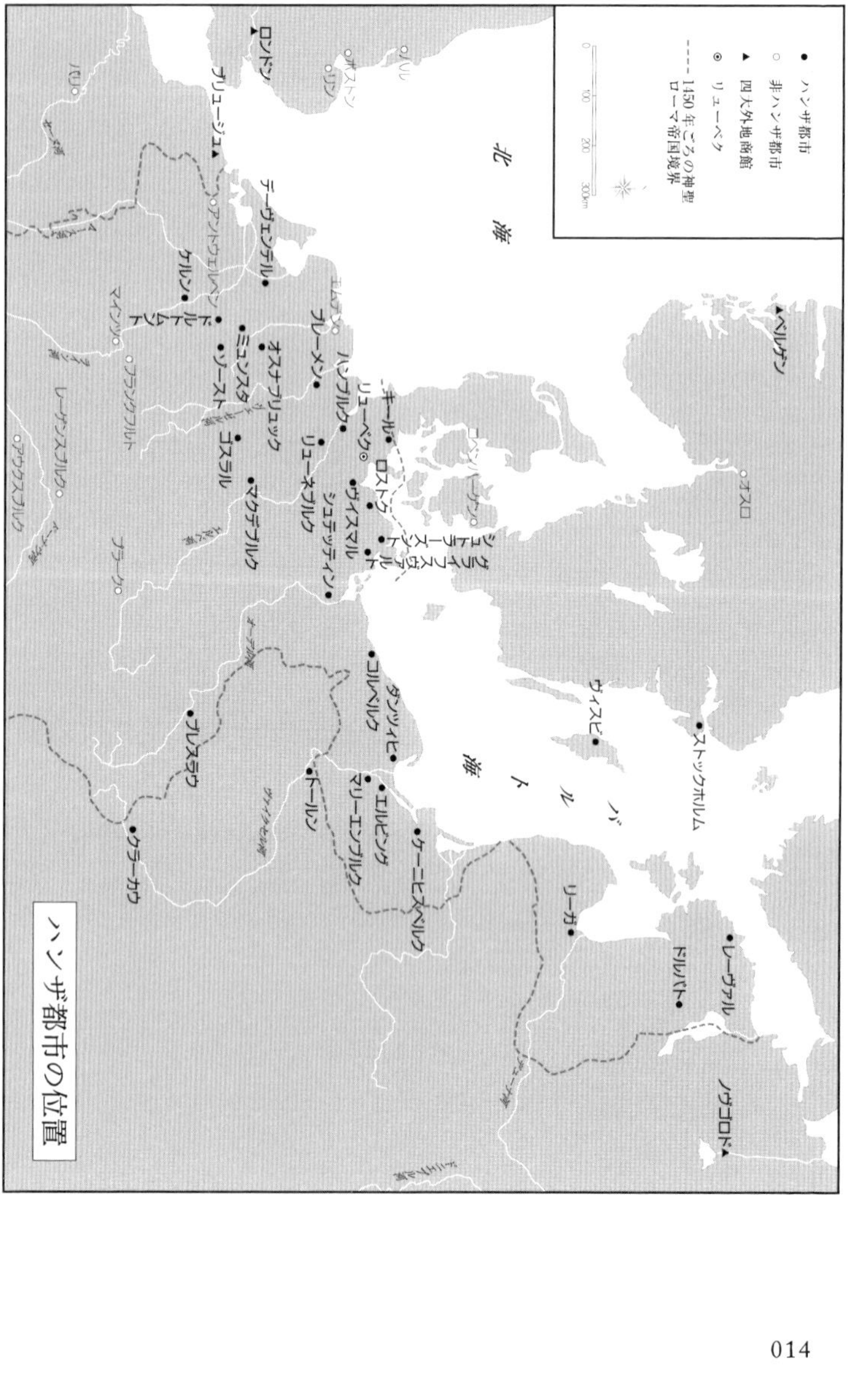

● ハンザ都市
○ 非ハンザ都市
▲ 四大外地商館
⊙ リューベック
1450年ごろの神聖ローマ帝国境界
0 100 200 300km
北海
バルト海
ベルゲン
オスロ
ストックホルム
ヴィスビ
リーガ
レーヴァル
ドルパト
ノヴゴロド
ケーニヒスベルク
エルビング
マリーエンブルク
トールン
ダンツィヒ
コルベルク
ブレスラウ
クラーカウ
シュトラールズント
グライフスヴァルト
シュテッティン
ロストク
ヴィスマル
コペンハーゲン
キール
リューベック
ハンブルク
リューネブルク
マクデブルク
ブレーメン
ゴスラル
オスナブリュック
ミュンスター
ゾースト
ドルトムント
ケルン
デーヴェンテル
ブリュージュ
アントウェルペン
ロンドン
ボストン
リン
ハル
パリ
フランクフルト
マインツ
レーゲンスブルク
アウクスブルク
プラーグ

ハンザ都市の位置

ハンザ「同盟」の歴史——中世ヨーロッパの都市と商業

序章　ハンザ「同盟」とは何か

1　中世ヨーロッパの都市と商業

中世の都市と都市連合

ヨーロッパ史の大きな特色は、都市が重要な役割を演じたことである。都市はヨーロッパ人の多面的な創造力が最もダイナミックに発揮された場所であるが、特に中世ドイツは地方分権が著しかったので都市の独立性も高かった。しかも、周辺領主権力に対して独立を維持してゆくために、都市同士が何らかのかたちで連合勢力を形成する例もしばしばあった。一三世紀以降、中世都市の確立に伴い、ライン都市同盟、シュヴァーベン都市同盟などが結成されている。

ハンザ「同盟」も一応こうした都市連合勢力の一つである。それどころか、これらのなかでは規模の点で群を抜き、存続年代も最も長い。しかし、ハンザ「同盟」は一般に考えられている都市同盟とは性質が非常に異なっており、ハンザ「同盟」とは一体何物であるかということはすでに中世においてさえ問題となっていた。後に説明するように、世間で通常使われているハンザ「同盟」という言葉は妥当ではないのであるが、諸侯権力から別個・独立の都市連合であることに変わりはない。

ハンザを構成する都市の中には帝国直属都市もあれば、ドイツ騎士団やポメルン大公等を都市君主に仰ぐ都市も含まれていた。それらが、各々別々の都市君主を戴きながら、その別を越えてハンザという一大勢力を形成したのである。これは都市君主といえども都市の政治に介入できぬほど市民共同体の自治・独立が強かったからこそ可能だった。都市自体がすでにヨーロッパ特有の存在であるが、都市同盟・都市連合はそれ以上にヨーロッパにのみ独自の現象である。

日本史上にも自由都市が皆無だったわけではない。戦国時代に宣教師をして日本のヴェネツィアだといわしめた堺がある。しかし、堺の周辺にはこれと協力しうる自由都市「群」はなかった。だから織田信長の強い圧力が加われば屈伏するほかなかったのである。これに反して、ハンザ都市を相手とする場合、王や諸侯はハンザという連合勢力の存在を常に計算に入れねばならなかった。それゆえ、日本と比べた場合のヨーロッパ史の特異性を知る上で、ハンザ史研究は絶好の手がかりというべきであろう。

さらに、ヨーロッパ中世社会の本質を解明する上からもハンザ史研究は好個のテーマである。封建君主の側面からのみ見られた中世史の価値が乏しいことはいうまでもないが、農村構造を中心に据えた中世封建社会論だけでも、個々的な都市史研究に基づく考察だけでも不十分である。ハンザのような都市連合の側からも検討することによって、中世世界の本質は一層明らかになるはずである。

中世における商業の復活

二〇世紀に入ってから経済史学者の間で注目されるに至った一つの中世聖者伝がある。それは一一世紀から一二世紀へかけてのイングランド人聖ゴドリックの聖者伝で、一二世紀末に書き上げられたといわれている。それによればゴドリックは農夫の子であったが、刺激と冒険を好み、商人という職業が彼の心を捉えた。小売取引の行商人からはじめて都市に進出し、遠隔貿易にまで乗り出した。こうして商業に従事すること十数年、財産家として大を成しえた。しかるに、それまで辛苦して蓄えた財産を神への奉仕に捧げようと決心し、それからは一転してすべての欲望を捨て去り、巡礼の旅に出るとともに全財産を売り払って貧者に施し、孤独な隠遁者として生涯を終えた。その間、美貌の女性から誘惑されたことがあったが、それをも立派にはねのけたというおまけまで付いているという。

聖ゴドリック

この聖者伝が注目されたのは一一、一二世紀における商業復活期の様相を生き生きと伝えているからである。これによれば、その頃には農民の子でも商業に身を投じて産を成す可能性が生じていた。しかも、ゴドリックは商人団体に加入しているから、すでに商人ギルドも発生していたし、船舶持分まで所有していたというから、海上商業も相当な発達を示していた。さらに、彼が農業を捨てて「職業」商人になったという点が重要である。商業が極度に沈滞していた一〇世紀以前にあっては「商人」という言葉の意味が異なっていた。通常は農業を営む人が余剰を市場で売り出せば、そのかぎりで「商人」といわれたに過ぎない。しかし、ゴドリックはまぎれもない職業商人である。

これは聖者伝であるから、作者のねらいはもとより宗教生活に入ってからの奇蹟・善行を伝えることにあった。商人としての前半生はそれとの対比においてのみ、意味あるものとされたに過ぎない。けれども、今日のわれわれにとって興味深いのは、まさにその前半生である。現代ならば有名な実業家の伝記がいくらでもあるが、当時はまさかそのようなものは書かれない。聖者伝が図らずも実業家の伝記になったというわけである。もしもゴドリックが宗教心を起こさず一生金儲けを追求したとすれば、一大金満家にはなったであろうが、その代わり彼については何も伝えられなかったであろう。

中世における商業の復活と都市の成長

このゴドリックの活躍地は遠隔貿易にまで進出したために南欧のローマやドナウ地方にまで及んでいるが、本人自身がイングランド出身であり、主たる活動地はイングランド、スコットランド、フランドル方面である。この点はヨーロッパ全般史上重要である。というのも商業の復活とそれに続く都市の成長のメッカとなったのは、これらの地方を含む北西ヨーロッパだったからである。特に都市の成長は中世ヨーロッパを特色づける顕著かつ重大な現象であるが、その根源地がやはり北西ヨーロッパなのである。しかもその原動力となったのはフランドル地方（今日のベルギー、北フランス）の毛織物産業であって、やがて都市連合勢力ハンザが成長するのもこの地方の経済的成長に刺激されてのことであった。よくハンザはドイツ史上の現象のごとく語られるが、それが本質的な誤りであることは、この事実のみでも判明するであろう。ゴドリックと並んでもう一つ北西ヨーロッパにおける都市の台頭を示す例を、しかもゴドリックの場合と同様、聖職者の手に成る古記録から紹介するとしよう。

それはやはり一二世紀の北フランス、ラン近傍ノジャンの修道院長ギベールという人物の自叙伝である。この修道院長は中世特有の頑迷な聖職者であって、自叙伝の中で商人や都市の悪態をつきまくっている。ところがゴドリックの場合と同じく、商業や商人に対する偏見に駆られて罵詈雑言を書きたてるがゆえに、かえって商業や商人の台頭を証言してしまっているところに、史料閲読上の妙味がある。

そのギベールによれば、ランの司教が財政難に陥り、都市ランが財政援助を引き受ければ都市自治を認めようという交渉が仲介人を通じて進められたという。中世初期には旧ローマ帝国領内の多くの都市が教会（司教、大司教）の完全支配下に入り、行政、司法権はもとより軍事警察権まで教会当局に掌握され、またそうしなければ都市も中世前半期の社会的混乱を乗り切れなかったことはよく知られている。けれども、そのような境遇にいつまでも甘んじていなかったところに、ヨーロッパ中世都市民の本性があり、商業復活に力づけられた都市および都市民が支配者たる教会に武力か財力で対抗し、勝利を得た末に都市自治を樹立するという事件がヨーロッパ西方では一二世紀に頻発した。その有名な事例が一二世紀から一四世紀まで続いたライン都市ケルンの事例であるが、ケルンの例を持ち出すまでもなく、すでにほぼ同じ頃、北フランスのランでは武力に訴えることなく、都市実力の証拠である富の力で同じ目的を達成しようとしているのである。ギベールは当時の新し

イタリアの貿易商人（15世紀頃）

い言葉である都市（コムーネ）という言葉を、悪しき言葉として聖職者にあるまじき呪いを浴びせているが、それはかえって当時における都市と市民の台頭を雄弁に後世に伝えるという皮肉な結果に終わってしまっている。

以上は商業復活期における一つの具体的様相である。都市の台頭もハンザの発生も、このような新たな潮流を背景としてこそ可能な現象だったのである。

中世の南方貿易

中世の遠隔貿易も当然海洋を主な舞台とした。それは地理的事情から南方の地中海貿易と北方の北海・バルト海貿易とに大きく分かれ、本書の対象は後者のほうである。この二つの貿易は性格の点できわめて対照的であった。この性格的相違の根源は取扱商品の違いにある。

まず地中海で展開した南方貿易の特色を見るとしよう。地中海貿易の主流となっていたのは各種の異国的で珍奇な商品である。胡椒《こしょう》、ショウガ、各種香料、絹、錦、じゅうたん、甘口果実酒、オレンジ、アーモンド、宝石等々。イタリア人を主とする南方貿易商人はこれらの商品をアジア・中近東の神秘的な諸地方に求め、なかにはマルコ・ポーロのような大冒険を敢行する者もいた。そこに登場するのは豪商と冒険家、遊牧民やアジア商人であり、ガレー船やキャラバンやジャンクが道具立てとなっている。現実には厳しい風土条件下にあったではあろうが、われわれには夢幻的な世界に思われる。一時期までは経済史家が中世の貿易に対して描いたイメージもとかくこのようなものであったから、南方貿易は通俗的な中世商業像にピッタリということになる。

これらの商品は奢侈《しゃし》品であって生活必需品ではない。胡椒なども当時は高価な贅沢品であった。それらは奢侈品であるから恒常的な流通を形成することはなく、したがって価格も需要・供給のバランスによって決まるという経済法則によるものではなかった。相手の財力を見すかして適当に値段をふっかけるに過ぎなかったのである。それでも構わなかったのはお客が主として金持ちか貴族であり、一般大衆ではなかったからである。しかもこれらの商品は高価な割には量は少なく、かさばった荷とはならなかった。だから危険を冒し、高い輸送コストをかけても引き合ったし、引き合うように値段を釣り上げる自由もあった。南方貿易は、表面上は夢の世界のきれい事だが、詐欺的・投機的傾向が強かったのである。

中世の北方貿易

ハンザ商業の舞台となるのは北方貿易である。これは前述の南方貿易とは正反対の性格を有していた。北方の主要商品は主として生活必需品である。例外的に奢侈品として毛皮が取引されたが、主なものは穀物、材木、毛織物、海産物、鉱石、塩、原毛などである。これらは生活に不可欠な物資だから常に大量の需要があった。

このことは、顧客が主として一般大衆であったことを意味している。大衆を相手とする生活必需品だから取引は恒常的に存在し、価格も需要と供給のバランスによって決定された。大衆相手である以上法外な値段を付けるわけにはゆかなかったのである。だから北方貿易には南方貿易に見られるような投機的性格は乏しく、事実、ハンザ商人の取引は極力投機性を排除する堅実なものであった。

　北方貿易では取り扱う商品の性質上、夢のようなきれい事などではすまされない。北方商品は安価ではあるが大量に必要とされ、また大量に取引するのでなければ輸送コストの埋め合わせがつかない。商品を運ぶにもゴミやほこりにまみれ、重い袋をかついで額に汗しなければならない。南方貿易が夢の世界ならこちらは肉体労働者の世界であり、前者が貴族的であるのに対してこちらは庶民的である。北方商人は場合によっては農村にまで出向いて直接取引をする必要に迫られた。事実、ハンザ商人がイングランドで成功を収めたのも、進んで農村大衆の間に入り込んだからであった。

　けれども、この南方貿易と北方貿易の対照に関しては、あまりにも強調され過ぎ強く定義化されることは戒められねばならない。この対比はかつてイギリス中世経済史の泰斗ポスタンが提唱した理論であり、その魅力的な表現のゆえに流布するに至った見方である。たとえば穀物取引など、南方地中海方面の貿易でかなりのウェイトを有した商品であることも知られるに至っている。さらに北方商品を特色づける毛皮のごときは純然たる生活必需品とはいえないまでも、冬の厳しい北方にとっては毛皮の需要は古くからあり、まったく不必要な贅沢品では決してなかった。そもそも商業取引というものは生活必需品から出発するわけではない。むしろ奢侈品取引が出発点となることが多いようである。けだし、生活必需品ならば原始段階では誰もがどこでも自給生産するはずであるから、遠隔地取引はかえって入手困難な、しかも生きるだけのためには必ずしも必須ではない奢侈品から出発するほうが、理に叶っていると考えるべきであろう。

　もう一つの北方貿易商品である穀物についても注意が必要である。前述のごとく、最近では南方

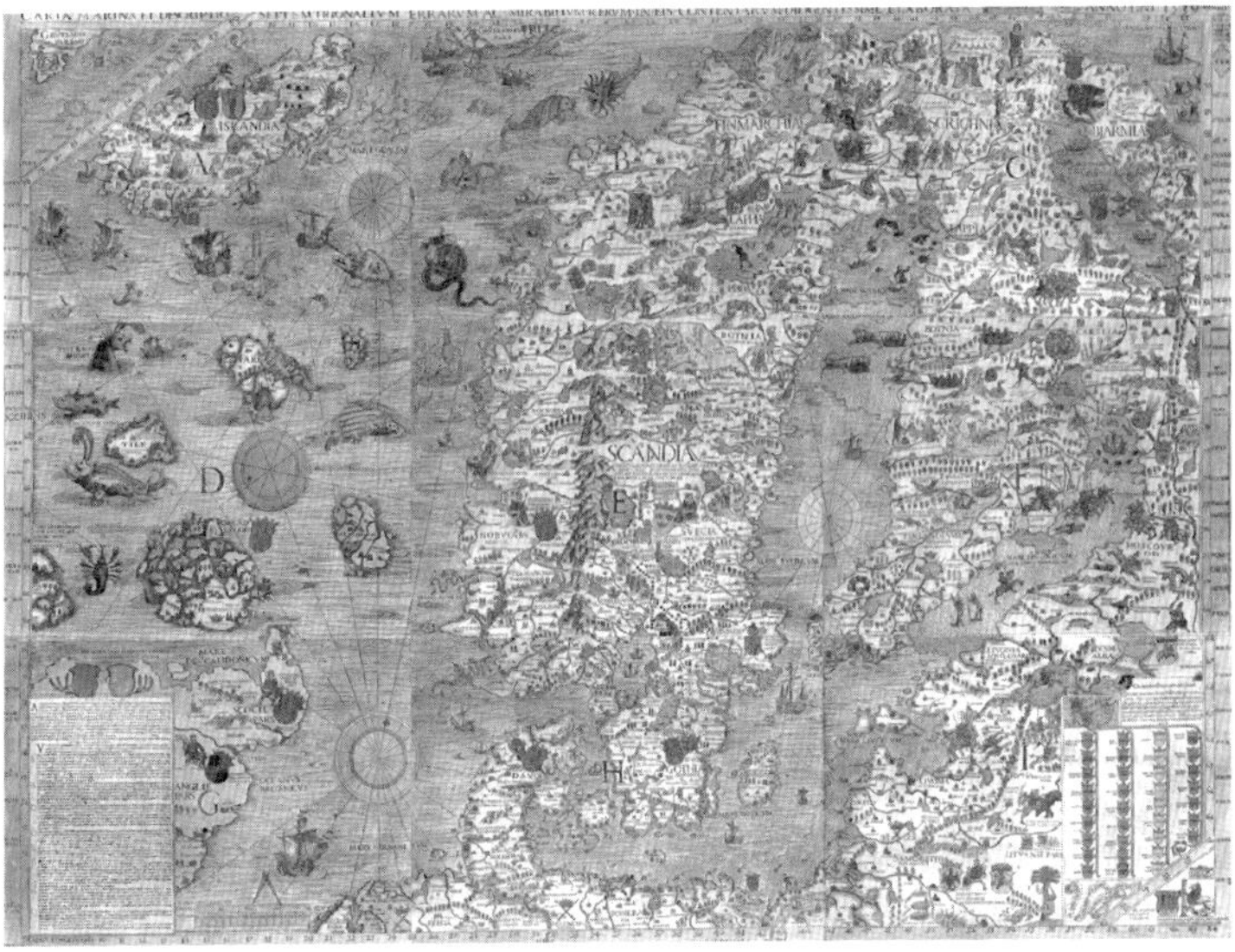

16世紀北欧の海図。「カルタ・マリーナ」（オラウス・マグヌス製作）

の地中海貿易においても穀物取引が意外に重要であったことが知られつつある。だから穀物取引の有無をもって南北両海洋貿易を対比させることには慎重であるべきなのであるが、さりとて北方貿易における穀物の重要性には変わるところはない。第一に北方港湾都市に関しては、穀物取引について地方的ムラがかなり大きい。ダンツィヒ（今日のグダニスク）やハンブルクの穀物取引は重要であるものの、もう一つの大商業都市リューベクはほとんど穀物取引を手がけていない特異な例として古くから知られている。だから単一港都を事例として穀物取引の重要性の度合いを断定するのは危険なのである。むしろ北方貿易における穀物の重要性に関しては、後年のハンザが、穀物生産の乏しいノルウェーやフランドルに対して穀物供給停止という手段を使って、政治的・経済政策的目的を遂げようとした事例を想起し、論ずべきであろう。

大量の必需品を恒常的に取り扱う北方貿易では、商人同士の協力が必要であった。特定の者が抜け駆けをすれば、北方の取引体系全体に支障が生ずるからである。そうして、この否応なく必要となる協力こそはハンザを成立せしめた根源の一つでもあった。その代わり投機性が乏しく、抜け駆けが困難だから特定一個人が群を抜いた豪商にはなりがたかった。だから北方貿易では中小規模の資本力を備えた多数商人の結束という形態をとらざるをえない。北方貿易がハンザという商人連合を生み出しながら、南方のメディチ家に匹敵しうる巨大富豪を生み出さなかったのはこのためである。

以上のように、取扱商品の相違は貿易とそれを遂行する地方とに深甚な影響を及ぼし、社会の性格を大きく規定する。北方貿易の基本的性格は南方貿易との対比において明確に把握できるが、本書は換言するならば、この北方貿易を論題とすることになる。

2　ハンザのなりたち

ハンザの語義

ハンザの名は今ではドイツの航空会社「ルフトハンザ」で知られている。ドイツを代表する国際的なこの航空会社の名前として「ハンザ」は二つの意味でふさわしい。一つは「ハンザ」という言葉自体が「団体」を意味するから、法人である大企業の名称に使用するに適している。第二に中世におけるドイツ人の海外躍進を想起させるから、国際的な会社の名称としてふさわしい。

歴史の上で「ハンザ」といえば、ただ一つの事象を指す固有名詞となっている。しかし、「ハンザ」という言葉は元来は普通名詞であり、時代とともにいろいろな意味で使用された。最も古くは兵士の「部隊」という意味で用いられたが、それが後に商人の「団体」を指すのに転用されることになる。一時「通商税」という意味に用いられたこともあったが、「団体」ないし「組合」というのが通常の意味であった。

元来が普通名詞であったということと、基本的な意味が「団体」であったということとは、ハンザ「同盟」の本質を知る上で参考になる。普通名詞であった以上、本書のテーマであるハンザ「同盟」以外にいくらもハンザがあってよいわけで、事実そうであった。また「団体」を指すのに使える言葉だから「ギルド」の意味で使用されたのも不思議ではない。中世のギルドは地方と場合によってさまざまな名称で呼ばれたが、ハンザもそのなかの一つであった。そうして、ハンザという言葉は各種ギルドのうち海外貿易商人のギルドを指す言葉として用いられた。海外貿易商人のギルドも各国にいくつもあったから、この意味での「ハンザ」もまた複数で存在した。そのなかで群を抜いて巨大なものが本書の対象であるハンザ「同盟」にほかならない。その結果、一四世紀以後になると「ハンザ」という言葉は特定物を指す固有名詞となるに至った。

ハンザ「同盟」も本来がギルド的団体であったからこの名称で呼ばれたのである。通常ハンザ「同盟」という言葉で知られてはいるが、「同盟」という表現がいかに不適切かは後に触れる通りである。都市連合体に発展しようとも、都市同盟とまぎらわしい外観を呈するに至ろうとも、ハンザは当初はもとより、後々まで商人ギルド的な性格を保っていたのである。

各種のハンザ

多くの言葉には地域的偏差があり、ハンザという言葉も、もっぱら北西ヨーロッパ、特にフランドルとイングランドで用いられた。フランドルや北フランスのいくつかの都市で商人ギルドがハンザと呼ばれている。それらは都市ごとのハンザであるが、やがて都市ごとの諸ハンザを結集した合同ハンザが成立した。貿易業者は外地では団結する必要に迫られることが多いから、これは当然のなりゆきであった。

この種の合同ハンザはハンザ「同盟」の先駆と考えられるが、特に重要なのはフランドルの二つの合同ハンザである。一つは「一七都市ハンザ」と呼ばれ、シャンパーニュ市場での毛織物取引を主な仕事としたフランドル諸都市の合同ハンザ、もう一つはロンドンに赴いたフランドル商人の海外合同ハンザで、「ロンドン・フランドル・ハンザ」と呼ばれている。両方とも多分一三世紀以前に成立していたと推測されている。

この二つのフランドル・ハンザは次のような点で後のハンザ「同盟」と共通した性格を有している。第一に、これらは外地における貿易活動を有利にするための組織であって、本書の対象であるハンザ「同盟」も本来そのようなものであった。第二に、「一七都市ハンザ」にはフランドル都市のみならず、エノー伯領、リエージュ司教領、シャンパーニュ伯領など領国を異にする諸都市が加入していた。政治的国境を越え、都市君主の相違を超えて商業のために都市が連繋していたのである。すでに触れたように、ハンザ「同盟」が多数領邦の別を越えた都市の横の連合であった。この点の共通性は特に注目されるべきである。

ここで考えたくなるのは、このフランドル・ハンザがハンザ「同盟」の母胎あるいは模範となったのか否かということであろう。このような問いに答えるのは至難であり、学界でも明確な見解は出されていない。さしあたり筆者としては次のように考えている。新興の市民層にはハンザのような組織を作る基本志向があり、それがあるいはフランドルに、あるいは北ドイツに具体化された。相互の影響関係を詮索するよりも、基本志向の現れと考えるほうが世界史理解の上では有益であろう。それにしてもフランドル・ハンザは基本的性格からいってハンザ「同盟」の先駆であることは否定できない。何事であれ、根のない所に大樹は成長せず、裾野なくして高峰はありえない。フランドル・ハンザが生まれ出る背景があったからこそ、ハンザ「同盟」もありえたのである。

同盟でないハンザ「同盟」

これまでの叙述のなかで「同盟」という言葉がかっこ付きで用いられてきたことにお気づきであろう。何をどう呼ぼうと実体さえ正しく理解されていればよいのだが、ハンザ同盟という用語があまりにも定着し、歴史専門家でさえこの言葉に迷わされて実体を誤認している場合が多いので、ここで一項を設けてその点を説明するとしよう。また、この説明自体がそのままハンザの本質理解につながるのである。

厳密には「同盟」とは国際法上の概念で、成立するためには当事者間に条約が締結されなければならない。一度同盟が成立すれば個々の当事者はその内容に拘束される。しかるに、ハンザ「同盟」にはこのような性質は欠けており、多数のハンザ都市が一度に同盟条約を締結したことはなかった。そもそも西はライン地方から東はバルト東南岸に及ぶ多数都市の間に共通の政治目的はなかった。それにもかかわらずハンザという都市連合が成立した理由はただ一つ、非ハンザ世界での経済的利益を共同で獲得し、守り続けるためであった。ハンザ全体に共通する同盟条約締結はなかったのだから、その結束は自然発生的で、要するに経済的利益共同意識に駆られて、国際法的行為の媒介なしに成立したのである。

だから「同盟」が当然の法理として発揮するはずの拘束力もハンザ「同盟」にはなかった。共通の方針に従ったのは国際法的義務によるのではなく、それが自らの利益に合致したからであった。もっともハンザの政策に従わない構成員に対して制裁手段が考えられた例は少なくなかった。しかしそれは当然の法理的帰結ではなく、むしろその都度のハンザ執行部の対策であり、現実的にも効果は乏しかった。他方、ハンザ自体の基礎となる同盟条約は存在しなかったのに、ハンザ内部の個別都市間では同盟条約が時々成立した。それもハンザ自体が同盟でないからこそ可能だったのである。ハンザが衰退に瀕《ひん》した一五世紀に都市同盟をもってハンザに代えることにより勢力挽回が計画された。これはハンザが同盟ではないという事実をハンザ自身が知悉《ちしつ》していたことを示している。ハンザを国際政治的な同盟と同一視する誤解が生じたのも無理はなかった。中世ドイツにライン都市同盟だの、シュヴァーベン都市同盟だのがあって、それと混同されやすかったからである。しかし、これらの都市同盟は国王・諸侯の勢力に対抗して都市の独立を守ろうという政治的目的を持った同盟であった。ハンザにもそうした性格がなかったわけではないが、それは後につけ加わった効果であって、ハンザはあくまでも純経済的動機から成立した組織だったのである。

ギルドでもないハンザ「同盟」

「ハンザ」という言葉の本来の意味は「団体」であり、次いでギルドを指す言葉として用いられた。

「同盟」ではないハンザは、それでは「ギルド」なのであろうか。ギルドならば当然全構成員を拘束する規約を有するはずであり、事実、先に見たフランドル・ハンザにはそれがあった。しかるにハンザはギルド結成という過程もとらず、自然に発生した連合体なので、完備した全体の規約を持たなかった。個々の外地商館に規約があっただけである。したがってハンザ全体は、一応ギルド的性格は有するものの、厳密には何らギルドではなかった。その証拠には、ハンザ全体はただの一度も単一法人格を備えたことがなかった。ハンザが法人でないことの雄弁な証拠はハンザの印章がなかったことである。印章は単一法人格の象徴だからである。

以上のような理由から、ハンザは国際法上の同盟でもなければ、団体法上のギルドでもないという結果になる。それでは何かといえば、歴史上ただ一回限りのユニークな存在であったと答えるほかない。それがハンザの本質と意義に最もふさわしい言い方である。

こう見てくるとハンザは何となく頼りない存在に思われてくる。事実、ハンザ共有の軍備もなければ加盟諸都市に対する強制力もなかったことは後述の通りである。しかし、だからといってハンザを情けない存在として見下げるのは見当違いである。以上のような性質にもかかわらず、世界史上最大の都市連合体として最も長期にわたって存続しえたという事実の重みを評価すべきである。「同盟」ではなかったにもかかわらず、事実として北方の一大勢力であったことは、商人や都市の連帯意識がいかに強固であったかを物語っているからである。経済的利益の共通意識と社会的自覚だけでこれほどの大きな歴史事象が成立した点に、歴史における経済の重みとヨーロッパ史の特色とが求められねばならない。むしろ「同盟」でも「ギルド」でもなかったからこそ逆に偉大なのである。

もう一つ指摘しなければならないのは、従来「ハンザ」とはドイツ史上の現象であると捉えられ、「ドイツ・ハンザ」という呼称がおそらくは最も広く使用されてきた。しかし、「ハンザ」がドイツの民族主義と結びついてしまった点は、戦後最も厳しく批判されたところであり、事実、東欧（ポーランドやバルト三国）におけるポーランド人ほか原地人の活動や、都市形成に対する貢献等が強調されるに至っており、「ドイツ」という修飾語はもはや時代遅れの観さえある。日本にも現在「日本ハンザ史研究会」という学会があるが、その会員にはドイツ史研究者よりも、ネーデルラント史研究者のほうが多いくらいである。

史実としても、次の事実を強調しておきたい。「ハンザ」が制度的に明確化する場所は、ドイツではなく、当時の経済的先進地であるフランドルにおいてであった。すなわち、当時の北ドイツ商人は今日のベルギーに位置するブリュージュ（ブルッヘ）を経済活動の基軸としていたが、ブリュージュ市当局およびその背後にあるフランドル伯との対抗上、自己の組織化が痛切に必要となり、その結果各都市や各商館を超えた勢力としての「ハンザ」が形成されるに至ったと考えられるのである。それゆえ、特定の国名や民族名が冠せられるのは不当なのであり、「ドイツ」という修飾語は除かれるべきなのである。そもそも当時の「ハンザ」の人々にしてからが、自分たちを「ドイツ」と結びつけて考えなどしていなかった。おそらく「ドイツ・ハンザ」という呼称には、当のハンザの人々が最も当惑するのではなかろうか。

結局のところ、固有名詞の一つとして単に「ハンザ」というのが簡単でもあり、無難でもある。これからは本書ではこの方法を採用するとしよう。

ハンザの構成分子

ハンザ劇に登場する役者はきわめて多く、二〇〇に近いハンザ都市を数えることができ、しかもその多くが個性に恵まれている。ただ本書では、その一つ一つを描き出すことは断念し、主にリューベク、ヴィスビ、ケルンを中心として叙述する。なお、ハンザ都市の数は人によってまちまちに計算されている。というのも、すでに述べたようにハンザの結束がゆるかったので、ハンザ都市といえるかどうかあいまいな都市も少なくないからである。

しかし、ハンザを構成していたのは都市だけではなかった。領邦国家としてドイツ騎士団が加わっていた。騎士団領は有力な穀物産地であり、東方ハンザ都市の重要輸出品の原産地を抑えていた。のみならず、騎士団自身も領内の要所に取引本部を設けて西方との貿易を営んでいた。だからドイツ騎士団は伝道のための宗教団体であるとともに聖界有力諸侯の一つでもあり、かつ同時にそれ自体が一つの企業体であるという特異な存在であった。それゆえにハンザに加入する理由があったのである。騎士団自身がハンザに加入していたと同時に、領内の諸都市（プロイセン都市やリーフラント都市）ももともとよりハンザ都市であった。ハンザに対する関係では領邦国家もその支配権下の都市も平等だったのである。

非都市構成員としてはもう一つ、一五世紀になってからハンザに加入したディートマルシェの農民団がある。ホルシュタイン伯領の西部に位置する農民団で、ハンザ内部での地位は高くないが、市民階級でもないのにハンザに加入していた特殊ケースである。

第1章　ハンザの前史

1　ハンザ商業展開の前夜

フリーゼン人の貿易活動

バルト海にドイツ人が進出するのは一二世紀から一三世紀へかけてのことである。北海やイングランド方面にはライン流域のドイツ商人が早くから進出していたが、それとて本格化するのは一二世紀に入ってからである。そこでドイツ商人進出以前の商業活動がどうなっていたかが問題となる。考古学的研究の進展につれて、このいわばハンザ前史も次第に明らかになりつつある。

商業復活期以前に北方で貿易を展開させた例外的民族にフリーゼン人がある。フリーゼン人はライン河口からオランダ北部にかけて定着したゲルマン人の一部族で、民族移動期のゲルマン人中、商業への適応性を示した唯一の部族であった。これは彼らの定住地が農耕に不向きだったせいでもあるが、その商業活動は六世紀にまで遡り、商業が全般的に低調だった時代に際立った存在であった。その活動期間も六世紀から一〇世紀にまで及び、時間的長さの点ではハンザに匹敵する。

フリーゼン商業は種々の点でハンザの先駆というに価する。第一に、彼らは当初から平和的な商人であった。ケルン、マインツ、ヴォルムス等に居住地を有していたが、これは平和的・恒常的な商業を前提とする。第二に、彼らが取り扱った商品は後のハンザ商品に近づいていた。奴隷取引にも従事はしていたが、ワイン、材木、穀物、それに特に注目すべきことに羊毛と織物をすでに扱っていた。彼らが扱った毛織物は当時フリーゼン織物といわれたが、その産地はたぶんフランドルであろうと推測されている。とすれば、それこそは中世に名高いフランドル産毛織物取引のはしりである。第三に、彼らは団体的活動をも知っていた。一一世紀末のスウェーデンには彼らのギルドが存在していた。

このようにフリーゼン人の商業活動はハンザ商業の性質を萌芽的に有していたが、ただ一つの重大な点に決定的相違があった。それはフリーゼン人が都市生活を知らなかったことである。ドーレスタットのような根拠地はあったが、本格的な都市活動は彼らには無縁であった。もともと生産的背景を欠いた彼らに都市さえも欠けていた以上、商業復活以後の潮流に応じてゆける道理はなかった。商業復活以前の過渡的性格に終始したところに彼らの限界があった。それに加えてヴァイキングの攻撃を受け、ドーレスタットも劫掠《ごうりゃく》されて史上から退場した。

なお、ヴァイキングは海賊民族として知られてはいるものの、近年では北方貿易における先駆者の一員として積極的評価を受けつつある。特にロシアとの貿易では、彼らは明らかにハンザ商人の先達となった。しかし、彼らの貿易活動の裏には常に暴力の可能性が潜んでいたことも事実で、その点で彼らの貿易活動はフリーゼン人のそれ以上に後のハンザ貿易から本質的に隔たっていた。

東方の開発

古代末期から中世へかけての混乱期も過ぎ、西方では次第に経済力も向上し、一一、二世紀になるとそれは種々の具体的結果となって現れてくる。

商業復活、十字軍運動、東方開発などがそれである。東方の開発事業は通常東方植民といわれ、一一世紀から中世末に及ぶ長期の大事業で、今日のドイツ東半はこの間に形成された。そこで東方植民は中世におけるドイツ人による最大の業績だといわれる。しかも異民族の地への進出でありながら、大きな戦争を伴うことがなく、比較的平穏裡に遂行された。未開の処女地が多かった上に、西からの先進文明がもたらされるというので原住スラヴ人から歓迎されさえしたのである。

事実、ドイツ人の東方植民によって有輪鋤《すき》の導入をはじめとする農業技術向上が可能となり、農業生産が高まった。さらに、ドイツ人東進により西から東へ都市生活が伝えられたことはハンザ史にとって基本的かつ重要な現象である。スラヴ人の世界にも比較的大きな集落がなかったわけではなく、最近では原住民の都市的生活も正当に評価されるべきだと唱えられてはいるが、都市を農村からはっきり区別する都市法は、ドイツ人によって初めて導入されたのである。

東方は当時の西方ドイツ人にとって魅力のある新天地であった。西方では封建制が完成してその制約が強かったのに対して、東方にはそのような背景はなかった。開拓という事業を遂行する代償として特権を与えられたから、苦難はあっても報いは大きかった。しかも文明的向上を求めるスラヴ領主はドイツ人の入植を喜び、それゆえにスラヴ人とドイツ人の民族的融合も円滑に進んだ。時にはスラヴ原住民の叛乱も伝えられてはいるが、大規模な民族流入のわりには平和であったといわねばならない。

東方植民と伝道活動

東方は異教の地であったから、東方植民はこの地方における伝道活動をも伴った。東方植民の開始は十字軍運動のはじまりとほぼ一致しているが、それは決して偶然ではない。西欧キリスト教世界に余力が生じた結果という点で共通しており、事実、東方伝道も十字軍の一種とさえ考えられている。

布教の進展を端的に示すのは司教座の新設である。早くもフランク時代にブレーメン、次いでハンブルクに大司教が置かれ、一〇世紀には東方布教の拠点としてマクデブルク大司教座が設けられた。スカンディナヴィアでは一一世紀にウプサラとルントに司教が置かれるに至った。さらにドイツ騎士団が東北ヨーロッパに進出したことは画期的な事件であった。

東方伝道も十字軍の一環だとはいわれるが、イェルサレムをねらう十字軍の場合とは一つの根本的な点で異なっていた。後者にあっては要するに聖地奪回が目的であったが、前者にあっては改宗した異教徒とキリスト教徒の共存を目標とせざるをえなかった。だからこそ東方伝道に際しては武断的進出は不適当であり、平和裡の同化を通じて安定した経済活動を可能にするほうが好ましかったのである。

東方のキリスト教化は、北方貿易展開のためにも必須の前提であった。平和的・恒常的な貿易を展開させるためには原住民の水準を高める必要があった。さらに教会勢力は当時唯一の権力体であったから、商人にとっては国王に代わる保護者として頼りにすることができた。ハンザ商人の先祖たちが商圏を拡大するにあたって教会の伝道事業に協力を惜しまなかったのはそのためである。その代償として東方の司教はドイツ商人の願いを容れて種々の特権を与えたのである。

2 リューベクの建設

都市リューベクの前史

ハンザが都市連合に発展するのはかなり後のことであり、それとて自然発生的に成立したが、それを維持したのはリューベクの意欲的行動である。だから、リューベクの建設はハンザ史の開始を告げる出来事といわねばならない。リューベクはその地理的位置から直ちにわかるように、西方の東方に対する窓口である（巻頭地図参照）。ドイツ商人がバルト海に乗り出すためにも、さし当たってこのような拠点の建設が前提として必要であった。

リューベクの発生も東方植民と密接に関係している。この地方も元来はスラヴ人居住地で、一二世紀にはドイツのザクセン大公家の支配下に入っていた。現実の統治を遂行していたのはその封臣のホルシュタイン伯であった。一二世紀前半のホルシュタイン伯アドルフ二世は自領の経済的発達を願い、商業拠点を建設したいと念じていた。彼のこの願望がリューベクの発端となる。

リューベクの建設期に関してはスラヴ年代記という史料が残っている。それによると、アドルフは未開地の領主でありながら学問に関心の深い人物であった。そこで西方の先進地から人材を招いて都市を作ろうと思い立った。使者を何人も派遣して、フランドル、オランダ、ヴェストファーレン、フリースラントなどで人材を募らせた。――西方で土地に不足している方は家族と共に移住しておいでなさい、こよなく美しく、とても広い豊かな農地をさし上げます、魚も肉も沢山ありますし、良い牧地もございます――というのが使者たちの口上であった。結果は上々で、さまざまの地方から多数の人々がホルシュタインにやってきた。スラヴ年代記のこの部分は東方植民の様子をありありと伝えている。

こうして一一四三年にトラーヴェ・ヴァーケニッツ両河にかこまれた川中島に建設地が選定され、リューベクと名づけられた。それは防衛上からも交通上からも適切な場所であった。これはフランスの首都パリがセーヌの川中島から発展したのと同様で、興味深い現象である。ところが一一五七年大火によりこの集落は灰《かい》燼《じん》に帰してしまった。そこでリューベクの人々はこの苦境を打開すべく、ホルシュタイン伯の上位君主であるザクセン大公ハインリヒ（獅子公）に援助を願った。かねてからリューベクの台頭を嫉視《しっし》していたハインリヒは、上位君主の権威を楯にアドルフにリューベクを譲れと迫っていた。アドルフがこの要求を拒むと、ハインリヒは近隣に新都市を建設す

古リューベク周辺

ることによって対抗した。彼はこの新都市を自らの綽名《あだな》に因んで「獅子町《レーヴェンシュタット》」と名づけた。

都市リューベクのはじまり

火災に見舞われたリューベクの人々は、この時「獅子町」に移住することによって難を逃れた。しかし、「獅子町」は交通地理的に不利であったため、思わしい発展を示さなかった。そこでハインリヒは横暴にも再びアドルフに圧力をかけ、リューベクを譲るならば存分の代償を与えると申し出た。これにはアドルフもついに屈して譲渡に応じ、後年ハンザの中心となる地はハインリヒの直接支配下に編入された。「獅子町」に移っていた人々もハインリヒの命令に従って旧地に戻った。アドルフが選んだ場所はこの地方では何といっても最良の位置に存したのである。

ハインリヒとアドルフの駆け引きは、商業が発達の途上にあった当時、その可能性を領主層が奪いあったことを示している。スラヴ年代記が伝えるところによれば、ハインリヒは旧リューベクに市場を設けることを禁じており。「獅子町」に人々が移ったのも、市場を設けることを許されない場所で火災後の復興につとめてもはじまらないと考えたからであった。ハインリヒの市場開設禁止令も商業のもたらす利益を奪われまいとする競争意識に発したものであろう。ハインリヒ獅子公という人物は当時の諸侯のなかでは特に経済に先見の明があったが、一二世紀において早くも経済的考慮が領主層を動かしていたことは注目に値しよう。

「獅子町」から旧リューベクへの人々の帰還はたぶん一一五九年で、この年をもってリューベクのはじまりとすることができる。それ以後、ハインリヒの保護と商人層の努力によって、意欲的な都市づくりが進められることとなる。しかも特に重要な点は、この時ハインリヒがリューベクに都市特権を与えたことである。またそうでなかったならば、人々も進んで旧地に戻りはしなかったであろう。この時の特権は後年の史料に言及されるのみで原本は伝わっておらず、そもそも口頭伝達のかたちをとり、特権状は与えられなかったのではないかという説さえある。しかし、後世のリューベク市民は自らの特権はハインリヒに由来すると主張するのが常であった。ホルシュタイン伯支配下ではリューベクは同伯領の単なる一部に過ぎなかったが、ハインリヒの命令によって新たにリューベクの都市生活が開始された時、ここには都市特権が与えられた。このことは重要である。なぜならば都市であるか否かはすぐれて法的定義の問題であり、都市特権を持たない都市というものは中世都市としては無意味だからである。ハインリヒ獅子公による新建設をリューベク市のはじまりとするのは、このためである。

ハインリヒの象徴・ブラウンシュバイクの獅子像

フライブルクの事例

スラヴ年代記はリューベクの建設事情を伝える貴重な史料であるが、伝道史的要素が強いため当時の社会経済的事情はほとんど伝えていない。しかも建設当時の法令史料が残っていないため、この重要な都市がどのような特権を与えられ、どのような社会構造を持つに至ったかは不明である。そこで建設当初の事情を探るために二つの方法に頼らざるをえない。一つは原史料が残っている同時代の他の建設都市の場合を参考にすることである。もう一つはリューベクの後年の史料から遡って建設当初の事情を推測するという方法である。前者は時代は同じでも場所が違い、後者は場所は同じでも時代が違うという具合にそれぞれ致命的欠陥を有するが、この両方法に頼るほかないのが現状である。

一二世紀における都市建設事情の好個の参考例は西南ドイツのフライブルクであり、建設当時の史料が幸いに残っている。一一二〇年における同市の建設過程は最古の市法から知られるかぎり次のようなものであった。領邦君主（ツェーリンガー家）が建設発案者として皇帝から都市建設の特許を得、次いで定住者を募集する。この定住応募者の指導分子となったのは「有力商人団」で、その指導の下で法人団体が結成され、この団体と建設発起君主との間で宣誓による協定が成立する。その協定によれば定住応募者団体が建設事業を請け負い、君主はこれに種々の特権を与える。そうして新都市は建設と同時に都市法を賦与され、法的に特別の地位に立つこととなった。さらにフライブルク最古の都市法第五条には、同市での争訟はケルン法によって処理されるべき旨記されている。すなわち、すでに大司教に対する叛乱を通じて自治的市民共同体を成立させていたケルンが新都市建設の模範とされたのである。

ここで基本的に重要な点は、都市を建設した主体が市民自身であったということであるが、同時に市民共同体が有力商人の寡頭支配下にあったことも銘記されるべきである。また、このような都市活動の風潮は西方、特に早くから商都として発達していたケルンから由来したことも忘れてはならない。問題は、このような興味深いフライブルクの例がどの程度リューベクにもあてはまるかである。

建設企業者団体説

戦前から戦後へかけてハンザ史研究の大家として一世を風靡《ふうび》した人にフリッツ・レーリヒという
ドイツの学者がいた。国家主義的性向はあったが、ハンザ史研究面で果たした功績は大きい。彼は
リューベク古史研究にあたって前頃で述べた二つの方法を併用し、一九二〇年代に「建設企業者団
体説」という雄大な学説を提示して学界にセンセーションを巻きおこした。

レーリヒはフライブルクの例に照らして、リューベクにおいても当然新都市建設をハインリヒ獅
子公から委任された商人団体が結成されたと考えた。同時に戦前まで残っていた一三世紀～一四世
紀リューベクの土地台帳をも検討の末、次のような推定を下した。すなわち、新都市内の土地を有
力商人団が領主から一括して譲り受け、この土地を彼らのあいだで分配するとともに、一部を一般
市民に貸与した。そうして中世を通じてリューベクの市政を牛耳った門閥層は、この時の「建設企
業者団体」の子孫だと論じた。このようにレーリヒの学説はフライブルクの事例を単にあてはめた
というだけのものではなく、土地所有問題と都市制度の問題とも絡んでいるのであった。しかもレ
ーリヒは、リューベクに限らず、一二世紀以後の建設都市は皆このような経緯で建設されたと主張
したから、彼の学説は歴史法則的な色彩をも帯びていたのである。

レーリヒ学説の根底には遠隔貿易商人の活力重視がある。彼は「企業者団体」というダイナミッ
クな用語をもって都市建設を請け負った商人層を表現したが、この語の力点は「企業者」のほうに
あるのだと彼自身ことわっている。建設都市ではこの団体のほうが都市共同体に先行した。レーリ
ヒは遠隔貿易が先行し、それに続いて確固たる組織を持った都市が形成されるのであって、その逆
ではないと強調している。

東方植民に際して領主から事業を請け負う例は以前から知られていた。開拓事業家「ロカートル」がそれであり、領内開拓を望む東方領主層から移民誘致と開拓遂行を委任された請負業者である。ロカートルのほうは主として農村開拓の企業家として活動したが、それでも領主から事業を請け負ったという点では都市の建設企業者と共通している。だから、この両者が類似のものであれば、レーリヒ学説の魅力も失せてしまうであろう。

しかし、次の点で都市建設企業者はロカートルとは本質的に異なっている。第一に、ロカートルは領主の代官的存在で、その職務は領主的性格の強いものであった。しかるに建設企業者は発端においては領主から事業を委ねられたが、いったん事業を開始するとその地位は独立的で、領主からの干渉は受けない。第二に、ロカートルは領主権力の末端としての個人であるのに対し、建設企業者は身分層として完結した団体を結成した。だから両者を類似のものと見るのは甚だしい誤りである。むしろ、ロカートルとはまったくの別物を見出した点に建設企業者団体説の意義が存する。

それどころかレーリヒによれば、建設企業者団体は新都市における公権力をすら領主から与えられた自立的権力体でさえあった。広場や街路を計画的に建設するには当然公権力の背景が必要であった。彼らが独占していた敷地を手工業者に貸与し、この貸与を通じて有力商人層が手工業者層を支配下に収め、彼らの経済的土台である遠隔商業のためにすべてを組織立てることができた。このようにレーリヒ学説によって中世リューベクの基本性格、すなわち、都市としての自主独立、門閥層による寡頭支配、商人層の手工業者層支配などの起源が明確に説明されたのである。

建設企業者団体説の問題点

しかし、この学説にも難点があり、数々の批判が寄せられた。批判は特に実証面に向けられた。というのも建設当時の史料が残存せぬため、すでに述べた二つの間接的方法によらざるをえなかったからで、このような方法に基づくかぎり、批判はいくらでも可能である。

レーリヒが逆推のために用いた後年の史料である土地台帳は最古のものが一二八四年である。これから建設当時を類推するというのは、一世紀余りも後の事情から逆推するということである。レーリヒは、この史料から知られるのは建設企業者時代の最終段階だとことわっているが、幾分か弁解とも受けとれよう。しかも、史料上人名の消滅・新登場がけっこう激しい上に、一二八〇年代には「新人」と呼ばれた新興成金も出現している。したがって建設当時から一世紀余りの間にかなりの変化があった可能性も高く、逆推の根拠としては弱いといわねばならない。また、建設当時企業者団体が公権力を授けられたという推論も、ハインリヒ獅子公による他の建設都市の事例から否定されている。さらにレーリヒが門閥層による一括所有の根拠としたのは市場広場周辺の土地のみなので、これをリューベク全体に一般化することにも当然批判の矛先が向けられた。

レーリヒはリューベク以外にも東北欧における類似の例を挙げている。これによって彼の学説の普遍的妥当性を主張しようとしたのである。しかし基礎が脆弱である以上、人々が一般妥当性の承認をためらうのは当然である。ただ種々の批判はあるにせよ、建設企業者団体説に代わる説得的な学説はまだ提示されていないようである。結局のところ、リューベク建設当時の社会的・制度的事情は不明というほかかない。しかし、遠隔貿易商人の活力を鮮明に描き出したレーリヒの功績は大きい。都市建設の発端は領主の意図であるにせよ、商人団体の主導性のほうを重視することにより、ヨーロッパ都市の本質はくっきりと浮かび上がる。レーリヒのこの学説はハンザ研究史上おそらく最大の論争をひき起こしたが、商人団体の主体的創造力に人々の注意を喚起した意義はきわめて大きい。われわれ日本人にとっては彼の学説の妥当性如何よりも、着眼と論証の目的こそが何よりも魅力的ではなかろうか。

もとより中世都市の建設は研究者にとって頗《すこぶ》る魅力的なテーマであり、上記「建設企業者団体説」以外にも多くの視角から説が建てられている。「建設企業者団体説」とは対照的に、君主、領主の役割を重視する見解もかなり有力である。そもそも「建設企業者」となる商人層の関与に先立ち、当該都市の場所を選定・指定したのは領主層にほかならない。リューベクの場合には、何よりもまずザクセン大公ハインリヒ獅子公のイニシアチヴが決定的であった。ここではこの点に関連してハインリヒ獅子公のリューベクに関する教会政策を指摘しておこう。

元来、西方（ライン河の西）は旧ローマ領に属し、ローマ帝国自体が四世紀にキリスト教を国教としたため、当然教会の勢力は古代末以来強力であり、ましてやローマ帝国崩壊後の混乱期にあって、教会は唯一の安定勢力として行政・司法権果ては警察権や軍事権までも引き受けることになった。さらに教会は元来が都市中心的な古代ローマの基本性格を継承したため、教会体制の基軸となる司教座は当然都市に置かれた。この結果、西方の旧ローマ都市はいずれも強力な司教の支配下に置かれるに至った。司教（教会）は唯一の現実的安定勢力であったから、司教支配下に置かれたのは、中世初の混乱期にあっては都市にとっての大きな恵みであったというべきである。しかし、やがて中世も安定期を迎え、商業復活を見るに至り、商人層を指導者とする市民の経済力と自覚の向上は、いつまでも司教の専制支配を甘受させてはいなかった。そこで西方では一一、一二世紀に司教支配に抗する市民の自治運動が展開され、前述したランの場合のごとく財力で自治を買い取ったと察せられるケースもあれば、史上に名高いケルンのごとく流血暴動を伴った事例もある。

ところがこの点で決定的に西方と異なるのは東方（エルベ河以東）の場合である。そこにはローマ時代にまで遡る都市はなく、したがって強力な司教もいなかった。だが、中世以降のキリスト教会は本来的に膨張的性向を有し、東方での都市建設に際しては当然教会も都市での勢力確立を指向した。一二世紀の新建設都市リューベクの場合にも教会勢力の浸透傾向は見られたのである。けれども、東方は元来が異教地であり、キリスト教徒人口も乏しく、教会の勢力も西方よりは当然弱小であった。それに加えて、都市君主たるザクセン大公ハインリヒ獅子公が新建設都市リューベクに教会の勢力が入り込まないような政策を実施したことが大きな意味を持ったのである。

すなわち、リューベク建設に先立ち、同地方は教会体制上はやや北方のオルデンブルクにブレーメン大司教の管区に属する司教座が置かれ、その影響下にあるはずだった。ところが一二世紀のこの方面のキリスト教化はまことに不十分で、異教徒の反撃に常に曝される有り様であった。そこでオルデンブルク司教は獅子公の発議による新都リューベクの成立を好機と捉え、獅子公に司教座を異教徒の襲撃に対して弱体なオルデンブルクから新都リューベクに移すことを請願して許されたのであった。これは西方とは事情がまったくの逆で、この場合聖界のほうが俗界に膝を屈しているのである。しかもこの時移転を請願した最後のオルデンブルク司教（つまり初代リューベク司教）は何と以前獅子公に仕えていた聖職官僚であった。リューベク建設直後に司教座移転を請願し、直ちに許されたという手際の早さから察するに、獅子公とかつての臣下最後のオルデンブルク司教との間に、早くから充分な了解が成立していたと見てよいであろう。

しかも獅子公は自らの立場の強さを利用して、司教座をリューベクに移転することは許したもの

の、少なくとも都市リューベクに関するかぎり、市内には司教の特権を一切許さなかった。司教座聖堂の場所として充てられたのは市の中心部――中心部には商人教会が存在――ではなく南の端であった。さらに、もともと微力だったオルデンブルク司教の領地は乏しく、市外の土地は許されてもリューベク市内には一切与えられず、当然市内にあって司教の実力は小さかった。しかもこのような措置は都市自体ないしその担い手である商人層の力によるものではなく、もっぱら領主ザクセン大公の見識と実権によるものであった。だから、この場合、新都市リューベクの将来にわたる基本性格を据えたのはザクセン大公であって、都市建設に際しての領主層の役割はこの点でも大きかったと評価せねばなるまい。

建設当初のリューベク市民層

それでは新都市リューベクの建設に参加した人々はどの方面から来たのであろうか。換言するならば、東方に都市を建設するエネルギーを供給したのは主にどの地方であったろうか。それを知るのに通常利用される方法は、各種史料に登場する人名を分類することである。ただこの方法では地名を人

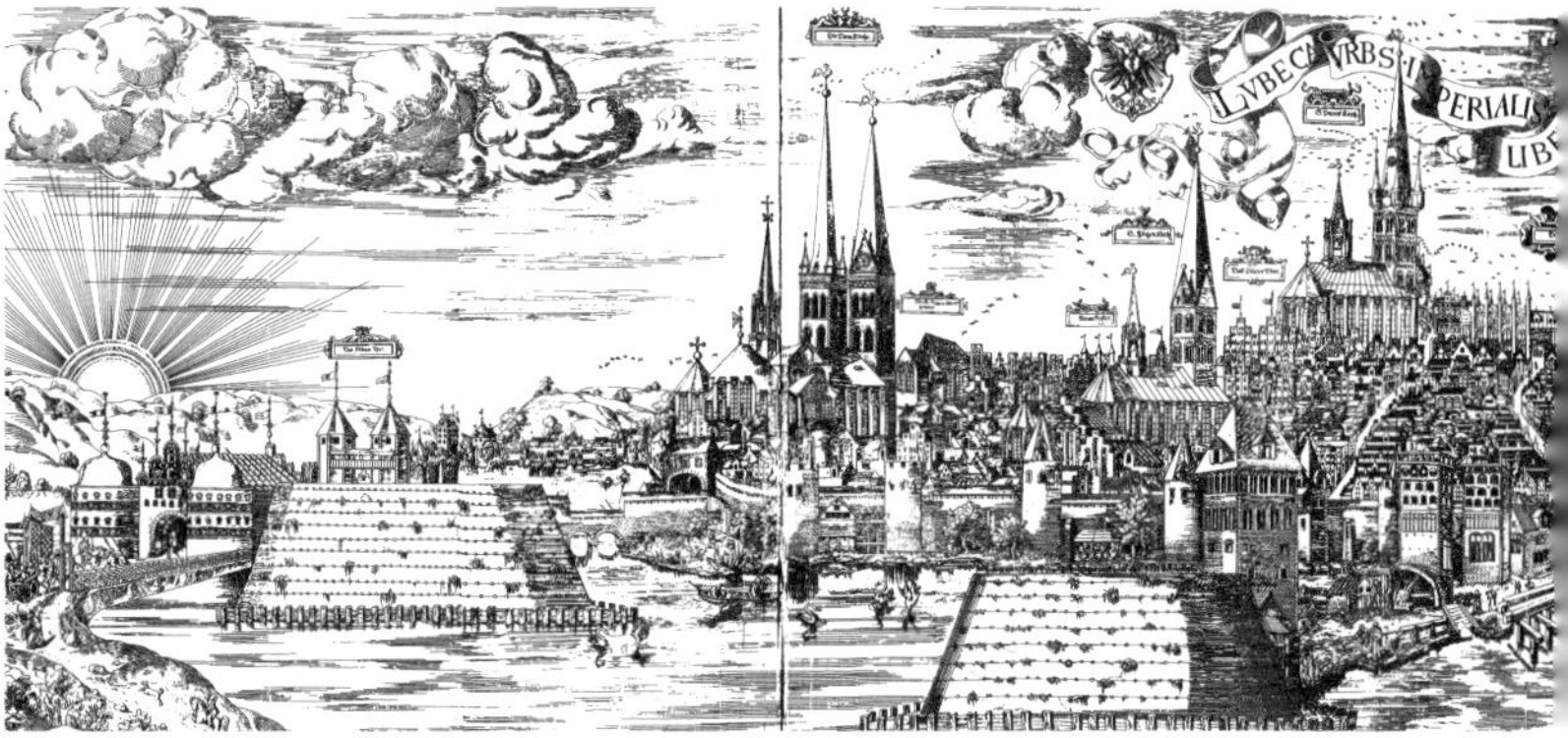

16世紀のリューベク

名とする例しか利用できない。表1－1がそれで、地名を人名とする事例のみに立脚し、職業名や綽名は対象から除外されている。さらに名も伝わっていない、たぶん相当に多かった下層民が入っていないことも考慮されねばならない。しかし、それでもある程度の手がかりにはなろう。ラインラント、ヴェストファーレン、ニーダーザクセン出身者だけで全体の六〇％に達する。また、ホルシュタイン、ラウエンブルク、メークレンブルク出身者も元来は北西ヨーロッパからの移住者であったと思われるから、リューベク市民の大部分はライン、エルベ両河間地方の出身者だと推測される。

後に述べるように、リューベクに引き続いてバルト海岸沿いに続々と都市が建設され

表1-1　1259年までのリューベク市民の出身地別内訳

出身地	割合
ラインラント、ヴェストファーレン	31%
ニーダーザクセン	31%
ホルシュタイン、ラウエンブルク、メークレンブルク	31%
中部ドイツ	5%
東部ドイツ	3%
北ヨーロッパ	4%
ヨーロッパ	4%

るが、それらの都市とリューベクについて一三〇〇年頃の市民の出身地別内訳を見ると、リューベクについていえば依然として西方出身者が多い反面、ヴィスマルとロストクにはメークレンブルク出身者が、シュトラールズントにはポメルン出身者が多い。これは、これら三市では周辺農民で市民となったものが多かったことを暗示している。後に触れるように、中世都市にとって農村は人口供給源であった。リューベク以外では建設にあたって周辺農村に頼るところが大きかったと思われる。リューベクだけは圧倒的に西方出身者が多く、西方の活力が大部分ここに注入されたことを示している。ヴィスマル以下三市の西方出身者もおそらく、いったんはリューベクに移住した者の再移住者であろう。西方の市民的エネルギーはまずリューベクに集積され、次いでその余剰が東方の新都市建設へと流出したと見られる。なお、リューベクでも一三〇〇年頃にはホルシュタイン出身者が増えていることは、リューベクも都市人口維持の上で早くも周辺農村に頼りはじめたことを示している。

表1－1は新都市リューベク最初の市民層が主としてライン—エルベ両河間地方出身者から構成されていたことを意味しているが、特にヴェストファーレン地方はケルンの影響下に都市が台頭する躍進的な地方であった。しかも、すぐ東には新天地が待っていたから、富力を蓄えたこの方面の人々が一層の可能性を求めてリューベクに移住したのであった。

第2章　商人ハンザの時代

1　ハンザ史の時代区分

ハンザ観の変遷

時代区分というものは教科書的叙述のための便宜と考えられやすいが、実は歴史研究の究極目標といってよい。時代区分をどう設定するかに基本的歴史観が直接反映するからである。ハンザ史もまた然りであって、ハンザ史学の進展につれてハンザ全体の時代区分についても変化が認められる。

ハンザ史学が本格化したのは一八七〇年代のドイツにおいてである。こういえば誰もがある一致に気づくであろう。ドイツ統一との時代的一致である。これは決して偶然の一致ではなかった。ハンザは中世におけるドイツ人の輝かしい海外発展だと見ることもできるから、ドイツ国民主義運動の高まりの中でにわかに脚光を浴びたテーマなのである。しかし、このことはハンザ史学にとっては必ずしも幸福ではなかった。ハンザが偏向した見方で考えられてしまったからである。

当然の結果として、ハンザは都市の強力な同盟とのみ理解されるようになった。実際にはハンザが強力な都市連合となったのは一四世紀後半からなので、勢いそれ以前の歴史は軽視される嫌いがあった。しかし、このような学界の潮流にも早くから変化があり、二〇世紀初頭以後、都市連合の前史にも関心が向けられるようになった。都市連合体成立以前の主役は都市でなく、商人である。商人活動の時代を正しく知ることによって、はじめて都市連合としてのハンザも正しく理解されることが認識されるようになった。

これとともにハンザ史学に当初からつきまとっていた国家主義的傾向も、戦後は強く反省されるに至った。こうして一九世紀末と今日とではハンザ観が大きく変化したのである。

商人ハンザ

こうしてハンザ史を前半の商人ハンザ時代と後半の都市ハンザ時代とに区分することが試みられ、今日ではこの時代区分がほぼ定着している。大体のところ、一二世紀頃から一四世紀中頃までが商人ハンザの時代、一四世紀中頃からハンザが事実上歴史から姿を消す一七世紀までが都市ハンザの時代である。

この時代区分の最も大きな効果は商人ハンザ時代に脚光を浴びせたことである。ハンザ史上最初に登場したのはあくまでも商人であり、彼らが外地で互いに結束したことがハンザのそもそもの精神的出発点となった。そうして、商人の故郷である都市は、このような商人の活動にひきずられ、これを補強するために事後的に連合勢力を築き上げたに過ぎない。

かつてのハンザ史学はナショナリズムを満足させやすい一四世紀中頃以降を固有のハンザ時代と見て、それ以前を単なる前史として片づけた。そのために重要な問題を回避してしまったのである。しかるに商人ハンザが重視されるようになると、都市や都市連合といった構成物だけでなく、生きた人間の動きや悩みをも問題とすることになった。それゆえに、商人ハンザ時代重視は研究史上の質的大転換を意味するというべく、これによってハンザ史の面白味は倍加したのである。商人ハンザ時代は、商人が都市連合の後援もないままに自らの団結力を通じて商圏を開拓した時代である。以下、しばらくこの時代の様相を見るとしよう。

2　ドイツ商人のバルト海進出

毛皮の魅力

リューベクが建設されたことにより、ドイツ商人のバルト海進出はいよいよ可能となった。もとよりバルト海には海洋の危険があり、常に暴力の可能性を秘めた異民族が横行していた。それほどの危険があるにもかかわらず、ドイツ商人がバルト海を越えて遠くロシアにまで赴いたのはなぜであろうか。西欧市民層の進取の気性とヴァイタリティのためだといってしまえば簡単だが、もう一つ具体的な目的があった。毛皮である。

ヨーロッパ人の毛皮欲は古くから強烈であった。今でこそ日本の女性も毛皮を愛好なさるが、毛皮をありがたがる風習はもともとは日本になかったもので、この点も彼我の大きな相違の一つである。先に北方貿易は生活必需品貿易だと述べたが、唯一の例外的存在は毛皮で、しかも北方貿易展

中世の毛皮商人

開の刺激となったのが皮肉にも毛皮であった。一体に貿易というものは必ずしも生活必需品から出発するものとは限らない。当時の一般庶民の間では山羊や羊の毛皮が用いられ、ロシアやスカンディナヴィアでなければ得られないテンやビーバーの毛皮となると奢侈《しゃし》品であり、中世においては富と地位の象徴であった。ドイツ商人がリューベクからさらに危険を冒してバルト海に乗り出したのは、主としてロシア産の毛皮を求めるためであった。

貿易拠点としてのゴートラント島

しかし、当時の航海技術は未発達であったから、一足飛びに遠くロシアまでは行けなかったし、なるべくならば海岸線からあまり離れない航路を辿る必要があった。バルト南岸はまだ未開発で、後年のハンザ海港都市は発達していなかったから、さしあたりどこか別の所に拠点を見つけなければならなかった。

この場合、どのようなステップを経てロシアとの通商路が開かれたかは、バルト海の地図を一見すれば容易に察しがつく。スウェーデン沖合にバルト海諸島中ひときわ大きいものにゴートラント島がある（巻頭地図参照）。バルト海進出を志すドイツ商人は直ちにここに目をつけた。幸い、すでにヴァイキングによって同島は早くから通商拠点として利用されていた。ドイツ商人としてはこの中に食い込んで行けばよかったのである。

しかし、一口に食い込むといってもそれが大変な事業であった。この方面で早くから展開していたヴァイキング貿易の根本には、恒常的・平和的貿易とは異質の精神があった。ドイツ商人は貿易を順調に発達させるために、この眼に見えない問題と対決せねばならなかった。そうしてこの対決こそは北方貿易に質的革命をもたらし、ハンザの根源を発生させることとなるのである。

ゴートラント貿易と獅子公特権状

ヴァイキングから見れば異民族は無前提に無権利とされたから、ドイツ人の通商活動は常に危険にさらされ、事実、ゴートラント島原住民とドイツ人との間の軋轢《あつれき》が絶えなかった。この様子を見て不安を感じたのはリューベク建設の発起人、ザクセン大公ハインリヒ獅子公であった。彼がリューベクを建設させたのも、領内商業を発達させ、その利益にあずからんがためであったから、彼は両者間に平和を樹立する必要性を痛感し、調停のために乗り出した。

こうして一一六一年調停が成立し、リューベクを訪れるゴートラント原住民と同島に赴くドイツ人が相互に平等の通商権を認められた。この時の調停文書は平和条約、通商条約、それに商人に対する特権状という三種の性格を併有している。この文書により彼我の商人には財貨・身体の法的保護、都市における免税、相手地で死亡した者の遺産保護が認められたが、これは平和的商業活動の基本的前提である。これによって戦闘の可能性を常に潜在させていたヴァイキング貿易に終止符が打たれ、正常貿易の基礎がはじめて据えられた。先に北方貿易の質的革命といったのはこのことなのである。

他方、この時にもう一つの大きな変化があった。それはこの時はじめてドイツ商人が商人団体を結成し、それが公的に承認されたことである。前記調停文書にはドイツ商人だけを対象とするもう一つの文書が付随している。それは獅子公がゴートラント島に赴く商人団の団長を任命し、これに生命刑・身体刑の宣告を含む司法上の全権を委ねた文書である。この時商人団長に任命されたのはオデルリクスという人物で、どのような個性の持ち主であったか知る由もないが、ハンザ史上に登場する最初の固有名詞である。これは商人団長の司法権下に服するというかたちでの公的な団体結成であり、この精神こそが後の北方の大勢力たるハンザの始源である。

この事実を理解するには昔の航海の様子を思い浮かべるとよい。今日でこそ通信の発達によって航行中の船舶と陸上とが隔意なく意思を交換できるが、当時はいったん海に出た船舶は陸上との連絡を完全に絶たれた。それゆえにこそ、船長ないし商人団長に絶大な権限が賦与されざるをえなかった。まして国家権力を欠いた中世において異民族の世界に乗り出したのである。このような厳しい条件が競合したために、商人団の完全な独立が必要であり、かつ可能だったのである。

以上のように、獅子公特権文書は二重の意味でハンザ史の出発点である。第一に、北方貿易を質的に転換させ、第二にドイツ商人団の団体結成をはじめて実現させたからである。

3 バルト貿易初期の様相

ヴィスビ貿易の実態

ゴートラント島にはヴィスビという港都があり、ドイツ商人の活動もここを拠点として展開された。ここでの貿易がどのようなものであったかは、史料の決定的不足のために明らかではないが、ゴートラント島自体が産物に恵まれない地方であったことは乏しい史料にも伝えられている。だか

ヴィスビ（1700年代）

ら主として東西間の中継貿易によって富を獲得したのであろう。それにしてもこの貿易によって蓄積された富は巨大であった。後年一四世紀にデンマーク王がヴィスビを攻撃した時（本書一〇〇頁参照）、兵士に対して今や金銀に富み、豚でさえ銀製の飼葉桶で餌を食べる地に汝等を連れて行くのだといって励ましたという話が伝えられているほどである。

ゴートラント島ないしヴィスビの産物としてわずかながら史料に伝えられているのは、手袋、武器、塩、粗地布それに穀物などである。また石造建築に長じた者のいたことが年代記に見えており、洗礼盤が同島で生産・輸出されていたことも知られている。だから、ゴートラント島は工人の地として名高かったようである。また、一三世紀のロシアとの条約によればヴィスビからノヴゴロドに穀物がもたらされている。不毛とはいえ多少の穀物を輸出する余力があったのか、それともこの穀物が再輸出品であったのかは不明である。

しかし、もっと重要な取引商品はやはりロシア産の毛皮であった。一二三七年にヴィスビ商人はイングランドで早くも通商特権を得、毛皮を売りさばいている。イングランドの貿易は後に述べるように早くからケルンが独占しており、リューベクでさえやっと一二六七年になって特権を与えられたに過ぎない。ヴィスビはリューベクより三〇年も早くイングランドでの通商特権獲得に成功した。この成功と毛皮とが大いに関係がありそうなのである。

一二三七年にイングランド国王は王室用に購入した毛皮の代金として、二人のヴィスビ商人に五四ポンド余りを支払った。これから後もヴィスビ商人の毛皮売り込みは順調だったらしい。一三〇四年から翌年にかけてイングランド王室は九名のヴィスビ商人から三七五ポンド余りの毛皮を購入している。二名といい、九名というも人数としては微々たるものだが、これは王室御用を勤めた商人だけの人数で、一般貴族以下にも多くの毛皮が売られたであろう。注目すべきは、王室史料ではヴィスビ商人のみがもっぱら毛皮商人として登場していることである。これは彼らの主業が毛皮取引であったことを示している。

リューベクに先んじてヴィスビ商人が通商特権を獲得できたことは毛皮取引から説明できる。毛皮は奢侈品だから最大の顧客は王室をはじめとする上層階級であった。だから支配階級に食い込む上で毛皮取引を主業とするヴィスビ商人は有利だったのである。特権獲得に早々と成功した理由はここにあったと思われる。

しかし、特権獲得が早かったからといって、後のハンザ貿易でも重要な地位を占めるとは限らない。ヴィスビ商人は毛皮取引以外では取るに足らない存在であった。イングランドの重要輸出品である羊毛について見ると、一二七七年から翌年へかけて三七人のドイツ商人が総量一六五五袋の輸出許可を得ているが、そのうちヴィスビ商人はただ一人で四〇袋を占めるに過ぎない。これは当時のヴィスビ商人の地位にはあまりにも不釣合いである。毛皮取引を主としたことは王室に取り入るには有利であったが、ハンザ貿易の主体である生活必需品取引には遅れをとり、これが致命的弱点となって永続的な地歩を保つことができなかった。やがてハンザ貿易の覇権をリューベクに奪われた理由をここに見出すことができよう。ヴィスビ貿易はハンザ貿易発達の刺激剤とはなったが、それ自体は過渡的性格を持ち、それゆえにほどなく果たすべき歴史的役割を終えて第一線から退かねばならなかったのである。

ロシアとの貿易

ドイツ商人はヴィスビを中継拠点としてロシアに進出し、それまでドイツに姿を現していたロシア人の貿易商人を駆逐してしまった。ロシアに赴いたドイツ商人の出身地は一二二九年のスモレンスクとの条約から知ることができる。それによると、リューベク、ヴィスビのほか、ブレーメン、ゾースト、ミュンスター、ドルトムント等の商人がロシアに来ていた。彼らの一部はヴィスビ定住者であるが、他もヴィスビを経由して来たはずである。ケルン商人が登場していないのは、ケルンの顔がもっぱら西方に向いていたからである。

ロシア貿易がどのようなものであったか、政治的条件と自然的条件の二側面から見るとしよう。ロシア方面は東欧よりは社会的に発達しており、諸侯国が成立していた。そこでドイツ商人はこれらの侯国と通商条約を結ぶことによって貿易を安定させた。ロシア貿易は条約による貿易だといってよい。もとよりどこと貿易を営むにせよ、その基礎には広い意味での通商条約が常にあるものだが、中世においてはそれは君主からの恵みである特権というかたちをとることが多い。ドイツとロシア間貿易の場合には、対等当事者間の通商条約というかたちをとった点に特色がある。ヴァイキングを相手にする場合よりは相手は安定した社会組織であり、さりとてイングランドほどには強大でなかったからであろう。

　他方、ロシア貿易は厳しい気候条件によって大きく制約された。ヴァイキング時代から海が荒れ寒気厳しい冬期には海上活動は休止となっていた。ロシア貿易に従事するドイツ商人も冬期航海を避けつつ遠隔貿易を遂行するよりほかなかった。そのために案出されたのが夏期渡航団と冬期渡航団の二グループ制である。夏期渡航団は河を閉ざしていた氷が融ける春にロシアに赴き、一夏をロシアで過ごした後に秋、河が結氷する直前にロシアを去る。冬期渡航団は河が結氷する直前にロシアに赴き、一冬をロシアで過ごし、春の解氷とともに帰国する。商人は両グループのどちらかに属するのが原則で、この方法により冬期航海を避け、辛いロシアでの越冬を交替制にすることもできた。

　冬期のロシア滞在は何といっても辛い任務である。だからノヴゴロドの商館規約でも冬期航海団のほうを優遇し、商館のなかで良い建物を彼らに割り当てている。しかも、冬期渡航団はロシアにおける商業上の地歩を固める上で重要な役割を演じた。冬期滞在中に現地の情報を集め、じっくりと有利な条件を待って毛皮を購入できた。ロシア貿易の拠点としてはノヴゴロドが重要であり、ここにハンザの有名な商館の一つが成立したが、それについては後述に譲る（本書一五〇頁）。

　ただし、ロシア貿易に関しては、ハンザにおけるその比重を過大評価してはならないという見解もある点を指摘しておきたい。これはロシア・ハンザ間貿易関係の研究者として令名の高いパウル・ヨハンゼンが指摘するところであって、ほかならぬ彼がロシア貿易の過大評価を戒めているのである。彼によればピョートル大帝の西欧化政策以前――ハンザの時代はまさにそうである――は、ロシアにおける西欧財貨の需要は大きくはなかったはずであるという。したがって西方の産物である毛織物のロシアでの需要は小さく、特にギリシア正教が排他的で西欧風の服装が好まれなかったのがその大きな理由とされる。また、ロシアの武具は西方とは異なっていたので、西欧武具のロシアへの流入は大きくはなりえなかった。他方、ハンザはロシアの武器産業発達を恐れ、銅、鉛、硝石、硫黄などの取引を、行なわれたならば大きな利益をもたらしたであろうにもかかわらず、禁止したのである。こうした理由により西方からロシアへの商品輸出量は大きくなかった。むしろロシア向け商品の主体は銀または銀貨であって、西方はロシア産毛皮を求めるのあまり、ロシアに対して入超であった。それにもかかわらずロシア貿易が重んぜられたのは、毛皮という商品が象徴的意味を持っていたからであるという。

これに転機をもたらしたのは一二三一年のノヴゴロドとその周辺の大飢饉で、この時ハンザ商人はロシアに穀物を輸出することができ、以後、贅沢品貿易の特色が濃厚であったハンザ・ロシア間貿易が大量商品の貿易に転じたとされる。このように風俗上、宗教上の理由からハンザのロシア貿易は、その特異性が目立つのみで、さほど大規模なものにはなりえなかったようであり、前記ヨハンゼンは——自らはロシア貿易研究の大家でありながら——ハンザにとってロシア貿易の比重は大きいとは考えられず、ハンザ貿易の主体は西方・ロシア間という東西貿易にあるのではなく、むしろスカンディナヴィアとの貿易、つまり東西ではなく南北間貿易の方に存するのだと論じている。近年のロシア（ノヴゴロドを中心とする）貿易研究の主流が近世以降に見られる傾向があるのも、上記の事情と無関係ではなかろう。

北方通商法の確立

ドイツ人のバルト貿易は着実に進展したが、その陰では一つの目立たないが基本的に重要で、かつ困難な仕事が遂行されていた。それは通商基本法の確立である。先に述べたように、ドイツ商人のバルト海進出は商業の基本的前提を転換させるという革命的進化を伴ったが、現実にはこれを具体化させてゆかねばならなかった。ヴィスビを拠点としてバルト海に進出したドイツ商人はさまざまの非商業的・原始的慣習法に直面し、これを廃止してゆく必要に迫られた。そうしてそれこそはハンザ商人の先祖としての彼らの大きな功績であった。彼らが廃止のために努力した原始法を訴訟法と財産法の二面に分けて考察するとしよう。

訴訟法の面で問題となったのは原始社会に特有の神判と、ヨーロッパで後々まで頑強に残存した法廷決闘であった。神判としては灼熱した鉄を持たせて、ただれない方を勝訴とするというような方法があった。神判を商人の世界から駆逐するのは比較的容易であったが、法廷決闘の排除は困難であった。決闘だから実力勝負であるが、ただの喧嘩とは異なり、決闘裁判ともいうべきれっきとした訴訟法であった。自力救済を原則とした中世においてこの争訟解決方法はなんら奇異なものではなかったのである。しかし、商事事件にまでこの訴訟法が適用されたのでは、長期にわたる平和で安定した貿易は望みえない。ヴァイキング的貿易を脱皮して文明的貿易に移行するためには、このような訴訟法に代えて、証人による合理的な訴訟法をもって置き換えねばならなかった。

財産法の面で問題となったのは海難により漂着した財産の保護である。古ゲルマン法は「所有権」という抽象概念を十分に知らず、原則として所有主の掌握しうる範囲にしか所有権はありえないと考えられた。そこで海岸に漂着した難船者の財貨は発見者または海岸住民または海岸の領主に帰属するという慣習法があった。これでは商人の財産権は不安定なものとならざるをえない。この慣習法の廃止も容易でなかった。というのも、今日なら不法行為であるこうした行為が当時にあっては権利に基づく行為であり、しかも財産取得という利益を伴っていたからである。

決闘裁判にせよ海難漂着物占取にせよ完全に廃止となったのはずっと後であるが、一二、一三世紀を通じてヴィスビ商人の努力によって着々と廃止の方向が押し進められた。それはまさに「法革命」というべきであるが、この「法革命」を達成させた方法がまた興味深いものであった。「法革命」実現に際して注目をひくのは二つの点である。一つは教会勢力の支援を得たことで、もう一つは既存の都市法をバルト方面に導入するという形式をとったことである。教会に頼ったのは未開なバルト地方では教会のみが唯一の権力組織だったからであり、異教徒改宗ないし教化とからませて原始法を排除してゆくという方法は有効であった。ハンザ商人の先祖たちが東方伝道に協力したのも、こうした利益と関連していたからである。さらにヴィスビ商人は新しい法体系を樹立させるに際して、法の創造という形を避け、既成のヴィスビ法、つまりリューベクから伝えられたドイツ都市法を導入するというかたちをとった。教会の支援を得てヴィスビ法を持つという特権を与えてもらったのである。

けれどもこのような体裁をとりながら実質的には新法を盛り込んで、「法革命」を実現させたのである。この方法は中世において「法革命」を実現させる唯一の方法であった。中世の法観念においては法は神によって人間以前に与えられた規範の発見であって、法の創造、人間による法の定立は絶対にありえないとされたからである。「法革命」があくまでもヴィスビ法導入という形をとったのはこの法観念に沿うためであった。

こうした擬制が用いられていたために、ヴィスビ商人による「法革命」はハンザ史学でも気づかれていなかった。しかし、毛皮取引の発達よりもこの点の方にヴィスビ商人の歴史的意義が認められるべきである。以上を要するにヴィスビ商人の活動には二重の歴史的意義がある。一つは商人団体結成というハンザ精神をはじめて実現させたこと、もう一つは安定した貿易を可能にする「法革命」をもたらしたことである。

4　北西ヨーロッパ貿易初期の様相

イングランドとの貿易

完成したハンザ圏は西はロンドンから東はノヴゴロドに及ぶが、商人たちがはじめから申し合わせて進出したのではないから、ともかくも西は西、東は東でそれぞれの時期に貿易が展開した。西方は東方に先んじて商業革命の波に洗われたから、ドイツ商人の進出も当然西方のほうが早い。ドイツ・イングランド間の貿易も発端は非常に古い。しかも早くからドイツ商人はイングランドで特典的な地位を占めるに至っていた。一〇世紀末～一一世紀の公文書にドイツ商人が「皇帝の臣民」という名称ではじめて登場する。それによれば、ドイツ商人はロンドン市民と法的に平等とされる大きな恩典を与えられ、他の外国商人よりも有利な扱いを受けていた。これは当時のイングランドにとってドイツ商人が特に重要な貿易の相手であったことを示している。

しかるに貿易の物的側面ではドイツ商人のウェイトは高くなかった。海産物やワインなど後の重要なハンザ商品の取引ではまだフランス商人よりも劣っていた。また、やがてイングランドの最大

15世紀のケルン

輸出品となる羊毛の取引においても、ドイツ商人の関与率は一三世紀末まで低かった。だから、ドイツ商人が好遇されたのは貿易活動が盛んだったからではなく、別の理由によると思われる。その別の理由として考えられるのはドイツ商人の人間的資質だったらしいのである。

当時の乏しい史料から窺い知ることのできる一つの点は、ドイツ商人が団体を形成してイングランドに定住していたことである。当時のイングランドは自ら貿易を遂行する能力を欠き、多くを外国商人に依存していたから、常時在住するドイツ商人は好ましい存在と思われたのであろう。外地で果敢に定住を試みるのは後のハンザ商人に見られる特色であるが、こうした積極性のゆえにドイツ商人は物的面で目立たなかったにもかかわらず成功を収めたのではないかと推測される。また当時の英独語の近似性もドイツ人のイングランド同化を容易にした理由として指摘されている。周知のように当時の英語はドイツ語と類似していたが、果たしてその頃の年代記がドイツ語はまるで英語のように聞こえると伝えているという。

一一世紀頃のドイツ商人は単に「皇帝の臣民」と伝えられているだけなので、それがドイツのどの都市の出身者かは明らかでない。一二世紀になるとようやく出身都市が史料に言及されるようになるが、それは都市の台頭を反映している。その時にはドイツ商人中ケルン商人が圧倒的優位を示している。それゆえ「皇帝の臣民」もケルン商人を中心としていたと推測して誤りはなかろう。

その代わりケルン商人の優位はあまりにも著しく、ドイツとイングランドの貿易はほとんど彼らの独占するところとなっていた。この点が諸都市出身商人の協力を本質とするヴィスビ商人団の場合と本質的に異なっている。それというのも東方は異教徒の未開世界であり、結束が否応なく必要であったが、イングランドは安定した王国であり、特定商人が国王にとり入って独占をねらうことが可能だったからである。リューベクはじめ非ケルン系都市の商人はドイツ商人ではあっても、ケルン商人からは部外者と見られ、ケルン商人の排他主義と抵抗しつつ、イングランド国王から通商権を獲得するほかはなかった。

ケルン商人テリクスの場合

近年、ナタリー・フライドというイギリスの女性がドイツ・イングランド貿易の初期について興味深い事実を報告した。それは一三世紀初期の史料に登場する一ケルン商人の軌跡を追った研究で、本人も労苦の多い細かな仕事だと告白している。このケルン商人の名はディートリヒ・テリクスといい、もっぱらイングランド貿易に従事し、イングランドから羊毛を輸出し、イングランドへは織物と香料をもたらし、ある時にはイングランド王の依頼で軍馬調達にもあたった。しかも、彼は居住地をイングランドのスタンフォードに有し、そこに土地を所有するのみならず染色工場をさえ持っていた。当時のロンドンでは外国人が染色業を営むことは禁止されていたから、スタンフォードを居住地に選んだのであろうとフライド女史は推測している。

テリクスの例は前項で述べた事柄を裏づけている。土地と染色工場まで所有するほどケルン商人はイングランドに融け込んでいた。しかも国王の軍馬購入まで任されるほど信用されていたのである。ロンドン市民との法的平等という好遇が与えられてからテリクスの時代まで一世紀以上が経過しているが、ドイツ商人はこの間を通じてイングランド人の好感を失うことはなかったのである。しかもスタンフォードは有数の織物都市で、この都市に関する史料には多くのフランドル人やユダヤ人が登場するのに、ドイツ人はテリクスだけであるという。つまり、ドイツ人は数的には決して優位に立っていなかった。数や量ではなく質の面にドイツ人優位の根源があった。

フライド女史はこのほかにもいくつかの事例を報じている。一二五一年の商事調停書に証人として登場するアルノルト・テートマルはドイツ商人団長でロンドンで商業に従事していたが、彼はカンタベリの巡礼のためにイングランドに渡ったドイツ人の息子であるという。巡礼は直ちに商業発達と結びつきやすかったが、ここにもその一端が現れている。さらにドイツ人でイングランドに土地を持つに至った例は数々ある。例のジョン欠地王は傭兵を大いに用いたが、ドイツ人傭兵の子孫でイングランドの土地所有者となった者もある。しかも、これらの土地所有者が行政上の有力な地位についているのであり、ほとんど外国人扱いされていなかったのである。

なお、ロンドンには有名なハンザ商館が存在したが、それについては後に述べる（本書一四三頁）。

フランドルとの貿易

フランドルは当時ヨーロッパ随一の先進地であったから、この方面との関係はハンザにとってもきわめて重要であった。しかし、フランドルでの様相はイングランドの場合とは著しく異なっていた。フランドル商人は早くから積極的にドイツに進出しており、力関係はイングランドの場合とはむしろ逆であった。

ドイツ商人がフランドルに赴いたのは毛織物を購入するためであった。一三世紀になると北ドイツはフランドル産毛織物の最大市場となった。この方面の貿易でも先鞭をつけたのはケルンで、早くも一二世紀末にはフランドルと通商協定を結んでいる。この時にはケルンは大司教権力を排除して都市共同体を確立しており、国際法的には大司教から独立した主体として自らの名で条約を締結している。しかし、フランドルではイングランドの場合に見られたようなケルンの圧倒的優位は実現しなかった。一二五二年フランドル伯が一連の文書によってドイツ商人に便宜を与えたことはドイツ・フランドル貿易史上画期的な出来事であるが、この時通商保護の利益にあずかったのはケルン商人だけではなく、神聖ローマ帝国の全商人であった。一三世紀

ブリュージュでの船積み

後半から末にかけてフランドルでは、ケルンおよびライン・ヴェストファーレン都市の商人のほか、リューベク、ハンブルク、ヴィスビ、リーガ、ヴィスマル、ロストク、シュトラールズント、エルビングなどの商人が活躍していた。すでに北海が彼らの活動舞台となっていたのである。ケルンの優位が確立しなかったのは、フランドル自体が貿易活動に積極的で、特定外国都市の商人が独占的

地位を築く余地がなかったからと考えられる。しかも、イングランドの場合と異なり、ケルンと東方都市との対立抗争も見られなかった。一二五二年四月のフランドル伯による通商特権状はケルン系都市とその他のドイツ都市とは「友好関係」にあると表現している。

フランドルにおけるドイツ商人の活動地としては、ガン、ブリュージュ、イープルなどが挙げられるが、まもなくブリュージュが群を抜いて重要になった。ブリュージュは一三世紀中に国際的商都としての地位を確立し、欧州各地から商人が集まってきたから、ドイツ商人がこの地にひかれるのも当然であった。

ドイツ商人がフランドルで買いつけたのは主として同地産の毛織物である。他方ドイツ商人はフランドルへどのような財貨をもたらしたであろうか。ケルンをはじめとするライン・ヴェストファーレン都市はたぶんワインや工業製品をもたらし、ブレーメンはビールを供給したといわれる。問題は東方からフランドルに輸入された商品であるが、それについてはシュトラールズント商人についての一二八〇年頃の史料が参考になる。それによれば、材木、穀物、瀝青《れきせい》がフランドルに輸入されていた。これらは全ハンザ時代を通じてバルト方面が提供した主要物資である。ここに、フランドルの工業製品と東方産の食糧・原料の交換というかたちで北方に国際分業が成立していた事情を看取することができる。

第3章　都市ハンザの成立

1　バルト海岸諸都市の建設

リューベク系諸都市の建設

一二世紀中頃におけるリューベクの建設を皮切りとし、東方植民の進展と平行してバルト南岸地方に続々と新都市が成立した。リューベクからヴィスビを経てロシアに向かう通商路が確立するに伴い、この地方の重要性が増したからである。これらのうち、バルト西南岸の都市建設にあたってはリューベク市民が主導的役割を演じた。他方、バルト東南岸ではドイツ騎士団がドイツから人材を招いて都市建設を援助した。それらの都市の一つ一つが特有の建設事情を有し、都市としてのそれぞれの個性を示した。それらの個別研究は非常に興味深いが、本書の紙数上割愛することを諒とされたい。

リューベク市民によって建設された最初の都市はロストクである。一二一八年に領邦君主メークレンブルク大公がリューベク法の採用を許すことによって都市としての地位を獲得したが、その時すでにラート（市政執行機関。Rat）が成立していた。その後は急速な発展を示し、一三〇〇年頃には都市全体を囲む城壁が築かれ、一四世紀初期には大体その形態を整えた。その大きさは一九世紀中頃までほぼ変わらなかった。これに対して、リューベクに最も近いヴィスマルはロストクより遅く発生し、都市として認められた年代ははっきりしないが、一二六六年にリューベク法を有していたことは判っている。さらに東方のシュトラールズントは直接海洋に接した都市としてめずらしい例に属し、対岸のリューゲン島を支配するという特殊性をも備えたユニークな都市であるが、一二三四年にリューゲン侯から「ロストク市に授けられた」法を与えられた。だからロストクはリューベクを母市とする娘都市で、シュトラールズントは孫娘都市だということになる。

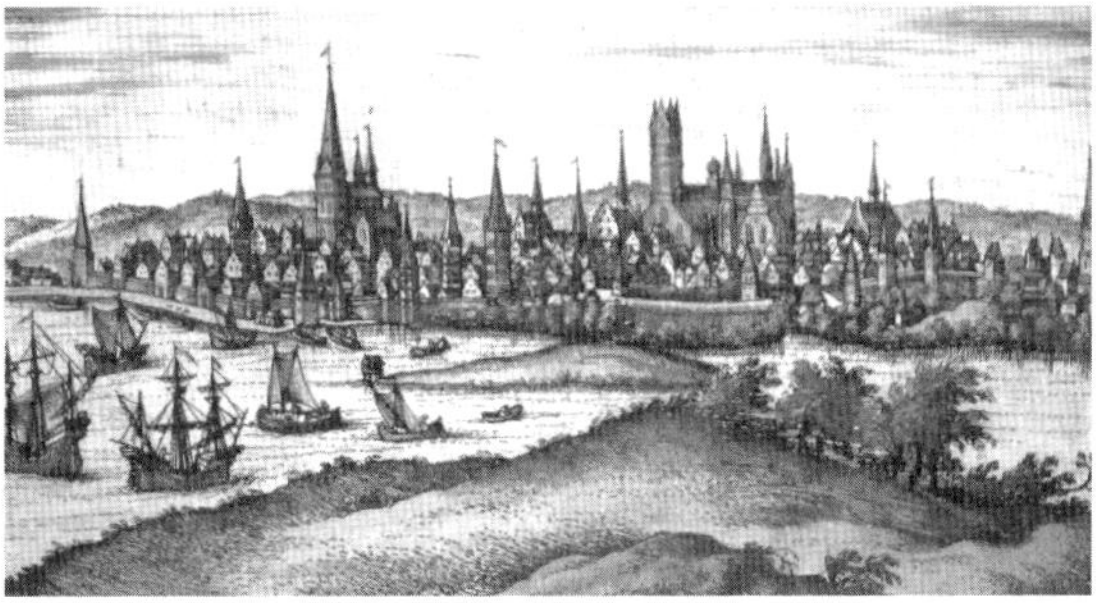

ロストク（16世紀）

これらリューベク系都市について二つの事柄が問題となる。一つは建設当時の初代市民がどの地方の出身者から構成されたかであり、もう一つはこれらの都市相互の関係である。ヴイスマル最古の都市記録に基づく地名を名とする市民の出身地別内訳から判断すると、地元メークレンブルク出身者が半数を占めている。これはヴィスマル建設にあたって人的資源を近隣農村に仰いだこと

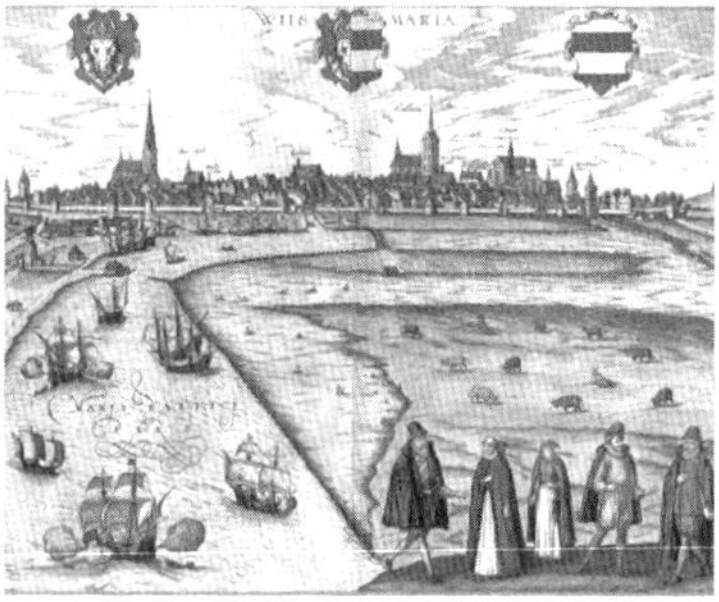

中世のヴィスマル

を示すとともに、東方植民がいかに急速に進んだかをも物語っている。問題はザクセン、ヴェストファーレン、ホルシュタイン、ニーダーライン出身者であるが、これらのなかにはリューベク出身者三名のほか、ブレーメン出身者五名、ハーメルン出身者二名等々と西方都市出身を示している者が見られる。こうした人々は西方出身者でもいったんはリューベク市民となり、それからヴィスマル建設に赴いた人々ではないかと察せられる。

次にリューベク系都市相互の関係であるが、いったん建設されてしまえば娘都市も独立的自治都市として母都市と対等であり、植民地的関係は持たない。けれども市民の上層は相互に血縁関係にあり、都市法を共通にしたから親近性は高かった。ハンザ内部でもリューベク系都市の結束が特に強かったのもそのためにほかならない。

都市法系の問題

ドイツ都市の成立は最終的には既存ドイツ都市法の導入を都市君主から許されるというかたちをとった。ハンザ世界は西の端が旧ローマ文化圏に属し、中世都市の成立も早く、何といってもケルンはその中心であった。だから都市法の点でもケルンが先駆者であった。最古のケルン法は伝わっていないが、娘都市ゾーストの都市法を通じて知ることができる。

このケルン法はゾーストを経て、リューベク、次いでハンブルクに伝わった。北ドイツでリューベク法といわれるのはこれで、ケルン法に淵源を有する。バルト海岸地方の都市は大体においてリューベク法を採用し、ロストク、ヴィスマル、グライフスヴァルト、エルビング、リーガなどがこれに属する。他方、内陸都市法の淵源となったのはマクデブルク法で、ライプツィヒ、クラーカウ等がこの法系に属するが、ハンザ海岸都市のなかにもシュテッティン、ケーニヒスベルク等マクデブルク法系に属するものがある。現在法系の識別研究がかなり進み、法系別地図も作成されている。

都市法の系列を問題にするにあたっては、次の点を考慮する必要がある。ある都市法が導入されたといっても、最初の段階では多分に名目的で、実質上は基本的商人法の確立にほかならない場合があり、特定都市法が導入されるに際しても、内容は具体的事情に応じて自由に変えられた。中世の法である以上、都市法も中世法の基本的性格を有している。中世法は本質的に慣習法であり、非制定法であり、不文法であった。都市法が伝えられる場合でも法典が伝授されるのではなく、人々の記憶を通じて伝えられ、都市君主はただ都市法の名を挙げるだけであった。だから実情に応じての変更も容易だったのである。それでも新しい法ではなく古くからの法だと主張する擬制は必要であった。中世の法は制定されるものでなく、人間以前に神から与えられた法の発見と考えられたからである。都市史家ラインケは次のように簡潔に述べている。「法は人間の中に生きているのであって文書の中に生きているのではなく、心の中と舌の上に生きているのであってインクと文字の中に生きているのではない」。

リューベク法を採用したからといって、リューベクの支配を受けるわけではなく、どの都市も対等であった。しかし、司法上の問題で母都市の意見を聞くことはあった。一二七〇年、ロストクは疑義のある係争事件をリューベクに書き送ることを決定している。法に関して同市がリューベクの意見を仰ぐことは一七二一年まであったらしいとさえいわれている。ヴィスマルも司法上リューベクの裁断を求めている。市法を共通にすれば支配関係はないにせよ、ある程度の親近性は当然存在した。

2 リューベクの発展

獅子と赤髯

初期のリューベク史には、ザクセン大公ハインリヒ獅子公とドイツ皇帝フリードリヒ一世赤髯《バルバロッサ》という二人の綽名《あだな》つき君主が大いに関係している。建設当時のパトロンは獅子公であり、リューベクもザクセン大公を都市君主と仰ぎつつその保護の下で成長した。獅子公は早くから商業のもたらす富に着目していた点で時流を見抜く識見の持主であり、リューベクははじめから商業目的で建設された。彼はこのほかにもシュヴェリーンやブラウンシュヴァイクなどの都市を建設したが、それらに対する税を低く抑え、一時的利得よりも都市繁栄による領内経済向上をねらうという長期的展望を有していた。

しかし、獅子公のリューベク保護は長続きしなかった。折しも一二世紀後半は皇帝フリードリヒ一世赤髯による帝権強化政策の時代にあたっており、北方の雄獅子公は目の敵とされ、一一八〇年皇帝に対する反命罪を理由に失脚させられてしまった。こうして建設後二十年にしてリューベクは保護者を失う結果となった。それどころか獅子公と関係深いリューベクはかたちの上では皇帝の敵となってしまったのである。

けれどもバルト海への窓口として発展したリューベクの地位に変更を加えることは皇帝フリードリヒ一世赤髯といえどもできなかった。それに皇帝の敵はリューベクではなかったから、赤髯帝はリューベクに対する保護者の地位を引き継ぎ、リューベクに関しては獅子公の政策に修正を加えなかった。この結果リューベクの上級支配権は平穏裡に皇帝に移行したが、それには皇帝に恭順なリューベクの態度もあずかって力があったと思われる。利害得失を冷静に計算できる市民層は君主間の封建的抗争にまきこまれることを巧みに避ける術を心得ていた。

赤髯帝は一一八八年にバルバロッサ特権状として知られる特権文書を発給したとされ、現実に特権状が後世に伝わった。次項で述べるようにこれがきわめて問題のある特権状なのであるが、赤髯帝は不安におののくリューベクにその必要がないことを明らかにするため何らかの措置をとったと思われる。この特権状は獅子公がリューベクに与えた特権の再確認であって、獅子公の原特権文書が残存していない――はじめからなかったのではないかという説はさておき――ために事実上リューベクに対する特権として知られている最古のものである。

それによるとリューベクにおける都市法の妥当が確認され、その都市法が適用される範囲、つまり市域が定められ、近隣領邦との関係が調整された。さらにリューベク市民にザクセン全土における無税自由通商が認められ、ロシア人、ゴートラント原住民、ノルマン人その他東方の商人にリューベクでの無税通商活動が許されている。これはリューベクの商業的発展を可能なかぎり助成しようという獅子公の政策の継承にほかならない。

バルバロッサ特権状で注目に値するのは、中世都市の自治執行機関であるコーンスル（Consul）の複数存在（ドイツ語ではラート）がすでに言及されていることである。一二世紀に入ると続々と市民共同体による自治都市が成立するが、その執政機関であるラートの発生は一二世紀末で、本格的に制度化するのは一三世紀に入ってからである。だから現存バルバロッサ特権状が真正なものであるとするならば、リューベクにおけるラートの成立はきわめて早いということになる。

バルバロッサ特権状の真偽問題

しかるに今世紀はじめ以来、同特権状の真正性に疑念が抱かれるに至った。この点に関しては一九一四年に発表されたヘルマン・ブロッホの論文が画期的である。それは現存特権状が原本ではなく一二二五年頃の写本であることを立証した論文で、その根拠は次の通りである。現存特権状の筆跡は一三世紀初期リューベクの史料数点と同一であることが発見されたから、それらを書いた同じ書記の手に成るものと考えられる。さらに現存特権状に付随している印章が模作であることも判明した。この時写本が作成された動機は次のように推測されている。後の項で述べるように、一二二六年にリューベクは帝国直属都市特権状を与えられたが、それと写本作成とが関連していると考えられる。すなわち、帝国都市特権を得るためには、それまでにリューベクがどのような特権を得ていたかを皇帝に示す必要があった。そのための参考資料として作成されたのであろうという。問題はラートに言及した部分であるが、もしバルバロッサ特権下付の年とされている一一八八年にラートが成立していたとするならば、リューベクには早い時期にラートが成立していたことになる。

しかし、現存特権状が一三世紀初の写本である以上、その点は疑ってかからねばならない。そこで現存特権状にコーンスル（ラート）とあるのは一三世紀初期の実情に合わせた改竄《かいざん》であろうといわれている。それもおそらく悪意に発したものではない。皇帝に実情を知ってもらうために単語だけ実情に合わせて変えたということが考えられる。そこで、現在の推測では文章は大体原特権状通りで、現存特権状にコーンスレース（コーンスルの複数〈Consules〉）とある部分は原特権状では単に「市民たち《キーウェース》」となっていたのではないかといわれている。

リューベクのラートがはじめて確実な史料に登場してくるのは一二〇一年の土地購入承認書の証人欄である。そこではラートは十分な権威を持った機関として登場している。だからラートは一二〇一年以前に成立したはずである。そこで問題はリューベク建設時の一一五九年と一二〇一年の間隙をどう埋めるかである。バルバロッサ特権状は獅子公特権の継承であるから、同特権状を信用すれば建設当時からラートが存在していたことになり、建設企業者団体がラートの母胎だと唱えるレーリヒの学説が強力な保証を得ることになる。しかし、現存特権状が一部改竄を含む後世の写本と判明した以上、真相は不明というほかない。一二〇一年にはラートは存在していたということだけが唯一の確実な事実である。

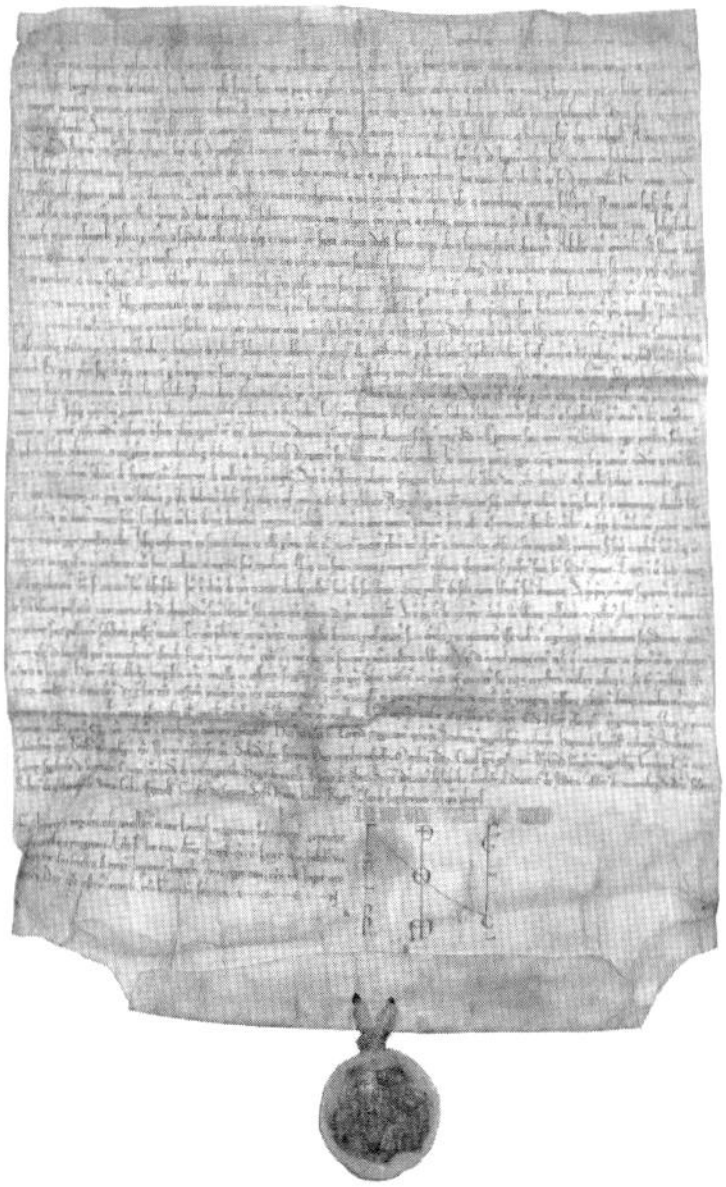

バルバロッサ特権状（13世紀写本）

リューベク特権の系譜

後世リューベクの人々、特に有力市民は自分たちの特権はハインリヒ獅子公に由来すると主張していた。しかし、幸か不幸か獅子公特権状なるものは残存していない。バルバロッサ特権状が獅子公特権を継承ないし発展させたものであるはずだということがいえるだけである。しかもバルバロッサ特権状すら現存のものは皇帝書記局で作成された原物ではなく、後世リューベク市一書記による写本である。そこで獅子公特権はどのようなものか確実には知る由もない。素人は驚くかもしれないが、獅子公特権状ははじめからなかったのではないかという説すらある。しかし、これは中世の法観念からすればありえないことではない。中世においては慣習法・非制定法の占める比重が高かったから、法は文章化されたかたちで書き残される必要はなかった。獅子公特権は口伝されていたかもしれないのである。

それではバルバロッサ特権の方はどうであろうか。現存のものこそ後世の写本であるが、特権状発給は事実であったと思われる。一二〇三年と一二〇四年にデンマーク王がバルバロッサ特権を確認した文書が原物通り残っているが、そこにははっきりとバルバロッサの「文書」が言及されている。またアルノルトのスラヴ年代記（既出ヘルモルト・スラヴ年代記の続編）第三巻第二〇章には、バルバロッサから「変更されえぬ」ものとして特権が与えられたという記事が見られるからである。

いったいに中世においては、特権授与は実質上既存状態の確認であることが多い。だから獅子公特権は当然バルバロッサ特権のなかに継承されたはずである。事実、後に述べる帝国都市特権状では明文をもってバルバロッサ特権の確認が述べられている。それゆえに史料的根拠に欠けるところがあるとはいえ、リューベク特権が獅子公特権から出発したと考えるのは、当時の法理念からはむしろ自然である。これがバルバロッサ特権に継承され、それがさらに一二二六年の帝国都市特権に受け継がれてリューベクの法的地位を保障するのである。

王領地時代のリューベク

獅子公失脚の結果、リューベクは皇帝直轄の王領地となった。当時リューベクの北方にはデンマーク、西方にはホルシュタイン伯など権力拡大をねらう勢力があり、後顧の憂いなく東方へ商業を発展させるためにはこれらの勢力を抑えねばならなかった。この点で獅子公は保護者の役割を演じたのであるが、問題は新君主である皇帝にそれが期待できるかどうかであった。ところが、皇帝の実権は乏しく、諸侯勢力と妥協するのが皇帝の北方政策であったから、リューベクの立場は獅子公時代より不安なものになってしまった。

赤髯皇帝は王領地リューベクの収入の半分を自己のものとしたが、残る半分をホルシュタイン伯に与えてしまった。王領地である以上、当然皇帝の代官がリューベクに駐在したはずであり、事実その形跡はあるが、奇怪なことに駐在していたのは皇帝の代官でなく、ホルシュタイン伯の代官ではなかったかという疑いが一部の学者に抱かれている有り様である。さらに驚くべきことに、一一九三年に皇帝はリューベクの全収入をホルシュタイン伯に譲ってしまった。そうして一二〇一年にはホルシュタイン伯の家臣が正式に代官としてリューベクに乗り込んできたから、王領地時代は実質的にはホルシュタイン伯支配時代になってしまった。当時のドイツ皇帝はバルト貿易がもたらしうる無限の可能性を求める意欲を欠き、この点で獅子公の方がはるかに具眼の士であった。当時のリューベクから得られる税収入といえば水車使用料とまだたぶん少額であった関税だけであったが、何といっても将来性は高かったのである。

後年独立都市として北方に君臨するリューベクも、当時は隠忍自重して権力の間隙を縫うよりほかに生きる道はなかった。皇帝によって勝手に運命を左右されても抵抗することなく、ホルシュタイン伯の支配下に入った。たまたま一二二四年にホルシュタイン伯が近隣諸侯と戦火を交えた。領主間の私戦にまきこまれることはリューベクにとって好ましくなかったが、それでもホルシュタイン伯が苦戦している時には援助した。一二二五年の興味深い史料がある。それはリューベクの援助は自発的なものであって当然の義務によるものではないことをホルシュタイン伯が確認した文書である。これはリューベクが都市君主に忠実に振る舞いながらも、独立への意欲を捨てていなかったことを示している。

帝国都市リューベクの成立

リューベク市民はホルシュタイン伯の私戦にやむなく協力した直後、ついに決心した。改めて皇帝に願い出て独立的地位を保障してもらおうと。というのも次項で述べるように、当時の皇帝フリードリヒ二世（赤髯の孫）の都市政策には赤髯帝時代にはなかった新機軸が見られたので、かなり期待が持てたからである。

一二二四〜六年はバルト方面の歴史における転換期であった。十字軍の余勢を駆ってドイツ騎士団がバルト地方の伝道に従事し、教皇・皇帝と関係の深い初代騎士団長ヘルマン・フォン・ザルツァが一二二三年に北方を訪れていた。リューベクも東方伝道に協力していたから、騎士団との関係は友好的であった。しかも、一二二四年にはバルト方面の改宗者を帝国の保護下に置くという勅令が発せられ、翌一二二五年にはバルト方面司教職督励のため教皇特使がリューベクを訪れた。周囲の事情は何となく皇帝や帝国を意識させずにはいなかった。皇帝が強力になったからではなく、伝道活動が活発化したために帝国意識が頭をもたげてきたのである。今や機は熟した。皇帝に働きかけるにあたってはリューベク市民の意欲が何といっても大きく作用したが、時期も好都合だったのである。

一二二六年リューベク市民の代表は聖職者を伴って、当時皇帝フリードリヒ二世が滞在していた北イタリアのパルマをめざして遠い旅路についた。パルマには一足先に騎士団長ヘルマン・フォン・ザルツァが姿を見せていた。その直前まで北方で活動していた騎士団長はリューベクの事情をも一通りわきまえていたと思われるし、帝国都市特権状に証人として名を連ねていることから考えても、皇帝の下でリューベクのため多少の仲介役を演じた可能性が高い。

遠路はるばる来た甲斐があって五月にはバルバロッサ特権の確認状が下付された。この確認状によれば、リューベク市民の代表は伴ってきた聖職者の同席下にバルバロッサ特権状を提出しているから、参考資料が提出されたことは確かである。この時提出されたのが例の現存バルバロッサ特権状ではないかといわれているわけである。事実、確認状には現存特権状と同一の内容が記されている。フリードリヒ二世はこの確認状のなかで身分の高下を問わず、聖俗を問わず、何人もリューベク市民を尊重しなければならないと宣言し、違反者に罰金を科すと定めている。

次いで翌六月、いよいよ帝国直属特権状が下付される運びとなった。この間一ヵ月待たされたのは特権内容を慎重に決定するためであったろう。五月にまずバルバロッサ特権状が承認され、その上でさらに次元の高い特権が授けられた。それによると、「リューベク市は常に自由であり、特別の都市であって帝国の地であり、帝国の領域に直属し、永久にその帝国直属から分離されることはない」。そこで語られているのはもはや「皇帝」ではなく「帝国」である。皇帝に対する人的結合は今や地域特権へと発展的に解消した。「帝国都市」リューベクにはもとより代官を置く権限が帝国に留保されたが、それとてリューベクまたはその近隣の出身者が任命されることと定められた。ここにリューベクは帝国直属都市となり、一九三七年まで実に七〇〇年にわたってその地位が続いたのである。

リューベク帝国直属の性格

ここにいう「帝国直属」に関して最も重要な法的効果は、帝国に直属するという面よりも、帝国以外のいかなる権力の下にも立たないという面にこそ求められる。すなわち、聖俗、大小の如何を問わず領主・君主が市の領域に権力的に介入することは禁ぜられるに至った。リューベクは建設当初こそザクセン大公ハインリヒ獅子公の保護を得ていたものの、同大公の失脚に伴い、その立場は弱体化し、膨脹的性格を常に発揮していたデンマーク国王の脅威に曝されていたので、このような性格を有する帝国直属はリューベクにとってまたとない有利な条件であった。もとより皇帝がただでこのような特権を与えるはずはなく、リューベクの場合には帝国直属となり貨幣鋳造権を認められる代わりに年額六〇マルク銀の納入が義務づけられはした。しかしこの程度の一定の貢納義務を果たすだけで、政治的にはまったく自由であり、とりわけ都市にとって最も重要な経済政策が都市の自由となった意義は大きい。しかも帝国に直属するとはいっても、皇帝自体は特に北方に対しては実権もなく、関心も乏しかったので、「帝国直属」とは完全なる自主独立に等しく、いわばリューベクは都市でありながら、君主と同等、つまり近代的な用語でいえば独立主権国家と等しくなったのである。

リューベクの印章

帝国直属都市特権とともに多くの特権も同時に認められた。それは大別して商業活動保障条項と周辺諸侯の介入防止条項とに分けられる。市の領域が拡大され、貨幣鋳造権が与えられ、市と海をつなぐ（リューベクはトラーヴェ河を溯った地に位置する）トラーヴェ河が保護され、自由通商の障害となる税が免除された。保護の範囲は帝国外にも及び、リューベク市民はイングランドではケルン商人と同等の権利を有すべきものとされた。もとよりこれにはイングランド側の容認が必要となるが、この措置は後年のハンザ成立にとってきわめて大きな意義を有する。というのも当時のドイツには近代的な国家観も民族観も当然欠如しており、同じドイツ——より正確には神聖ローマ帝国——内の都市であっても、都市が異なれば外国扱いされた。ケルンはローマ時代以来ライン河を通じてイングランドと古くから通商関係を保ち、中世に入ってからもケルンのみがイングランドで独自の特権的地位を享受し、リューベクを「外国都市」として特権から排除していたからである。にもかかわらず、ここで皇帝の権威をもってケルンとリューベクを一体化させたことは、後年のハンザ形成への一歩前進を可能にしたのである。

他の「帝国直属都市」との比較

「帝国直属都市」、つまり通常簡略に「帝国都市」と称される都市は一三世紀以降、特に南ドイツに多く見られるに至る。それに比べて北方では実質的には一三世紀初に成立したリューベクが唯一の例である。ハンザ都市の中ではリューベクのほかにケルン、ブレーメン、ハンブルクが帝国都市となっているが、ブレーメンは一四世紀に、ハンブルクは一六世紀にその地位を得たのであって、帝国都市としての歴史はリューベクよりもずっと浅い。残るケルンであるが、ケルンの帝国直属は成立事情が微妙で、公文書によって確固として成立したリューベクのそれとは本性上まったく対照的である。

リューベクとケルン両市の帝国直属を比較するのは中世世界の本質を知る上で大変興味深く、かつ有益である。そもそもケルンは旧ローマ領に属し、かつローマ時代から有力な属州都市であったが、それゆえにこそキリスト教時代になるととりわけ強力な大司教の支配下に置かれたのであった。大司教が都市君主そのものだったのである。大司教支配下に置かれたことは少なくとも当初は、大きな恩恵でこそあれ、なんら悪い運命ではなかった。中世初期の激動期に強権的支配ではあってもともかくも治安を守ってくれることは、特に経済活動を基盤とする市民（商人）にとってはこの上ない恩恵だったからである。しかし、そのような安全にいつまでも甘んじてはいなかったところに中世ヨーロッパ都市市民の本領がある。大司教支配の保護下に着々と経済力を身につけていたケルン市民は、やがて大司教支配を保護ではなく、むしろ圧制と束縛と感ずるに至ったのである。

ケルン市民のケルン大司教に対する積年の不満は、一一世紀後半に爆発した。最初のケルン大司教（都市君主）に対するケルン市民の蜂起である。なにせ中世神聖ローマ帝国内で最も有力な古都での事件である。同時代の人々から驚きの眼で迎えられ、一年代記に事件の概要が伝えられるに至った。ただしこの時の暴動は大司教によって苛酷な弾圧を受け、ケルン市民の勝利には直ちには結びつかなかった。とはいえ以後ケルン市民の大司教への抵抗は執拗に続けられ、周辺中小諸侯の支援もあってついに一二八八年にケルン市とその同盟軍と大司教軍の間で合戦となり（ヴォーリンゲンの戦い）、前者の勝利に終わり、ケルン市は大司教から完全独立を達成するに至った。

ところでその結果としてのケルン市の国制的地位であるが、大司教から独立した以上可能性としては帝国直属以外にはありえない。事実ケルンは一五世紀になると「帝国直属都市」の地位が明文

15世紀のケルン（1411年）

で正式に認められるに至るが、それはそこから当該地位がはじまるという設権的な文書ではなく、それまで何世紀にもわたって続いてきた慣習法の確認にほかならない。そこにわれわれはヨーロッパ中世法の本質的性格を見なければならないのである。そもそもヨーロッパ中世法とは本来的に自然法か慣習法であり、近代国家を前提とした制定法などありえなかった。したがってケルンの帝国直属はリューベクのそれのように確固とした制度的実質を備えたものではなく、単なる慣習法、否、それどころかケルン市の単なる自称に過ぎなかった。とはいえ、いかなる都市でも自称で帝国直属になれる道理はない。自称が罷《まか》り通るために絶対に必要なのは実力であって、さすがケルンにはその実力が経済的な意味でも政治的な意味でも十分あったのであり、それゆえにケルンの自称が慣習として定着しえたのである。さらにその実力だけでも実は足らないのであって、周囲がその事実を受け入れなければならない。この点でもケルンは十分な条件を充たすことができた。すなわちケルン大司教との実力闘争の際、ケルン大司教の強大な権力に脅威を感じた周辺中小諸侯（これがケルン方面には多かった）が、同大司教と対抗するためにケルン市に接近し、これと同盟を結ぶに至るのであるが、その際これら周辺の勢力は、大司教とは別個にケルン市を一個の主権勢力として扱い、同盟を締結したのであった。いうなれば法律用語にいうところの「黙示的承認」であり、これに支えられてこそケルンの地位は慣習法として確立しえたのである。それにしても帝国直属などという重要な地位をケルンの場合には自称で押し通して、ついには正式に認めさせてしまうなど、実直かつ周到な手順を経た上で正式に確固たる帝国直属を獲得したリューベクの場合とは正反対である。

したがって帝国直属とはいっても個々の事例ごとに事情はさまざまである。ケルンとリューベクの場合のように成立事情をまったく異にする事例もあるとともに、同じく正当な手続きによって帝国直属を得た場合でも、その存続は客観情勢の如何によって左右された。その事情をヴィーンとリューベクの比較を通じて知ることができる。ヴィーンもまたリューベクと同じ頃に神聖ローマ皇帝から帝国直属の地位を与えられたのであって、その地位は法的に確固としており、ケルンの場合のような実力主義によるものではない点でリューベクと共通であるが、ヴィーンの地位はリューベクの地位が近代まで確固として存続したのに対し短命で終わった。この運命の相違はヴィーンとリューベクの置かれていた周辺の客観的条件の相違による。リューベクの場合には、デンマーク王国やホルシュタイン伯のような外敵は存在はしたが、周辺の商業路を特定君主によって一括的に掌握されてはいなかった。それに対してヴィーンの場合には、ハプスブルク家という強力な君主家系が強大な支配権を有しており、特に周辺商業路は同家に掌握されてしまっていた。これでは帝国直属など意味はなく、ヴィーンの帝国直属はこうした客観的事情のゆえに永続性を持たなかったのである。

ローマ教皇庁との関係

リューベク帝国直属特権獲得の直後に関して一つ注目さるべき現象がある。それはローマ教皇庁との関係である。もとより中世のことゆえ、教皇庁がリューベク方面と無関係ではありえないが、それ以上の特有な何かがこの点にありそうなのである。基本的にいえばリューベク方面はキリスト教の辺境地であり、一三世紀当時にもなお布教を必要とする地方であったから、その意味でも教皇庁はこの方面にまったく無関心ではいられなかったはずである。十字軍と呼応して北方でも十字軍が考えられ、実行されるに至っていたから、なおさらである。その際リューベクは北方十字軍の出発地として重要であり、事実北方商人による布教事業支援は大きかった。したがって教皇庁がこの方面に関心を寄せるのは当り前なのであるが、その際リューベクの帝国直属都市化は教皇の注目を当然惹きつけた。

興味深いことに一三世紀初以来リューベクと教皇の関係深化が見られるのである。今日残存するリューベク市史料は主として、トレーゼと称するリューベク市公文書庫に保存されてきたのであるが、そこには一三世紀を通じ教皇庁文書が皇帝文書以上に多く含まれている。それも直接リューベクに充てた文書――そのような文書が公文書庫に保管・保存されるのは当然である――のみならず、リューベクに間接的な関係を有するに過ぎない他者宛文書もかなり含まれているのである。これはリューベク市当局が教皇文書に注意を払い、間接的ではあれ自市に関わる文書を注意し、意図的にそれを入手・保存したからだと考えられる。

では、なぜリューベク市がこのような態度を持したかであるが、リューベクの外港が関係していたらしい。リューベクの位置はトラーヴェ河を多少溯上したところなので、トラーヴェの河口は通商に立脚するリューベクにとって死活を制する重要性を帯びている。帝国都市となった以上、この河口を保護するのは神聖ローマ皇帝のはずであるが、皇帝には実権がなく、あまつさえ皇帝の関心は主に南方に向けられ、北方には無関心であったから、肝心の皇帝はこの意味でリューベクの頼りになる存在ではなかった。これに反して教皇庁は北方十字軍実行のゆえに、リューベクに無関心ではいられず、事実、トラーヴェ河口保護のために実際に腐心してくれたのであり、その際教皇の普遍的権威のゆえに周辺諸権力に宗教政策的見地から働きかけることができたのである。

ただし、教皇庁のリューベクに対する好意的な態度も長続きはしなかった。一三世紀を通じて多くの教皇文書が寄せられたものの、一四世紀に入ると減少する。それと一致するのが一三〇九年の名高い「アヴィニョン捕囚」である。この事件によりさすがの教皇庁もリューベクのために力を向ける余裕がなくなってしまったのである。しかし、それで良かったのである。なぜならば一四世紀はハンザの隆昌期であり、その頃には北方はあえて教皇の助成を必要としなくなったからである。つまりいうなれば一三世紀というハンザ勢力が未成熟な時代に、教皇庁が「第二の」または「陰の」「直属」として働いてくれたのであり、リューベクは抜け目なくそれを利用したといえるのであるまいか。

帝国都市が主に中部から南部のドイツに散在し、北方にはリューベクを実質上唯一の例外として存在し、ほかには成立しなかったのも、こうした事情とともに理解されねばならない。つまり、ハンザという都市連合勢力が実体を確立した以上、何もことさら帝国直属など求めなくとも良かったのである。その意味でリューベクの帝国直属は決定的であった。教皇庁の協力を得て、ハンザ勢力の熟成を支えるという役割を果したからである。

3　自然発生の都市連合

遍歴商人から定着商人へ

一三、一四世紀になると商人像に変化が見られた。まず挙げなければならないことは商人が遍歴的性格を捨てて定着的になったことである。商業復活当時の一一、一二世紀には商人は自ら商品を携えて外地を遍歴するのが通例であった。またそうすることによって厳しい領主・農奴間の支配関係から離脱できたのである。

その彼らとて、もとより居所をまったく持たないわけではなかった。家族のこともあろうし、北方では冬期の商業活動は困難で、通常冬の海上商旅は行われなかったから、冬期の住所は必要である。そこで早くから各地に商人定住地が発生していた。それは有力聖堂の近くであったり城砦の近くであったりした。そこが市場となる例は多いけれども、常にそうだったわけではない。商人の根拠地であり商品の集積・保管所であるにとどまり、商業活動はそこから遍歴的に営まれるという例も初期の段階では少なくなかった。初期の商人ギルドも遍歴商人の性格を反映していた。ギルド員は武装能力のある人々で、武装して外地に赴き、商業旅行の際には相互に援助する義務があった。

しかし、いつまでもこのような状態にはなかった。特に穀物、海産物、織物類、木材等の生活必需品が取引の主体となれば、取引量はきわめて多く、商人が全商品に常に目を配ることが不可能なほど取引は拡大する。また、恒常的貿易が軌道に乗れば価格も取引状況も一定してくるので、常に商人自らが立ち会う必要もなくなる。商人は取引進展につれて何人かの補助者を雇い、実際の日常取引は彼らに委ね、自らは都市に定住して指令を発することに専念するようになる。ついには本店・支店の機構が成立し、ますます商人の都市定住的性格が強まり、商人は都市にいながらにして通信により支店と連絡すればよいようになる。商人が主体であることに変わりはなくとも、遍歴商人の時代は去って都市の時代が到来するのである。

商人の文字修得

しかし、ここに一つの重要な前提がある。通信で用を足すためには商人が文字を修得し、書類を扱うようになれることが条件となる。今日のわれわれは社会生活を営むにあたって文字を読めない人の存在など考えもしないが、中世ヨーロッパの識字率はきわめて低く、社会生活上逆に文字を読めない人を前提にしなければならなかった。教育普及度の低かった中世前期において教育を身につけていたのはいうまでもなく聖職者であり、文字の読み書きがまともにできたのはまず彼らだけであった。

だから聖職者は各方面で重宝がられた。君主・諸侯は公式文書作成を彼らに委ねたが、一二世紀中頃までは商人の間でも聖職者が文書業務を独占していたのである。商人が航海に乗り出し外地に赴く時にも聖職者が随伴し、相手方との交渉に協力したり、文書を作成したり、通訳を務めたりした。商人の宗教生活を司ったことはいうまでもない。

だが、いつまでもこの状態のままでいることは商人にとって決して好ましいことではなかった。というのも教会は商人にとって頼もしい後楯になると同時に、全欧的な強い権力を背景としていたから、他面では自由を侵害する可能性も高かった。商人が文書の面でも聖職者に頼り続けることは、教会権力の介入を招く危険をもはらんでいた。商人が文字を修得するに至ったのは第一次的には現実の必要からであって、教会との対抗を意識したからではなかったであろう。しかし、文字修得が聖職者による後見からの解放という結果を伴ったことも事実である。中世において聖職者の次に文字を修得したのは王侯貴族ではなく、商人であったということは記憶されるべきである。

商人が文字を修得した結果、通信によって自由に遠隔地の取引を操作できるようになった。そうなると商人の都市定住はますます可能となり、本店・支店網を円滑に利用できるようになった。それは遍歴商人時代に終止符を打ち、都市時代の開幕を告げることになった。都市ハンザ成立の一つの背景として商人による文字修得が十分考えられるのである。ただ、商人の文字修得とその影響という問題は研究が困難であり、早くから学者の注目するところとなってはいるものの、なお今後の研究課題である。

商人がいつ頃から文字を自在にするようになったかは正確にはわからない。当初はハンザの商人文書もラテン語で書かれた。ラテン語に代わって俗語、つまり低地ドイツ語が書類用語として一般化するのは一四世紀に入ってからである。商人間の教養普及という点で先進的だったのもやはりリューベクであった。一三世紀中頃以後早くもリューベク市民の子弟の中から聖界に進出する者が出現し、なかには司教にまで昇った者もあるという。このような現象は古くからの伝統に束縛されない新開地であったがために可能であったと思われる。事実、西方では高位聖職者はもっぱら貴族出身者によって占められていたのである。同時にこれはリューベク市民がいかに急速に文化を吸収したかをも物語っている。

ヴィスビの地位

都市ハンザの成立過程は、スウェーデン南西部ゴートラント島の都市ヴィスビの運命を通じて観察することができる。ヴィスビの最盛期は一三世紀であるが、それは都市ハンザ成立の前夜にあたっていた。その頃のヴィスビにはドイツ商人の多くが定住し、彼らの活動によって商業都市として目覚ましい発展を遂げた。他方、ヴィスビに定住はしないがそこを拠点として遍歴商業に従事するドイツ商人は、ヴィスビ定住者とは別個の団体を結成した。その団体はヴィスビ市章とは別の印章を定めて使用したから、明瞭な法人団体であった。つまり、それはヴィスビ商人となりきることなく活動するドイツ各都市出身者から成り、しかも、出身都市よりも活動拠点ヴィスビを地盤とする人々の団体である。この特殊な団体は遍歴商人時代においてこそ存在しうるものであった。

中世のヴィスビ

この間、ヴィスビは当初から商業目的地であったロシア、特にノヴゴロドで強固な地位を築き上げていた。ノヴゴロドで得られた現金収入は長持《ながもち》に納められてヴィスビに運ばれ、同市のドイツ人教会、聖マリア教会に保管された。その金庫の鍵は四つあって、ヴィスビのドイツ人と、リューベク、ゾースト、ドルトムント出身者の代表が分け持った。この慣行はヴィスビ定住者を別とすれば、以上三都市出身者がヴィスビを拠点として活動するドイツ商人中の最有力分子であったことを暗示している。さらにヴィスビはノヴゴロドに対して司法上も優位に立ち、ノヴゴロドでのドイツ商人に関する訴訟が決着しない時は、ヴィスビが上訴地となった。このようにヴィスビは財政・司法両面で当初ノヴゴロド商館を掌握していた。

このような情勢は都市ハンザの形成をめざすリューベクにとって好ましいことではなかった。ノヴゴロド商館はヴィスビによって独占され、ヴィスビを拠点とする遍歴商人団体が拡大発展したならば、ハンザの盟主はリューベクでなくヴィスビになったかもしれない。そこでリューベクは都市ハンザ形成のためにヴィスビの覇権を打破しなければならないと考えるようになった。それればかりか、バルト海岸沿いに成立した新都市の進出も目覚ましかった。バルト新都市の台頭はヴィスビの存在意義を直接奪い去る現象である。今や特定都市が先駆者として活躍する時代は過ぎ、諸都市協力の時代へと進みつつあった。

ヴィスビとリューベクとの対決

ヴィスビが覇を唱えていた一二六〇年頃から、リューベクは関係の近い諸都市との提携を深めつつあった。まして帝国都市としての威信をも有し、リューベクはバルト海域で次第にヴィスビを抑えるに至った。

ヴィスビの地位に対する最初の攻撃は一二九三年にやってきた。この年、ザクセンおよびバルト海岸諸都市代表がロストクに参集した。この会議でノヴゴロドの司法制度も問題となり、参集諸都市はノヴゴロドが共通の利害問題であることを認識した。そうしてノヴゴロドの上訴地としての地位をヴィスビから取り上げ、これをリューベクに移すことを決議したのである。もとよりヴィスビも黙ってはいなかった。これぞと思う都市に不満を訴えた。リューベクの強大化を懸念するリーガとオスナブリュックがヴィスビを支持してくれたが、大勢は決定的にヴィスビに不利であった。リューベク側は会議に参加しなかった都市にも決定内容を送ったところ、ケルン、マクデブルク、ダンツィヒなどの有力都市の賛成が得られた。このようにヴィスビとリューベクの対立を機として諸都市が次第に関係を深めていった。都市ハンザはこうした情勢を背景として成立したのである。

ヴィスビに対する第二撃は一二九八年にやってきた。一二九七年にリューベクで諸都市会議が開かれたが、この時にはヴィスビを拠点とする遍歴商人団体の廃止が議題の一つとなった。この団体が存続するかぎり、ヴィスビは依然として一派閥を率いる「実力者」である。それゆえにリューベクはこの団体の解散を考えたのである。今や遍歴商人の時代から都市定着商人の時代に移行しつつあった。時代遅れとなったこの団体を解散させるには今や好機が到来した。もとより、ヴィスビをドイツ商人がなおも訪れるという事実は変えようもなく、また変える必要もない。団体としての法的根拠を奪ってしまうだけで足りるのである。そこでリューベクに参集した諸都市は一二九八年にヴィスビ商人団の印章使用を禁止する決議を下した。印章は団体の法人格を象徴するから、その使用禁止は団体としての存在を法的に否定することと同様である。こうして一二九八年をもってヴィスビの特殊な地位は一切否定され、以後ヴィスビは単なるハンザの一員としての地位を有するのみとなった。

ヴィスビを抑えることによって、ついに北方におけるリューベクの優位が確立した。ここに至るまでの期間は相当に長かったが、その間リューベクは着々と地歩を築き上げていった。一二九〇年代にはリューベクが北方貿易の指導者であることはすでに諸都市の認めるところとなっていた。一二九四年頃オランダ東部のツヴォレがリューベクの功績に感謝する書状を発しているが、そのなかでリューベクを頭になぞらえ、自らを手足になぞらえて協力を誓っている。今やリューベクは文字通り北方諸都市の頭目となったのである。

いわゆるヴィスビ海法

世にいわゆるヴィスビ海法なるものが伝えられ、ヴィスビは一般にはむしろこの中世海法の名とともに知られている。中世海法の一つとしてヴィスビ海法はアマルフィ海法、オレロン海法とともに有名であるが、その名前に惑わされてこれをヴィスビで成立した海法と考え、ヴィスビの通商発展の成果だと誤解する向きがある。もとより、ヴィスビの名が冠せられていること自体、ヴィスビのかつての名声を伝えているが、今日の定説ではヴィスビと特に関係があったわけではないとされている。広く北方海域で成立した海の慣習法がまとめられ、それにヴィスビの名がつけられたということらしい。その成立も一五世紀であるから、ずっと後年である。

ただ、それにしても中世の貴重な法史料であることには変わりがない。

4　北方都市同盟の発生

ヴェント都市同盟

一三世紀においては都市同盟の成立はめずらしい現象ではなかった。問題はそのなかから後年の都市ハンザと本質的関連を有するものを探し出すことである。このような観点から浮かび上がってくるものにヴェント諸都市の同盟がある。リューベクから東方にはヴェンデ族というスラヴ原住民がいたので、リューベク、ヴィスマル、ロストクなどをヴェント都市というが、これらはすでに述べた通り、リューベク市法を共通にする姉妹都市であった。ヴェント都市の同盟が都市ハンザの起源とみなされうるのは、それがハンザ総会の発祥となったからである。

ヴェント諸都市が結束するのはその性格からいって自然であるが、それとともにリューベクの立場も大いに関係している。一三世紀に入って商業都市として隆昌を遂げようとするリューベクには西にも東にも競争者があった。西にはケルンがあり、東にはヴィスビの勢力圏があった。そうしてケルンもヴィスビもいくつかの都市の商人を傘下に収めてそれぞれ一派の頭目となっていた。これと対抗するためにリューベクも連合勢力を築き上げねばならなかった。しかも、このような性格を持ったヴェント都市同盟は三都市以上を含むのみならず、拡大の可能性を有する開放的同盟であった。

ヴェント都市同盟の発端となったのは一二五六年のリューベク・ロストク間の紛争である。この時両市の中間に位置していたヴィスマルが文字通り「間に立って」両都市の調停者となった。これが三都市が結束するはじまりとなったのだから、まさに「雨降って地固ま」ったのである。次いで一二五九年、三市間に海陸通商路の治安確保を目的とする条約が締結された。この条約は都市を当事者とする明確な条約であるとともに、特に注目されるべきは第三者の加入が可能な開放条約だったことである。三市は条約をほかの都市にも送付して賛同を求めた。ポメルンの港都ヴォルガストの加入承諾状が残っているのみだが、もちろんほかの都市にも加入を勧めたに違いない。

同条約成立の背景にリューベクとロストクの紛争があったことは意味深い。いかに市法を共通にするとはいえ、時には当然対立が生ぜざるをえなかった。しかし、リューベクはロストクに対しては妥協的で、この点がヴィスビに対する場合とはっきり異なっている。隠然たる強敵ケルンと直接的競争者たるヴィスビと対抗するためにはヴェント諸都市に対しては和合的にならなければならなかった。すでにホルシュタイン伯との関係で賢明に振る舞ったリューベクは、ここでも持ち前の叡知を働かせて小異を捨てて大同をめざしたのである。

リューベク、ロストク、ヴィスマルの同盟はリューベクを介してハンブルクと結びつく。ハンブルクは通商路安全確保のため一三世紀初期以来リューベクと同盟を結んでいたからである。さらにハンブルクはヴェント都市同盟と西方をつなぐ架け橋の役割を演じた。ハンブルクは西方および南方と関係深く、ブレーメン、ブラウンシュヴァイク、ゴスラル、リューネブルクなどと同盟関係にあった。こうして一四世紀には東西南にわたる結合が成立していた。一三〇九年にブラウンシュヴァイク、ゴスラル、マクデブルク三市の商人がフランドルと条約を結んだ時には、東方諸都市の承認が発効条件とされている。さらに一三四七年にはヴェント諸都市とザクセン諸都市は合してリューベク圏に属することが明言されるに至った。

このような拡大・発展だけからでもヴェント都市同盟を都市ハンザの起源と見るに価するが、特に重要なのはヴェント都市同盟がハンザ総会の成立に連なっていることである。ハンザ総会も多分に自然発生的なのでその起源がつかみにくいが、一二五九年のヴェント三市同盟締結会議以降この種の会議が時折開催され、参加都市も増大してゆき、これがハンザ総会へと発展したのである。

フランドル問題と都市連合の台頭

フランドルはハンザにとって最も重要な貿易対象地であったが、両者の対立が絶えず、ハンザ史

中世のブリュージュ

を通じてフランドルとはほとんど常に抗争が繰り広げられた。特権に恵まれたドイツ商人を嫉視するフランドル人が妨害行為に出たので、ドイツ商人の結束も固くならざるをえなかった。さらに一四世紀中頃には、問題はもはや現地商人の力だけでは処理できないところにまで進んでおり、ドイツ商人の出身母体である都市の介入が必要と感ぜられた。こうしてリューベクの提唱により一三五六年にフランドル問題討議のためのハンザ総会が開催された。

この頃までにハンザ総会はほぼ完全なかたちで成立していた。この時の総会に代表を送った都市は正確には判明していないが、その数が多かったことは疑いがないといわれている。ここで特に重要なのはこの総会でとられた措置である。すなわち、リューベクの役員を主席とする「都市代表」がブリュージュに派遣され、フランドル問題の解決にあたることとなった。これは外地在住ドイツ「商人」に代わって今や「都市」連合が対外的に主権者として振る舞うことを意味する。この代表団は実際にはフランドル問題の解決になんら実績を挙げられなかったが、ハンザ史上では大きな意味を持つ。つまり、商人ハンザに代わって都市ハンザが登場してきたことをはっきりと示しているからである。しかもこの場合、都市連合は外地商人の苦境を見て援助の手をさしのべるという受動的な立場にのみ立っていたのではない。外地商人の勝手な行動を許すまいという積極的な意図をも秘めていた。

この種の事例は一三世紀末のヴィスビ遍歴商人団に対するリューベクの態度にすでに見られた通りである。フランドルにはブリュージュにハンザ商館があったが、今や都市連合が支配を及ぼし、商館の独立性は奪われることとなった。ブリュージュ商館はこの頃までに独自の立場から規約を制定していたが、今後はその規約も、都市連合の権力を象徴するハンザ総会の承認あってはじめて効力を持ちうることになった。これをはじめとしてロンドン、ノヴゴロド、ベルゲンなどほかの外地商館も次々と都市ハンザの従属下に置かれるに至る。

5　対デンマーク戦争と都市ハンザの確立

デンマークの脅威

ハンザ史を通じてハンザの宿敵として常に大きな影響を与えたのはデンマークである。ハンザ商人は長い努力を通じてスカンディナヴィアに経済的優位を樹立したが、デンマークだけは別であった。

デンマークは早くから強大な国であり、ドイツ商人による経済的支配を許すような国ではなかった。デンマークとハンザとの間にももとより交易はあったが、その比重は、スウェーデン、ノルウェーの場合に比べてずっと小さかった。デンマーク最大の輸出品は牛であったが、それは「牛の道」といわれたホルシュタインの街道を通ってハンブルクに運ばれていた。そのためハンザが得意とする海上交易とはほとんど関係がなかった。また、デンマーク自身も沿岸航海用船隊を保有していたので、ハンザの海運に頼る度合いは小さかった。彼我の関係は、だから主として政治的・軍事的なものだったのである。さらにフランドルと比べた場合、デンマークのハンザに対する脅威はずっと直接的で大きかった。フランドルは何といっても商売相手であり、地理的にも離れていたからそれとの対立は経済対立以上に出ることはなかった。しかるにデンマークは直接ハンザの心臓部に接しており、古くから北方の雄として攻撃的・膨張的であった。

リューベクは商業都市としての自覚から、武力対決を可能なかぎり回避し、デンマークと事を構えないよう自制した。ところが一四世紀後半に入るとデンマークが積極的な攻撃に出てきたので、リューベクをはじめとする北方都市は否応なく力でこれに対処せざるをえなくなった。ハンザが武力を行使することは日常的な海賊討伐以外には例外的にしかなかったが、デンマークを相手とする場合には往々にして戦争という結果になった。ハンザ史を通じてデンマークとの戦争は都合三度あり、これから述べる第一次は三次の戦争中最大のものであるが、この戦争に勝利を収めたためハンザは北方の大勢力としての地位を確立したのである。

対デンマーク戦争の勃発

一四世紀中頃のデンマークにヴァルデマル四世という君主が登場した。彼は王権を強化するとともに対外的にも領土拡大の野心を抱いた。一三六〇年にスウェーデン南部の漁業地を奪い、さらに一三六一年に突如ヴィスビを襲い、この有力ハンザ都市を占領し略奪した。

ヴィスビはドイツ商人進出を象徴する重要都市であり、ここへの攻撃はハンザ全体への攻撃に等しい。ハンザ諸都市の間にはすでにそう考えるほどの連帯意識が生じていた。ヴィスビがデンマークの掌中に陥れば、リューベクと東方を結ぶ通商路は重大な危険に曝される。ここに至ってはリューベクもそれまでにない重大決意をもって事に当たらざるをえなくなった。デンマークに対して脅威を感じたのはリューベクをはじめとする東方都市だけではなかった。ノルウェー、スウェーデン両王国、シュレースヴィヒ公国、ホルシュタイン伯、ドイツ騎士団もリューベクの味方となった。

しかし、実効性ある同盟が成立するにはまだ機が熟さず、戦闘行動そのものはもっぱらヴェント諸都市の負担となった。一三六二年リューベクはヴェント諸都市の連合艦隊を編成し、時のリューベク市長ヨハン・ヴィッテンボルクが司令長官となって攻撃を敢行したが、手痛い敗北を喫してしまった。ヴィッテンボルクはその責任をとらされてリューベクの市場広場で斬首された。商人が同時に武人でもあるという当時の姿をここに見ることができるが、寡頭政体をとっていただけに市有力者のいざという時の責任はきわめて重かった。こうしてデンマーク戦争の緒戦はリューベク側にとってきわめて不利であったが、この劣勢を挽回しようという努力が強力な都市連合を成立させる結果になるのである。

ヴァルデマル４世によるヴィスビ襲撃

ケルン都市会議の開催

この危機に及んで西方の雄ケルンの存在が大きく浮かび上がってきた。リューベクは西方との同盟が絶対に必要だと考

ケルン旧市庁舎（17世紀）

えたらしい。一三六七年にデンマーク問題を討議する都市会議がケルンで開催された。ハンザ総会はリューベクかそれ以外のヴェント都市で開かれるのが通例で、ケルンで開催されたのは後にも先にもこの一回限りである。この時に総会会場となったケルン旧市庁舎の大広間は「ハンザの広間」と呼ばれるようになった。ここにリューベクをはじめとするヴェント諸都市、プロイセン都市、オランダ都市の若干、それにこの時以外はただの一度もハンザの仲間にならなかったアムステルダムまでが代表を送った。その性質から考えて中世史上最大の都市会議である。

この時ケルンがなぜ会議開催地に選ばれたのかは実のところはっきりしない。何といってもケルンを味方にしたいという願望が大きな背景になっていたと思われるが、もう一つ考えられるのはオランダ諸都市の便宜を図ったことである。デンマークの攻勢にはオランダ諸都市が意外に強い関心を示した。リューベクとしてはこの予想外の有利な情勢を利用したいと考えたのであろう。ライン河を利用してオランダ都市代表が集まりやすいケルンが選ばれたのではないかともいわれている。当時、国際会議を召集するのは容易ではなかった。ジェット機を使って短時間に各国首脳が一堂に会してサミットを開催できる今日とは事情がまるで違う。後のハンザ総会の集まりが悪かった理由の一つは、代表派遣の手間と費用を惜しむ都市が少なくなかったことである。だから、せっかく好意を示してくれたオランダ都市の意に沿うよう配慮したことは十分ありうる。

ケルン同盟の成立

それにしてもケルン会議は東方と西方にまたがる同盟を成立させるという大きな成果を生んだ。この会議でリューベク、ロストク、シュトラールズント、ヴィスマル（以上ヴェント都市）、クルム、トールン、エルビング（以上プロイセン都市）、カンペン、ハルデルヴァイク、エルブルヒ、アムステルダム、ブリール（以上ネーデルラント都市）の間でケルン同盟と呼ばれる国際同盟が締結された。これは正式の条約に基づくれっきとした同盟である。ハンザ自体は自然的連合であるから、その内部の都市間で同盟が成立してもなんら矛盾ではない。

しかし、注意深い読者はすでにお気づきと思うが、ケルンで成立しケルン同盟という名で呼ばれながら、この同盟にはケルンはおろかライン都市がまったく参加していない。この奇妙な現象をどう解したらよかろうか。思うに、成立した条約はもっぱら北方の海上交通をデンマークの攻撃から守ることを主眼としているので、ライン航行を通じて西と南とに通じているケルンとはあまり関係がなかったからであろう。

もう一つ奇妙なことがある。それはケルン会議に代表を送らず、同盟条約締結当事者ともならなかったリーフラント（今日のラトビア東北部からエストニア南部に相当）諸都市が同盟条約では、明文をもって軍事的援助義務を負わされていることである。これは近代国際法からは説明できない。中世の条約では条約の締結に参加しない主権体が締結に参加する他者に条約交渉と締結を委任することがあった。後年のハンザ総会で代表派遣が煩わしいため、中小都市が近隣の大都市に一切を委任している例があることから推測できる。ケルン同盟条約の文面から考えてリーフラント都市はヴェント都市によって代表され、後者の調印によって前者は当然に条約の義務を負うこととなったのであろう。代表派遣が困難をきわめた当時にあってはこれもやむをえない方法であった。

こう見てくると、条約締結都市数が意外に少なく、ケルンすら含まれていないこともそれほど奇異ではない。都市間の連合で何よりも大切なのは経済的利害についての共通感覚であって、またそれこそはハンザ存続の真の基礎である。これに比べれば同盟条約は二義的にしか考えられなかったと思われる。リューベクにしてみれば、ケルンがハンザの一員として振る舞ってくれさえすればそれで十分だったのである。

ケルン同盟条約の内容

ケルン同盟条約はデンマークを対象国とすることを明示し、その上で次のように定めている。ヴェント都市とリーフラント都市は一隻当たり一〇〇人の兵員を乗り組ませた軍艦を一〇隻提供し、プロイセン海港都市は合同で同一条件の軍艦五隻を提供する。次いで航海の安全を期するために船隊は統一的に行動する。船団編成によって損害を最小限に抑えようとする知恵は中世以来のものである。さらに同盟の共同歩調を確保するため、利敵行為に対しては共同体からの排除という制裁を加える。

他方、共同行動の財源を得るために商人および船主から一定額の税を徴集することが定められ、各港で徴集された税はリューベクに集められて共同の用に分配されることと決められた。ここにリューベクのハンザ首長としての地位が明確に示された。この条約は開放条約で特にスウェーデン国王やメークレンブルク大公などの加盟が予定されている。最後に存続期間の定めがあり、有効期間はデンマークとの平和条約締結後三年とされた。

以上の概要からわかるように、ケルン同盟はきわめて強固な性格を有している。ハンザ自体にはこのような強い拘束力はなかったから、ケルン同盟はハンザ史上の例外的現象であり、事実、デンマークとの戦争という限られた目的のみを有していた。しかし、共通の敵に対しては領主を異にする諸都市がこのような強固な同盟に結集する力を示したことは重要である。しかも、この条約は都市を当事者とし、戦争行為の主体もあくまで都市であった。ケルンを会議開催地としたことといい、条約の内容といい、ケルン同盟の成立はまさしく都市ハンザ全盛期の開幕を告げたのである。

対デンマーク戦争の進展

ケルン同盟の成立によって力を得たハンザ側はいよいよ雪辱戦を挑むこととなった。主戦場は当然海上である。諸都市の協力による艦船大小三十数隻、兵力約二千の連合艦隊が編成され、リューベク市長ブルーノ・ヴァーレンドルプが司令長官となった。戦闘にはほかの有力市民も加わり、水兵も市民から成っていた。商人はいざという時には海軍軍人になるというのが中世リューベクの姿である。

この重要な時期にデンマーク王ヴァルデマル四世は海上決戦を避けて大陸部に進出した。北ドイツで味方を得るためであったろうといわれているが、それにしてもこの決定的な時に国王が国を離れていたことはデンマークにとって不利であった。この虚に乗じてハンザ連合艦隊は一三六八年五月二日デンマークの本拠コペンハーゲンを攻撃し、同市を徹底的に荒らし回った。当時ノルウェーはデンマーク側であったが、この方面の戦闘を担当したのはオランダ都市であった。オランダ勢はベルゲンを襲い、王宮を破壊した。スウェーデンとホルシュタインはハンザの味方となり軍事協力を惜しまなかった。デンマークの敗色は今や明らかである。

このたびのハンザ連合艦隊司令長官ヴァーレンドルプは戦闘中に死んだ。リューベク市民の彼に対する態度は緒戦で敗北者となったヴィッテンボルクに対する態度とはきわめて対照的である。ヴィッテンボルクの責任を追及して斬首刑に処したリューベク市民は、ヴァーレンドルプを救国の主と仰ぎ、その遺体を聖マリア教会に丁重に埋葬した。他方、主な戦闘が展開されている間ずっと祖国を離れていたデンマーク王は万事が休したことを悟り、正式に和を請うた。かくして平和条約の交渉地としてシュトラールズントが選ばれたのである。

シュトラールズント条約の成立

シュトラールズントでは一三七〇年五月二四日に最終的な平和条約が締結された。デンマーク側は国王顧問官が全権大使として交渉に臨み、ハンザ側は三七都市を出席させた。ここで注意すべきは、ハンザ側が一つの交渉団体として、一王国と対等当事者として臨んだことである。ハンザ自身が自らを団体として対外的に明示することを避けたために実態が不明確ではあったが、この場合には明示的ではないにせよ、ハンザ自身が自らを一個の主権体と意識していたと思われる。

この前後においてハンザは自らをどう呼んだのか。ハンザという用語は外部者がハンザを名づけていう言葉ではあっても、自らを示す名称ではなかった。ハンザは自らを「諸都市」というラテン語名詞の複数で呼んだのである。つまり、平和条約の当事者となったのは対外的には単一の、しか

シュトラールズント条約原本。条約は羊皮紙にしたためられ、下部に諸都市の印章が付されている

し内部的には複数の存在から成る「諸都市」であった。われわれが「ハンザ」と呼ぶものはこの「諸都市」にほかならない。「諸都市」が対等当事者としてデンマークと渡り合い、外地の商館は「諸都市」の支配に従わねばならなかったのである。

シュトラールズント条約の主内容が通商条項であることは当然だが、ハンザ側は戦争以前の既得権以上のものは要求せず、一片の領土すら求めなかった。ヴァルデマルの不当な増税以前の関税に戻すことにより自由通商を認めさせたにとどまるが、これはハンザがいかに純経済的・非政治的な結合であったかをよく示している。しかし、戦費の賠償と条約履行の保障に関する条項も重要である。損害賠償はハンザが他の場合でも執拗に求めるところであったが、商業勢力として当然の要求であろう。ハンザ側はこの条約でデンマークの若干の要塞を一五年間保障占領することとなり、その地の税収入——

税金のとりたては要塞（城）の主要目的である――の三分の二を受領することとなった。それが賠償となったのである。もう一つの注目されるべき条項は、デンマーク次代の王位継承にはハンザ側の承認を要すると規定した部分である。元来政治的野心のないハンザがデンマークの内政に干渉しようと考えたとは思われないから、ハンザがデンマークの条約履行を保障するための措置であったろう。それにしてもハンザ側の勝利はそれほどに大きかったのである。

シュトラールルズント市庁舎

シュトラールルズント条約の意義

一八七〇年、ドイツが統一実現の希望に湧きかえっていた頃、ナショナリズムに酔った歴史学者たちがシュトラールルズント旧市庁舎に参集し、シュトラールルズント条約五百年祭を祝い、中世におけるドイツ人の栄光に想いを馳せた。これが近代ハンザ史学研究の出発点である。それまでハンザ史研究が皆無だったわけではないが、今やドイツ民族の栄誉のためにハンザ史の組織的な研究を盛んにしようという運動が開始された。この結果成立したのが今日まで学術活動を続けているハンザ史学会で、現在その本部はリューベク古文書館に置かれている。さらに、翌一八七一年に同学会によりハンザ史論集初刊号が発行され、その後今日まで年一回の刊行が継続しており、ハンザ史学の専門誌としてユニークな存在を保っている。

こうしてハンザ史研究は当初から民族主義的・国家主義的な色彩を濃厚に呈する結果になってし

まった。もとより第二次世界大戦後この点が強く反省されたが、ハンザ研究が長い間偏向的であったことは否定できない。二〇世紀のはじめ頃まではハンザ史はシュトラールズント条約からはじまると見られる傾向が強かった。商人ハンザ時代が比較的近年まで軽視されたのもこのためである。今日ではシュトラールズント条約はハンザの絶頂期を示す事件ではあるものの、獲得すべき成果はそれまでの努力を通じて獲得され、同条約は単にそれに国際法的な保障を与えたに過ぎないと見られ、むしろ同条約以後のハンザはその時までに得られた地位を守ろうとする守旧政策に転ずるようになったと考えられるに至っている。

しかし、反動的にこの条約の意義を過小評価してもならない。対デンマーク戦争を契機として東西の連繫が実現したことはやはり重大である。また同条約がハンザ勢力の頂点を示すことにも変わりがない。問題はその前後の時代をどう評価するかにある。シュトラールズントの大勝利に至るまで長年にわたってドイツ商人が商業的地位を築いていった努力は正当に評価されねばならない。他方、同条約にも見られるように、ハンザには元来政治的・軍事的野心はなかったのであり、それをドイツ民族の勝利と見るのは近代の政治的要請による歪曲である。また、同条約以後ハンザが民族的栄光の担い手として北方に覇を唱えたと見るのも同様に不当であり、むしろ同条約以後は膨張的野心を抱かず、既得権維持のための守旧政策に転じたという真相をも見落としてはならない。

第4章　一四世紀前後のハンザ貿易

1　ハンザのスカンディナヴィア進出

スウェーデンとの関係

一四世紀後半にハンザが最盛期を迎えたことは事実である。そこで以下その前後の貿易状況を概観するとしよう。まずハンザ商人の進出が顕著だったのはスカンディナヴィアである。特にスウェーデンとの関係は密接であった。中世のスウェーデンは多分にハンザ商人によって開化された傾向がある。

ハンザ商人が求めたスウェーデンの輸出品として最も重要なものは鉄と銅の鉱石であり、次いで皮・毛皮とバターであった。これに対してハンザ商人は毛織物や塩をスウェーデンにもたらした。スウェーデンの鉄鉱石は現代でも有名であるが、この地下資源豊かな国の鉱山開発も主として中世のドイツ人に負っている。スウェーデン貿易の大きな特色はドイツ人、特にリューベック出身者が多数スウェーデンに永住・同化し、スウェーデン側もこれを歓迎したことである。ストックホルム、カルマルのような重要スウェーデン都市もドイツ人によって建設されたといわれている。ヴィスビもドイツ商人定住によって本格的な商都として興隆した。

鰊の塩漬け作業（アムステルダム、17世紀）

スウェーデンの場合、通常の貿易以上に重要だったものに南部ショーネン地方の漁業がある。ここは鰊《にしん》の豊富な漁場で、後年潮流の変化によって鰊の群が来なくなるまで中世最大の漁場ともいうべき地位にあった。しかも特記されるべきは、ハンザ商人が単に取引のためにこの地を訪れただけではなかったことである。北ドイツ都市の人々はこの地に海産物加工のための土地を獲得したのである。このような土地を獲得したのはドイツ人ばかりではなく、オランダ人やデンマーク人も同様の権利を取得しているが、ドイツ人が最も有力で、特にリューベクとダンツィヒの取得地が最も大きかった。ここは漁期（夏期）だけの季節居留地ともいうべき場所で、ここで鰊が塩漬けにされ樽に詰められて売りに出された。

中世ヨーロッパ人の食生活のなかでは魚類が相当な比重を占めていたといわれる。事実、塩漬けや干魚から成る海産物はハンザ重要商品の一つであった。海産物加工のためには当然塩が不可欠であり、大量の塩が取引され、塩もまた重要なハンザ商品であった。当初はリューネブルクがもっぱら塩を供給した。地下水汲み上げ蒸発方式により大量の塩を供給したリューネブルクはそのために栄え、その塩を通じてリューベクと深い関係を結んだ。中世北方における塩の需要は海産物加工や冬期保存食糧製造のためきわめて大きく、後にはリューネブルク塩だけでは足らず、大西洋岸の海塩を求めてハンザ船が遠くフランス西海岸に赴くに至る。

ただし、当時スウェーデン南部はデンマーク領であった。だから前記の漁業居留地の監督にあったのもデンマーク官吏である。ただ、今日のわれわれはこのような点に拘泥することもあるまいと考えて、スウェーデンの項で説明した。いずれにせよハンザとスウェーデンとの関係はきわめて良好で、人種的融合も円滑であった。スウェーデンは半ばハンザの一部であり、ヴィスビはもとよりストックホルムやカルマルもハンザ都市に数えられる。経済関係が深かったにもかかわらず目立った商館が設けられなかったのもハンザと一体化していたからであろう。スウェーデンととりわけ密接な関係にあったのはリューベクである。その関係はハンザが滅びてから後も持続し、近世に入ってからも多くのリューベク市民がスウェーデンに移住を続け、二〇世紀のスウェーデン鉱山開発にもリューベク出身の技術者が貢献している。

ノルウェーとの関係

ノルウェーもハンザ商人が経済的に制覇を遂げたところであるが、その様相はスウェーデンの場合とは大きく異なっている。ノルウェー人とハンザ商人の関係は対立的で、ノルウェー側はハンザ商人に原住民との雑居・同化を許さず、ハンザ側は居留地ないし商館を拠点としてノルウェー経済の死活を制した。そこで時にはノルウェー人とハンザ人の間で流血騒動も生じている。

ハンザ商人がノルウェーで購入した主なものは鱈《たら》を主とする海産物で、その他に毛皮やバターがあった。これに対してハンザ商人がノルウェーにもたらしたものは圧倒的に穀物であった。ノルウェーの農業はきわめて不振で増大した人口を到底養えなくなっていたからである。その場合、ノルウェー側の穀物輸入に対する必要のほうがはるかに切実で、ハンザ側は穀物輸出停止という脅しをかけることによってノルウェーを意のままにすることができ、ノルウェーは常にそれを恐れつつ行動せねばならなかった。ノルウェー側が排他主義をとったので、ノルウェー領内数ヵ所にドイツ商人の商館が置かれたが、そのなかでもベルゲン商館は特に有力であった。それについては後の章でほかの商館とともに説明する（本書一四七頁）。

ノルウェーとの関係で特徴的なのは、北ドイツの手工業者もベルゲンに住みついたことである。靴工、金細工師、毛皮業者、仕立業者などが定住し、ギルドをさえ結成した。彼らは自らの製品を売るとともに調達した原料・材料の余剰を転売した。これはハンザ商人の取引活動を侵害するというので、同じハンザ人の間で対立が生じた。それは商人と手工業者の対立という中世都市に通常見られた現象の一端といえよう。ノルウェー側はハンザ商人憎さのあまり、ドイツ人手工業者を盛り立てようとしたこともあったが、ベルゲン商館の商人勢力は強大で、結局は商人の手工業者支配は変わらなかった。

2　バルト貿易の進展

バルト貿易の実態

バルト南岸からロシアへかけての貿易も順調に進展した。この方面の輸出品としては穀物、材木等の大量生活必需品が何といっても重要であるが、古くから西方商人垂涎の的であった毛皮も依然として重要である。穀物については特に次項で述べるとして、ここではそれ以外について述べるとしよう。

材木は典型的な「かさばる商品」で船腹の大きなスペースを占領してしまうが、それでも西方での需要は大きく、ハンザ商品のなかでも特に重要なものに属する。材木の主産地はプロイセンやポーランドで、ダンツィヒは穀物輸出港であるとともに材木輸出港でもあった。もとよりバルト海方面は森林に富み、至る所が産地であった。需要源としては造船が大きいが、百年戦争中クレシーの戦い（一三四六年）でイングランド軍が勝利を占めたのは東方産材木で作った弩《いしゆみ》のおかげであった。

材木のほか、各種林産品も東方の産物として挙げねばならない。造船の際用材の間隙を埋めるのに必要なタール、毛織物工業の漂白工程で使用する苛性カリもハンザ商人によって東方から西方へ搬入された。蜜蠟も重要な東方の林産物で、ロシア、リーフラントが主産地であった。中世において貧者は鯨油のランプを用い――ノルウェーの輸出品のなかに鯨油が見られる――、ろうそくを使ったのは比較的豊かな者であったが、需要自体は絶えることがなかった。琥珀も東方の特産で、それの大量需要はヨーロッパ特有の現象である。装身具として用いられるのは当然だが、それ以上に重要なのはロザリオの材料だったことである。キリスト教が強い支配力を有していた当時、その需要は全欧的に大きく、後には遠くヴェネツィアにまで輸出されている。その最大の供給者はドイツ騎士団で、ほぼ独占に近かった。表4－1は一四世紀末～一五世紀初のドイツ騎士団によるケーニヒスベルク商事部を通じてのフランドル向け輸出の推移である。さすがは聖界諸侯、金儲けをするにもロザリオの材料供給という宗教上の名目は装っている。蜜蠟も宗教儀式と関係が深いが、ドイツ騎士団の企業家的性格は実は貿易の統計面に出てこないところで最も強い。それは穀物の商品生産で、それについては次項で述べる。

これに対して西方からバルト方面への輸入物資のうち、最も重要なものはフランドルを主産地とする毛織物であった。ここに原料・食糧供給地である東方と工業地である西方との国際分業を見てとることができる。その他、北方はブドウが生育しないのでライン方面からワインを輸入していた。中世の北方人もワインを好み品質にもやかましかった。さらに、かなり早い時期から地中海貿易がもたらしていた東洋産香料やイベリア産のオリーヴ油も西方経由で輸入されている。このほか、バルト西南岸都市のビールが輸出品として重きを成しているが、それについてはハンザ圏の手工業のところで述べる。

表4-1　ドイツ騎士団のフランドルへの輸出
(単位：フランドル・グロッシェン)

年	琥　珀	蜜　蠟	毛　皮
1390	690	—	—
1391	1,089	100	—
1392	826	702	—
1393	810	734	293
1394	756	886	409
1395	1,348	565	508
1396	876	1,776	408
1397	823	—	835
1398	900	211	1,009
1399	759	850	960
1400	646	1,500	560
1401	—	1,800	380
1402	602	—	—
1403	211	900	460
1404	370	1,800	480
1405	90	—	146

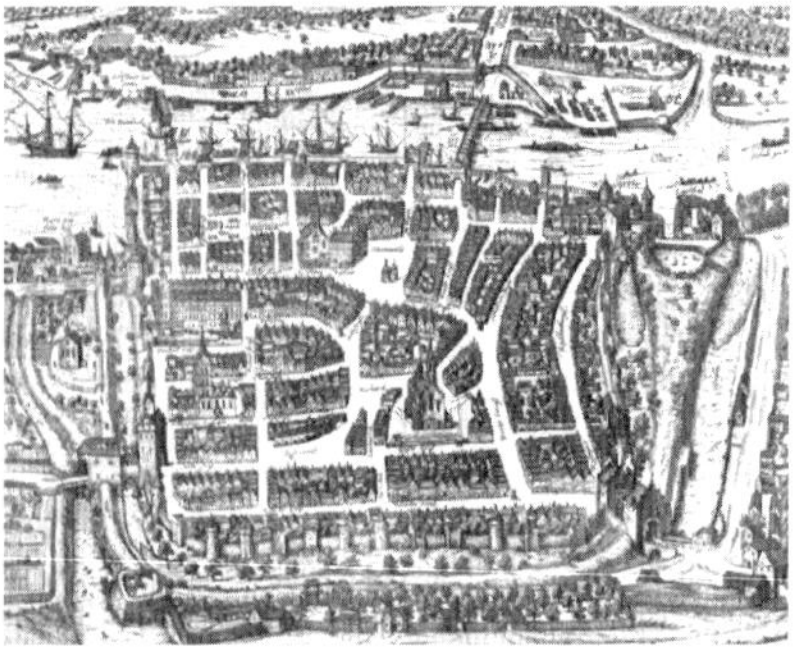
16世紀ごろのシュテッティン

東方の穀物貿易

東西の国際分業という見地からいえば、東方産の物資としてはやはり穀物が最も重要である。西方が穀物の輸入に頼り出したのは一三世紀以後かと思われる。フランドルに東方産穀物がもたらされた知られるかぎりの最初は一二八七年のこととといわれるが、一三世紀後半にはフランドルをはじめとする低地地方、イングランド、特にノルウェーが東方産の穀物に頼るようになった。一四三八年の例では小麦一ラストがダンツィヒでは三六マルクであったのに、イングランドでは七六マルクもしたというから利益も大きかったようである。

自給自足度の高かった中世においては穀物の大量輸出は例外的現象であり、まして都市は市民の食糧確保のため厳重な穀物統制を実施するのが通例であったから、ハンザの穀物貿易は本来中世の経済的枠組みを突破した営みであった。主産地はポメルン、プロイセン、リーフラントなどであったが、穀物は武力戦争を好まないハンザにとっては武器に代わるものであった。穀物供給をストップさせるという脅しはハンザが国際対立に際してしばしば用いた手段である。価格変動が最も問題になるのも穀物であり、原産地での収穫状況や国際情勢の変化によって大きく左右された。ただし、一四世紀末頃からイングランドは自らも船を派遣して穀物を買いつけ、ハンザ商人依存から脱却する気配を見せるに至った。

東方の穀物輸出都市としてはダンツィヒとシュテッティンが両巨頭であり、ドイツ騎士団との関係からケーニヒスベルクも重要である。特にダンツィヒはイングランドとの関係が深く、典型的な西方向け食糧供給地であった。背後に穀倉地を控え、大河ヴァイクセルの舟運に恵まれていたからである。流域に穀産地を有するオーデル河の下流に位置するシュテッティンも同様の条件に恵まれていた。特にダンツィヒはイングランドとの関係を続けて穀物輸出港としての地位を一貫して保った。近世に入り東部のグーツヘルシャフト（農場領主制）が確立すると穀物の商品生産は一層進展するが、その際にはハンブルクが穀物輸出に食い込んだ。これらと対照的にリューベクは穀物貿易ではほとんど目立った役割を演じなかった。

東方の穀物輸出の陰の力として見逃せないのはドイツ騎士団の役割である。広大な領土を有する騎士団は自らも生産物の取引に従事し、ケーニヒスベルクとマリーエンブルクに商事手代を置いて取引に当たらせていた。自ら輸出に従事したわけではないが、ダンツィヒをはじめとする輸出都市の穀物供給源は騎士団が掌握していた。そうして投機的考慮から穀物の都市への搬入を抑制するなどの手段を用いて都市の自由な貿易活動をしばしば制肘《せいちゅう》している。

一四世紀リューベクの貿易活動

ハンザ都市は数も多く、その貿易活動もそれぞれ様相を異にするが、本書ではリューベクの場合を代表例としてとりあげるにとどめよう。リューベクに関しては幸い一三六八〜六九年の輸出入関税記録が残っているので、それから一四世紀の概況を知ることができる。それを商品別に表示したものが表4－2である。商品の量ではなく課税額が示されているに過ぎない点、商品の種類不明が多い点、リューベクに関する特定年度、しかも対デンマーク戦争中のものである点など欠陥は多い

表4-2　1368～69年のリューベクの輸出入関税額　　（単位：1000リューベク・マルク）

商品名	主たる原産地	輸　入	輸　出	総　額
毛　織　物	フランドル	120.8	39.7	160.5
魚　　類	ショーネン	64.7	6.1	70.8
塩	リューネブルク	—	61.6	61.6
バ　タ　ー	スウェーデン	19.2	6.8	26
皮・毛皮	スウェーデン、リーフラント	13.3	3.7	17
穀　　物	プロイセン	13	0.8	13.8
蜜　　蠟	プロイセン、リーフラント	7.2	5.8	13
ビ　ー　ル	ヴェント諸都市	4.1	1.9	6
銅	スウェーデン、ハンガリー	2.2	2.4	4.6
鉄	スウェーデン、ハンガリー	2.4	2.2	4.6
油	フランドル	2.7	1.5	4.2
亜　　麻	リーフラント、北ドイツ	0.4	3	3.4
各種食料品		2.2	1.2	3.4
金　　銀	?	0.7	2	2.7
ワ　イ　ン	ライン地方	1.3	0.9	2.2
亜　麻　布	ヴェストファーレン	0.2	1.1	1.3
各種商品		39.9	16.6	56.5
計		338.9	206.9	545.8

が、大体の傾向を推測する手がかりとしてさしあたりこの記録を利用するよりほかない。

　輸出入の大半はさすがにフランドルの毛織物で、しかも輸入の三分の一が再輸出されている。もとより、ほかのハンザ都市も当然フランドルから毛織物を輸入していたし、一三九〇年代に入るとケーニヒスベルクの手代を通じてのドイツ騎士団による購入も増加する。中世史上工業といえばまず圧倒的に毛織物工業である。だからフランドルはヨーロッパの経済中枢であり、そこに食い込んだ点にハンザの強みがあった。問題はその再輸出先であるが、そのためにはリューベクと東方との貿易状況が判明しなければならない。表4－3は一三六八年の記録に基づく船舶の出入状況である。全体として出港隻数に比して入港隻数が少ないのは

表4-3　1368年、リューベクと東方都市との船舶往来状況

都　市　名	リューベクからの出港	リューベクへの入港
ヴィスマル	200隻	140隻
ダンツィヒ	140隻	112隻
シュテッティン	75隻	72隻
シュトラールズント	62隻	37隻
ロストク	43隻	26隻

表4-4　15世紀ダンツィヒの毛織物輸入に占めるリューベクの比重

（輸入量の単位：テルリング）

年	ダンツィヒの毛織物輸入量	うちリューベクからのもの	リューベクからの割合
1468	164	118 1/2	71.3
1469	129 1/2	121 1/2	93.8
1470	188 1/2	176	93.8
1471	79 1/2	69	86.8
1472	57	21	36.8
1474	217 1/2	185	85.1
1475	255 1/4	228	89.4
1476	223	143	64.1

残された史料が主として輸出税記録だからである。さすがに隣接している関係でヴィスマルとの往来は頻繁であるが、それを除けば遠くダンツィヒに赴く船舶のほうが多い。それにヴィスマルとの間を往来する船は近距離のため小型が多く、隻数の割合には輸送量は少なかった可能性が考えられる。一四世紀の事情を直接知る史料が見当たらないのでやむなく一五世紀後半の数値を表4－4に掲げた。それによればダンツィヒが輸入する毛織物の大部分をリューベクが供給している。だからフランドルからリューベクが輸入した毛織物の三分の一はダンツィヒを主とする東方に再輸出され、しかもダンツィヒのごときは毛織物の供給をもっぱらリューベクの中継貿易に依存していたといえるであろう。

ところで、一三六八年の史料からリュ

表4-5　1368年のリューベクへの船舶出入状況

入港隻数	%	出港地、目的地	出港隻数	%
289	33.7	メークレンブルク、ポメルン	386	42.3
250	28.8	ショーネン	207	22.8
145	16.8	プロイセン	183	20.1
96	11.2	スウェーデン	64	7.0
35	4.3	リーフラント	43	4.7
28	3.2	フェーマルン島	27	3.0
12	1.6	ベルゲン	—	—
3	0.4	フランドル	1	0.1
858	100%	計	911	100%

ーベクに出入する全船舶の出港地と行先とを知ることができる。表4－5がそれで、表4－3はいわばこの細目である。この表を見てフランドルと往き来する船舶があまりにも少なく、イングランドと往来する船舶に至っては一隻もないのに驚かれる読者があるかもしれない。この表を理解するには当時ズント海峡はほとんど利用されておらず、東西の物資交流にあたってはハンブルク・リューベク間は陸路を通ったという事実を知らねばならない（本書一五三頁）。それにしても西方産毛織物はリューベク貿易中最大の輸入品であるから、海上貿易だけで考えやすいわれわれのイメージと史実とは案外食い違っている。それだけにリューベク・ハンブルク間陸路はきわめて重要で、両都市が早くから親密だったのも、この陸路の安全を守るためには両者の協力が絶対に必要だったからである。

さらに若干の説明を加えよう。表4－2にフランドル産の「油」とあるのはたぶんイベリアからもたらされて再輸出されたオリーヴ油である。またノヴゴロドとの貿易の痕跡がないが、リューベクはノヴゴロドへは滅多に船を送らなかった。それはノヴゴロド商館での実権をほどなくリーフラント都市に奪われる原因でもあった。さらに金銀取引量がきわめて少ないことは、地中海貿易と対照的なハンザ貿易の特色である。

3　フランドルの情勢

フランドルでの全般的動向

毛織物工業地フランドルがハンザにとっていかに重要であるかはこれまでしばしば触れた通りであるが、他方ではフランドルとの関係ほど厄介なものはなかった。まず、フランドルが比較的小なりとはいえ、中世ヨーロッパでは最も早くから領邦君主権を強化させた国であることを念頭に置く必要がある。フランドルの毛織物工業が当初から商品生産として営まれたために、その販売、特に東方への販売をハンザ商人に依存せざるをえなかったが、ハンザ商人の言うなりになるには領邦君主権が強過ぎた。イングランドでも君主権は強大だったが、そこではハンザ商人は国王にうまく取り入ることができた。フランドルではそうはゆかなかったのである。

もう一つ考慮に入れなければならないのは、フランドルをめぐる国際情勢である。百年戦争がフランドルをめぐる対立を一因としていることからもわかるように、フランドルに対してはイングランドやフランスが深い利害関係を有していた。そこでフランドルをめぐって国際緊張が生じやすく、それがハンザ貿易の順調な進展をしばしば妨害した。

さらに第三の要因として重要な問題にフランドル毛織物工業者の動向がある。販売を引き受けることによってハンザ商人はフランドルの産業を掌握したが、このような商業資本の支配に対して毛織物業者はしばしば敵意を示した。商人支配に対する手工業者層の反抗は中世後半に各地で見られる現象であり、先進的工業地であるフランドルも例外ではありえなかった。

ハンザ商人はブリュージュに商館を有し、ここを拠点として活動を展開させていた。この商館については後に触れるとして、ともかくもハンザ商人は一四世紀初頭にフランドル伯およびブリュージュ市当局から広汎な特権を与えられていた。問題はこの特権に基づく自由通商を維持することであったが、一四世紀を通じてますます実力を蓄えつつあったフランドルの都市や産業家はハンザ商人の特権を過大と考え、これに攻撃を加え続けた。

ハンザの商館移転策

ハンザ側はこのようなフランドルの攻勢に対して武力を行使することなく、常に何らかの経済的対抗措置をもって報いた。その方法としては通常二つが併用された。一つは気に入らない都市を引き揚げて、ほかの好意的な都市に本拠を移してしまうという方法である。もう一つはフランドル全体を対象とする経済封鎖、つまり通商停止であった。

ハンザ商人はフランドルではブリュージュを本拠としていた。だから、第一の方法は結局のところブリュージュ商館を引き揚げて他所に移転してしまうことと同じである。ブリュージュ商館については後に述べるが、ここでの特徴的な点はハンザ商人が一五世紀中頃近くまで固有の建物を所有せず、ブリュージュ市民の家屋や部屋を借りて活動していたことである。それゆえに彼らはいつでも身軽にブリュージュを去って他所へ移転できた。

すでに一二八〇年にはブリュージュ市の仕打ちに腹を立てたハンザ商人はフランドル伯に願い出てアールデンブルクに居を移している。ブリュージュの繁栄も結局はハンザ商人に依存していたので、ブリュージュも困り果てて譲歩し、ハンザ商人も二年後には戻ってきた。それから後もこの種の事件は中世を通じて続いている。特権侵害とはいわぬまでも、ハンザ商人の地位が脅かされれば商館移転という手段が用いられた。フランドル側の通商規制や個人的事件の時にもこの手段が用いられている。当初はフランドル外に移転することはなかったが、一四世紀に入るとフランドル以外が移転先に選ばれるに至っている。年とともに深刻さが増したからであろう。

フランドルとの経済闘争

もう一つのさらに本格的な対抗手段はフランドル全体を相手とする全面的経済封鎖である。英仏の百年戦争がはじまるとハンザ船がイングランド船によってしばしば襲われたが、本来ハンザ船の安全を保障するはずのフランドルに責任があるとして、ハンザ商人はフランドルに損害賠償を求めた。またそれを機会に、不当な関税徴集など積年の不満をぶちまけたのである。このような問題が簡単に解決するはずはなく、リューベクの主唱によって一三五八年にフランドルに対して全面的経済封鎖が宣言された。つまりフランドルとの貿易停止である。この措置を実効あらしめるために出港地証明書の携帯を義務づけ、違反者および違反都市に対してはハンザ特権からの排除という制裁手段が決定された。これは強力な都市の結束を前提としてのみ考えられる措置であり、フランドル問題が都市ハンザ成立を促進する結果ともなった。

一三五八年の経済封鎖はうまくいった。ケルンまでが協力的だったからである。折しも低地地方が凶作に見舞われたこともハンザに有利であった。ハンザ商人のもたらす東方産穀物が途絶えたためにフランドルは屈伏せざるをえなかった。一三六〇年に平和条約が締結され、ハンザ側は既得権を再確認させただけでなく、若干の新特権まで獲得した。その一つに小売取引許可がある。中世都市では市民保護のために外地商人には卸取引しか許さないのが原則であったから、これは大きな成果である。賠償問題も主としてフランドル伯が負担することによって解決され、正確に履行された。

しかし、フランドル問題は一向に終わらなかった。今度はハンザが獲得した特権をフランドル側が守るかどうかという問題が生じたからである。賠償はきちんと履行されたが、それはフランドル伯がいかに手強い相手であるかを立証するものであった。

一三六〇年以後もフランドル人によるハンザ特権侵害がハンザ商人によって訴えられ、賠償問題のもつれから情勢は再び緊張した。一三八八年ハンザ総会は再度フランドルに対する全面的経済封鎖を決定した。結果的にはこの時もハンザの勝利に終わり、賠償問題も解決して一三九二年にはハンザ商人はブリュージュに戻った。けれども、このたびはフランドルとの決裂を望まないドイツ騎士団とプロイセン諸都市の非協力が目立った。最盛期は同時に下り坂のはじまる時でもある。

4　イングランドにおけるハンザの経済進出

一四世紀までのイングランド貿易

イングランドとハンザとの関係は王室との関係を中軸とする。というのもイングランドではフランドル以上に王権が強大であり、自国商人を抑えて外国商人に自由を与えることによって商業振興を図り、関税収入の増加をねらったからである。そこでイングランドは早くから外国商人の地位について統一法を制定していた。特に基本的なのは一三〇三年の「商人憲章」で、これにより商業のための自由往来、小売取引許可、身体・財産の保護などの外国商人の権利が規定された。

このような情勢と平行して、ケルンのイングランド貿易独占も次第に打破され、一二八一年にはロンドンのドイツ商人は出身都市のいかんを問わず合同のハンザに結集した。ただし、先に見たようにドイツ商人は法的地位の点で好遇されていたにもかかわらず貿易量の面では劣っていた。この傾向は一三世紀末まで変わらない。それを示すのが表4－6であり、羊毛輸出においてドイツ商人は外国商人中四位を占めるに過ぎない。この統計の欠点はフランドルの分が欠落していることで、それを含めるとドイツ商人の地位はさらに低下するであろう。この間、イングランド商人の自国産羊毛輸出関与率は三割強に過ぎない。ともかく、一三世紀末までイングランドで最も有力だった外国商人はイタリア人であって、ドイツ人ではなかったのである。

表4-6　1277～8年のイングランド羊毛輸出

国　別	輸出許可量（袋）	割合（%）
イタリア	4,235	29.6
フランス	3,119	21.8
オランダ	2,974	20.8
ドイツ	1,655	11.6
ブラバント	1,478	10.3
スペイン	100	0.7
アイルランド	23	0.2
不明	717	5.0
計	14,301	100.0

しかし、この事情も一四世紀に入ると変化する。表4－7、4－8、4－9に見られるように、ハンザ商人のイングランド貿易における比重は高くなり、イングランドの新興輸出部門である毛織物輸出に強力に食い込んでゆく。ただ、表4－7、4－8、4－9はいずれもイングランド地方港ごとの統計であるが、全体を把む史料がない以上やむをえない。また、ハンザ商人の貿易活動がロンドンに集中するのは一五世紀に入ってからであるから、これらの数値も一応の参考にはなろう。イングランド東部のボストンでは毛織物輸出の大部分をハンザ商人が抑え、同じく北東部のハルでは毛織物輸出面での外国商人の関与率はきわめて低いが、その中ではハンザ商人が圧倒的に多い。

表4-7　ハルにおける羊毛輸出面でのドイツ商人の関与率

期　間	割　合
1298〜1301年	27%
1304〜1305年	57%
1305〜1306年	41%

表4-8　1377〜99年の毛織物輸出量（ボストンの場合）

	量（反）	割合（%）
イングランド商人	12,613	22.7
ドイツ商人	41,772	75.3
その他の外国商人	1,105	2.0
計	55,490	100.0

表4-9　1377〜99年の毛織物輸出量（ハルの場合）

	量（反）	割合（%）
イングランド商人	12,613	22.7
ドイツ商人	41,772	75.3
その他の外国商人	1,105	2.0
計	55,490	100.0

イングランドからの輸出品としてはその他に皮革類、鉱産物（鉛）、塩、農産物がある。イングランドは一方では農産物を輸入しながら、他方では輸出もしていた。輸入品としては東方からの穀物、材木、毛皮、銅等が挙げられる。輸出品の筆頭が羊毛から毛織物へ移行するにつれて、イングランドは工業製品輸出国、原料・食糧輸入国という性格を強めてゆく。

イタリア商人とハンザ商人との比較

ハンザ商人がイングランド貿易の首座にあったイタリア商人にとって代わることができたのはなぜであろうか。それはイタリア商人とハンザ商人の性格上の相違によると思われる。

イタリア商人とハンザ商人を比べて気づく第一の点は、前者はイングランド貿易で首位を占めながら人数が意外に少なく、後者は貿易量は少ないのに参加商人数が多いことである。これはイタリア商人の場合には個々の商人が大資本を活用していたことを意味する。逆にハンザ商人は多人数が小資本で貿易を営んでいたことを意味する。表4-10は一二七三年の統計を整理したものであるが、イタリア人は小人数ながら一人当たりの取引量が大きく、ハンザ商人（ドイツ商人）は比較的多人数

表4-10　1273年の羊毛輸出に関与した外国商人の実態

	輸出量における外国商人中の比率	参加商人数	平均取扱量	最大取扱量
イングランド人	—	248人	40.2袋	360袋
ドイツ人	6.7%	49人	29.4袋	80袋
リエージュ人	3.8	23人	35.5袋	240袋
ブラバンド人	17.3	104人	35.5袋	140袋
北フランス人	24.8	147人	35.2袋	360袋
南フランス人	8.8	24人	78.0袋	610袋
スペイン人	1.1	6人	40.0袋	100袋
イタリア人	37.5	44人	182.0袋	2140袋
計	100.0	681人	48.0袋	

ながら一人当たりの取引量が小さいことがはっきりする。

少数大資本家から成るということの特色は、本書の最初のほうで述べた地中海貿易の性格に由来する。イタリア貿易では奢侈《しゃし》品が主だから顧客は国王や有力貴族が主で、商人もどうしても貴族的大資本家になりやすい。同時に投機的傾向が強いのも地中海貿易の特徴で、権力者との結びつきから大名貸しに手を染めるようになるのも当然である。

このようなイタリア商人は果たせるかな、イングランドで商品取引に従事するだけでなく、王室金融にも乗り出した。当時のキリスト教国は種々のかたちでローマ教皇庁に税を納めなければならなかったが、特にイングランドは一三世紀以後教皇庁への納税額が最も大きい国であった。そこでこの関係に早くからイタリア商人が介入し、送金業務を引き受けるだけでなく、納税のために君主に融資までするようになった。それはまた、大資本でなければできない仕事であった。

それでいて、イタリア自体はイングランドに対して提供できる物資を扱っていなかった。イタリア商人が扱うめずらしい異国の産物はイングランドではあまり需要がなかったからである。だからイタリア商人によるイングランド貿易は国際分業を背景としているわけではなく、それを補うのに王室金融をもってしたのである。それゆえ、イタリア商人の活動は外面的には華麗だが、長期的な底力となる基礎が欠けており、その地位は必ずしも経済法則によって支えられていたのではなかった。これに対してハンザ商人は以上のどの点でもイタリア商人と対照的であった。ハンザ商人がやがてイタリア人にとって代わった理由はそこにあったのである。

イタリア商人とハンザ商人の金融活動

王室金融の結果がどうなるかといえば、支配者に公職感覚が乏しかった当時のこととて、金融業者の鋳貨や徴税への介入を招いた。そうしてこの型の資本進出が一番憎まれやすい。そうでなくともイタリア商人はイングランド貿易を牛耳っていたからイングランド商人層の嫉視の的となったし、穀物や材木をもたらすわけではないから民衆からも親しまれなかった。

さらに、王室金融は有望であるとともに危険も大きい。イングランド王室が財政破綻をきたせばそれと運命をともにせざるをえないからである。一三四六年についに破局が到来し、イングランド王室の財政難により貸金回収が不可能となったため、多くのイタリア商社が倒産してしまった。一三世紀の威光にもかかわらずイタリア商人があえなく没落したのも、先に述べた経済的基礎の脆さによるものである。

ハンザ商人も一応は金融業務に乗り出した。ただ、個々の資本は小さかったので共同して金融団を結成した。一三三九年にケルン、ドルトムント等の西方ドイツ都市の商人により借款団が結成されたのはその一例であるが、これはイングランド王室の財政難があまりにも大きく、ハンザ商人まで頼りにされたからであった。しかし、同じく金融を営みながら、ハンザ商人はイタリア商人とはまったく対照的に振る舞った。両者の性格的差異はそこにはっきりと現れている。

第一に、ハンザ商人は国王に金融というかたちで援助の手をさしのべながら、基本的には商品取引中心主義を堅持した。金融の形態はイタリア商人の場合と同様で、借財返済の保障として特定関税収入が指定され、返済額に達するまで債権者に徴税を許すという方法がとられた。こういう関係が積み重なると民衆の憎悪を招くことになる。ハンザ商人はこの場合でも、賢明にもというべきか頑迷にもというべきか、生活必需品の恒常的取引という彼ら特有の経済活動に執着した。すなわち、金融の代償として輸出許可量増加のほうを望んだのである。一三三八年八月ドルトムントの商人四名が王室に一二〇〇ポンドを融資したが、これはイタリア商人の融資額には及ばないにせよ、ハンザ商人の融資としては巨額であった。この時、彼らは融資の代償として四〇〇袋の羊毛輸出許可を獲得している。ハンザ商人は王室金融を通じて政治的野心を満たそうとか、一獲千金を夢見るとかは考えなかった。それよりも商品取引拡大のほうが良かったのであり、ここにもハンザ商人本来の非政治的性向が見られる。

第二に、ハンザ商人が憎しみを買わずに済んだもう一つの理由があった。零細資本しか持たないハンザ商人は小貴族や市民に対する小額融資をも営んだ。これは政治的・行政的な問題と絡むことなく、民衆から便利と思われこそすれ、人種的憎悪を招く性質の事柄ではなかった。そうして、民衆との接触こそはハンザ商人がイングランドで成功した主な原因だったのである。

商品取引にこだわったことは結果的には大変良かった。王室金融から足を洗うという芸当ができたからである。もともとハンザ商人が金融に関係したのは、極度の困窮に陥った王室から頼まれたからで、自ら積極的に乗りだしたわけではなかった。そこでハンザ商人の王室金融は一時的現象にとどまり、一四世紀中頃から漸次消滅する。王室が困り果てた時にだけ援助して、後の腐れ縁は結ばずにすみ、王室から感謝され、民衆からも憎まれることなくめでたく終わったのである。商品取引第一主義こそハンザ商人のイタリア商人に対する強みであり、資本が小さかったことがかえって幸いとなったのである。

第5章　ハンザの機構および貿易と都市の態様

1　ハンザ総会

ハンザ総会の発生と開催状況

世にハンザ「同盟」というけれども、法的にも実質的にも「同盟」ではない。はっきりとした同盟が形成された最大の例は対デンマーク戦争に際してのケルン同盟であるが、これとて一時的なものでハンザとは原理上別である。しかし、何らかの連合体である以上は当然成員相互の意思疎通が必要であり、そのための機関が不可欠となる。ハンザにもただ一つだけそのような機関があった。それがハンザ総会である。だからある都市がハンザ都市であるか否かを識別する指標もただ一つ、当該都市がハンザ総会に関係したかどうかだけである。

ハンザ自体が自然発生的なので、ハンザ総会の起源も必ずしも明らかではない。だが、ハンザ総会の母胎となったのはヴェント都市会議で、それが拡大していつしかハンザ総会になった。その最初のものはリューベクとロストクの争いを調停した一二五六年のヴィスマル会議であるが、その時に集まったのはこの三市のみであった。これが発端となって不定期的に開催されるようになったのがハンザ総会である。ただ、会議の都度参加都市数がまちまちで、しかも参加都市数は多くても特定地域に偏していることもあり、一口にハンザ総会といっても総会ごとに性質が異なっている。

総会開催地は圧倒的にリューベクが多く、シュトラールズント、ハンブルク、ブレーメンがそれに次ぎ、もっぱらヴェント系都市が開催地を引き受けた。西方都市で開かれた例は対デンマーク戦争に際してのケルン会議が一回あるだけで、西方はハンザの重要な一翼だとはいうものの、ハンザ内部での活動は消極的なものであった。開催は不定期的で一三五六年から一四八〇年の間に七二回、つまり平均して一・七年に一回であった。しかも、このなかでハンザ圏のすべてが大体網羅されている会議は四六回とされ、それとて時代が下るにつれて減少し、ハンザの衰退を反映している。

芳しくない総会出席状況

一四二四年にリューベクで開かれたハンザ総会でのことである。ハンブルク、ブレーメン、フローニンゲン三市の代表と二人の領主が会議に出席すべくリューベクに到着した。領主が招かれていたのは土地係争問題が議題となっていたからである。ところが彼らがリューベクに到着してから六日待っても肝心のヴェント都市代表が現れない。待ちあぐねた先着者たちはカンカンに立腹してもう帰ると言い出した。慌てたリューベク市の要人は彼らをなだめすかしてしばらく待ってもらい、とり急ぎヴィスマルに出席催促状を出した。電信電話のなかった時代のことである。リューベクに一番近いヴィスマルの代表が姿を見せていないのはいくら何でも呆れた話だということになったのだが、ほかの都市代表と落ち合ってから来ようなどと考えず、直ちに参集して欲しいとせきたてた。領主二人まで出席していたのだから、とんだ恥をかいたものである。

この例に見られるようにハンザ総会への出席状況は悪かった。総会出席を渋る理由としてよく挙げられたのは、代表派遣の費用が出せないということである。いやしくも商業都市がせいぜい数名の代表を送る費用に事欠くというのは信じがたい話である。多少欠席のための口実めくが、まったくありえない話であれば口実としても成り立たない。商業都市とはいえ小都市の財力は乏しかった。それに当時の都市役員は原則として無給であったことも考慮する必要がある。だからなおさら都市の代表として会議に出席するのは大変だったのである（反面ではそれゆえにこそ都市の役職には有力で富裕な大商人しか任じえなかった）。一四一八年のリューベク総会ではリューベクから遠く離れている都市は出席が大変なので、ヴェント諸都市にハンザ全体の問題を任せると決議された。これはヴェント都市群がハンザの指導分子であることを公認した決議であるが、裏からいえばハンザにつきあうのは御免だという遠方都市の消極性を暴露している。

それにもかかわらずハンザから脱退しようとしなかったのは、ハンザに入っていさえすれば外地での通商特権に与れるからである。ハンザの存続は都市の連帯感以上に外地における商人保護という共通の利益によって支えられていたのである。

ハンザ総会の席次問題

国際会議では昔から代表の席次がやかましい問題であるが、ハンザ総会も例外ではなかった。最上席につくのは開催地代表、つまり通常はリューベク代表であった。その右側が上席とされ、リューベクの右、つまり第二位の席はケルンに与えられた。リューベクの左、つまり第三位の席にはブレーメン代表がついた。ブレーメンが高い地位を与えられたのは、ブレーメンが大司教座都市であるゆえか、ハンザとの関係がデリケートなための気がねからかと察せられる。

一四五〇年のブレーメンにおけるハンザ総会の決議録には参加都市と出席者の名前がもれなく記載されている。それによると次の順序で記されている。ブレーメン、リューベク、ケルン、ハンブルク、シュトラールズント、ヴィスマル、リューネブルク、マクデブルク、ブラウンシュヴァイク、シュターデ、デーヴェンテル、カンペン。総会での席次もおそらくこの順序であったと思われる。総会出席の顔触れはその都度異なるのだから、席次問題は毎回のように生じたであろう。

席次については争いがしばしば生じた。ケルンは格式の高さと実力をひけらかせずにはいなかった。ハンザにはろくに協力しないくせに第二位で満足せず、しばしば最上席を要求する始末であった。面白くないのはブレーメンより下位に置かれたハンブルクで、第三位を要求した。中小都市の間で勢力の消長があれば当然席次にも影響した。一五世紀後半以来ダンツィヒとケーニヒスベルクが席次を争ったのはそれである。はじめはケーニヒスベルクのほうが上席であったが、ダンツィヒが台頭するに及んで席次が逆転した。ケーニヒスベルクは憤懣やる方なく、一五一一年から四九年まで席次問題でつむじを曲げ、総会に出席しなかった。会議場への入場順序にまで文句をつける者もある有り様であった。

局地的都市会議

ハンザ総会以外にハンザ圏内の地域ごとの都市会議も開催され、会合が容易なためむしろこのほうが頻繁に開かれた。ただ両者の限界は多少あいまいである。来たるべきハンザ総会にどういう方針で臨むかを討議するために局地的都市会議が開かれた場合には両者の相違がはっきりするが、常にそうとは限らない。リューベクがハンザの盟主であるために、リューベクが参加した会議はとかくハンザ総会と考えられやすいが、リューベクが参加してもヴェント諸都市だけが参集した会議はヴェント地方の局地会議にほかならない。

純然たる局地会議と見られるべき例として一四二三年のエルビング会議を挙げよう。この時代表を送ったのはエルビングのほか、クルム、トールン、ケーニヒスベルク、ダンツィヒであった。つまりプロイセン都市だけの会議であった。事実、この会議での主な議題は二つあって、一つはイングランドとの関係、もう一つはドイツ騎士団との関係であった。前者は穀物輸出の得意先との問題であり、後者は明らかにプロイセンの内部問題である。いずれにせよ、両方ともプロイセン地方固有の問題であって、議題の性質上リューベクその他が参加しなかったのも当然である。

他方、ハンザ総会のための予備会議という性質を持った局地会議もあった。その種の例として一三八四年のマリーエンブルクにおけるプロイセン都市会議がある。それはリューベクで開催される来たるべきハンザ総会にどのような態度で臨んだらよいかを決めるための会議であった。だからこれは同じプロイセン都市会議ではあっても、前出のエルビング会議とは性質が異なっている。

この種の局地的会議はハンザを分解させる危険を示さなかった。むしろ、弱いハンザの補強という効果を発揮した。ハンザ自体が明確な同盟でなかったため、局地会議や局地同盟の存在は法理上ハンザと少しも矛盾しなかったのである。

2 ハンザの中央機構

ハンザ成員の権利と義務

拘束性の乏しいハンザの性格を反映してハンザ都市の義務はあいまいである。これに比べると権利のほうははっきりしている。ハンザ加盟者の権利は何よりも海外におけるハンザ特権を享受できることにある。低関税、自由通商、居住権等の諸権利は当時としてはきわめて大きな特権であった。

このことは反面において、非ハンザ都市の商人は外地でハンザ特権にあずかれないということを意味する。この至極当たり前のことがなかなか守られず、常に悶着の種となった。この種の脱法行為は特権を与える側からは許しがたい濫用で、ハンザ商人が特に有利な扱いを受けていたイングランドにおいてはこの問題がやかましかった。もとよりハンザ側もハンザ商人と非ハンザ商人の共同商活動を禁じたが、励行は容易でなかった。一三六六年にどこかのハンザ都市の市民権を持つことをハンザ特権享受の絶対的条件としたものの、徹底はしなかった。

ハンザ都市の義務としては総会出席義務が第一のものであった。しかし、既述のように出席状況ははなはだ悪く、リューベクをはじめハンザの維持に熱心な都市は手を焼いた。やがて理由のない欠席に対しては罰金を科したり、ハンザからの除名という制裁を加えたりすることと決められたが、強制力を欠いたハンザにあっては制裁に実効性がなかった。総会出席率があまりにも悪いので二つの解決方法が考えられた。文書送達と委任という二方法である。前者は出席できなかった都市に議事を文書で知らせるという方法である。後者は代表派遣の資力に事欠く中小都市が大都市に一切を委任するという一種の代議制である。

大都市への委任により中小都市が出席を免れる方法が可能となるためには、前提としてハンザ圏がいくつかのブロック、つまり代表区に区分されなければならない。事実、一四世紀以後各種の区分が試みられている。そのなかではケルン系グループ、ヴェント系グループ、プロイセン系グループという三区分が最も現実性を持ったようである。各グループの代表は常に一定していて、この三区分の場合ならば、代表はケルン、リューベク、ダンツィヒである。代表都市として特に意味を持ったのはダンツィヒで、総会出席を厭《いと》う東方都市の代表として重要になった。その代わりこのような制度の実施により、中小都市とハンザとの関係はますます希薄なものにならざるをえなかった。

もう一つの重要な義務はハンザ全体のための醵金《きょきん》であるが、これについては中央財政の項で述べるとしよう。

ハンザの中央政務

ハンザの中央機関として存在するものはハンザ総会のみで、EU事務局に類するものはなかった。ハンザの事務はリューベクのラート（市参事会）がとったに過ぎない。だから、ハンザ官僚なるものは存在せず、リューベクのラートとその事務官僚がハンザ官僚を事実上兼ねただけである。

しかし、幾分範囲を広く考えると、ヴェント諸都市がハンザの中央政務を担当したと見ることも可能である。それはリューベク、およびリューベクと密接な関係を有していたヴィスマル、ロストク、シュトラールズント、ハンブルク、リューネブルクの六都市で、これらがハンザ内部の執行委員会に類する役割を演じた。この六都市からなるヴェント都市会議の主な仕事がハンザ総会の準備であった。

結局のところ、リューベクのように生産的背景を持たず、東西間の中継貿易を存立の基盤とする商業都市にとっては、広範囲にわたる連合体の存在が切実に必要であった。ヴェント都市のなかにはそれなりの生産を背景とするものもあったが、地理的位置からいってリューベクと利害を共通にする度合いが高かった。それだからこそヴェント諸都市はハンザの維持に熱心だったのである。

ただし、ハンザに対して示されたリューベクのひたむきな情熱を経済的理由だけから説明するのは不当であろう。そこには物的利害を超越した崇高な精神的志向さえ感ぜられるからである。

ハンザの中央財政

ここでどうしても気になるのはハンザの財政的裏づけであろう。ハンザの性格がこれまで説明してきたようなものであるため、その中央財政ははなはだ不備で、全時代を一貫する財源も国庫もなかった。しかし、財政の裏づけなしにハンザの政策を遂行できるわけはなく、中央財源確保は常に考えられた。それには二つの方法があった。一つは商人の商活動を課税対象とする方法であり、もう一つは加盟都市ごとの分担金であった。

ハンザ税のはじまりは一三六七年に成立したケルン同盟にある。ケルン同盟条約ではデンマークとの対決のため同盟都市の商人にポンド税という税金が課されることになった。ただし、このポンド税はケルン同盟存続期間中だけのもので、ハンザ全時代を通じての税金ではなかった。臨時的収入ならば罰金や外国からとりたてた損害賠償——これは件数としては多い——などもある。しかし、恒常収入といえるものはなかった。

ハンザ各都市の分担金制度はハンザの結束を象徴するから重要である。しかし、この方法が本格的に考えられるようになったのはハンザ末期になってからで、解体に瀕するハンザを救うための手段という傾向を帯びている。これはハンザ都市の各々にほぼ財力に応じた分担金を課すという方法で、表5－1は一五〇六年のリューベクにおける総会で確認された分担額から上位のものだけを示している。

問題はこの分担金の納入状況であるが、これがサッパリうまくゆかなかった。評定額に不服を唱える都市もあれば支払いを拒否する都市もあった。滞納も目立ったが、そこには各都市のハンザに対する誠意の差がはっきり現れている。支払いをほとんど誠実に履行したのはリューベクだけで、果たせるかな滞納の筆頭はケルンであった。ケルンは総会での発言力も大きく、財政問題でも結構口先だけは達者だったのにこの有り様であった。

中央国庫はついに実現しなかったが、事実上は共同の収入や後には海外資産の引き上げなどがあり、それを管理する共同金庫がリューベクにあ

表5-1　15世紀末から16世紀初へかけてのハンザ諸都市分担金

（単位：ライン・グルデン）

順位	都市名	額
1	リューベク	100
1	ケルン	100
3	ダンツィヒ	80
4	ハンブルク	75
5	ブラウンシュバイク	70
6	リューネブルク	60
6	マクデブルク	60
6	ケーニヒスベルク	60
6	カンペン	60
6	デーヴェンテル	60
6	ハレ他	60
12	ブレーメン	50
12	シュトラールズント	50
12	リーガ	50
15	ロストク	40
15	レーヴァル	40
15	シュテッティン	40
15	ハルデヴィーク	40
15	シュテンダール	40
15	ヒルデスハイム	40

った。中央財政機関としてはそれがあるだけで、もとより本格的なものではなかった。

ハンザの軍備

一五世紀後半のリューベック市長ハインリヒ・カストルプに帰せられている格言に、「会議を持とう。戦闘旗を旗竿に掲げるのは簡単だが、その旗を名誉とともに降ろすのは大変なのだから」というのがある。商業勢力であるハンザは何よりも戦争を嫌い、話し合いと外交で目的を遂げることを不動の基本方針とした。対デンマーク戦争だけは例外なのに、その勝利が輝かしいためにハンザの本質が見誤られやすいというだけのことである。ハンザの人々は根本的には政治人でなく経済人だったのである。

しかし、国際社会ではやはり武力がものをいう。まして自力救済が基本権視された中世のことであるから、平和と中立を守るためには武力が必要であった。ハンザ都市も各々兵力を有していた。貿易都市の生命は海上通商にあるから、特に海軍が重要であった。幸い、昔は商船と軍艦の区別はほとんどなかったから、商船隊増強は同時に海軍力の向上となった。海港都市にあっては海軍が当然重視され、水兵は大部分その市民から成っていた。もっとも陸路の安全も守らなければならないので陸軍も有していたが、そちらの方は概して傭兵まかせであった。それゆえ、敵地占領や内陸部進撃はできなかった。ノヴゴロドはだからハンザの武力圏外にあった。

問題は個々の都市を越えたハンザ軍が存在したかどうかであるが、そのようなものは存在しなかった。戦争であれ、海賊討伐であれ、大規模な作戦を遂行する場合には諸都市の軍勢が連合した。対デンマーク戦争の時がその好例で、その時にはリューベック市長が連合艦隊司令長官となったから、一時的にはハンザ軍まがいのものがあったわけである。しかし、戦時中の連合混成艦隊はあったが、平時からの常備ハンザ海軍は存在しなかった。

ハンザの海賊討伐

ここでついでに海賊問題に触れておこう。というのも海賊の出没とその討伐は戦時・平時を問わず、当時の日常行為だったからである。海賊には正規・不正規の二種があった。正規の海賊というのは妙な表現だが、中世以来近年までそうとしかいいようのないものがあった。それは私掠《しりゃく》船といわれるもので、国家から授権されて敵性国船舶の臨検・拿捕《だほ》を請け負う私船である。常備海軍未成熟時代の現象で、国家から正式に授権されている点で正規海軍の一種だが、船舶は私船であり、運用するのは私企業だから、現実には利益を求めての海賊行為とならざるをえなかった。正式宣戦がない時にもこの方法が用いられ、ハンザもこの種の私掠船の横行に悩まされた。もっとも、私掠船は一種の公的制度だからハンザ都市の側もこの手を用いている。

もちろん真の海賊も出没した。海賊は人間の歴史とともに古いが、その活動が特に顕著になったのはハンザの最盛期からである。戦争の影響や私掠船制度の逸脱などが理由として考えられているが、結局は貿易の盛行が海賊を誘発することになったのであろう。

ハンザ史上に有名な海賊に一四世紀末に北海・バルト海を荒らし回ったヴィターリエンブリューダーという一味がある。それは戦利品を仲間の間で平等に分配する「民主的」な海賊であったという。これに対しては成立当初の都市ハンザが果敢に対処した。リューベク、ハンブルク、プロイセン都市がこの海賊討伐に全力を挙げた結果、彼らを一掃することができた。この海賊団の最後の首

シュテルテベーカー一味の処刑

領にクラウス・シュテルテベーカーという者がいて、お定まりの伝説的人物になった。最後には捕えられてハンブルクで処刑されたが、今日ハンブルク市史博物館には確認はされていないが、彼の骸骨だといわれているものが陳列されている。

戦争を好まなかったとはいえ、常に海賊と対決しなければならなかったので、ハンザ都市も案外に武張《ぶば》った面を有している。ハンブルクなどは、なかなかの武辺であった。ハンブルク市史博物館に陳列されている昔の武具はそのようなハンブルクの一面を偲ばせる。またリューベクのホルステン門の地下には拷問道具が展示されている。拷問道具の物凄いものならドイツのあちこちにあるようだが、海賊討伐の先頭に立ったリューベクもひとかどの武風を備えていたのである。

3　ハンザの外地商館

外地商館概観

北ヨーロッパの東西にわたる広い範囲に商業勢力を築いたハンザが、外国各地に拠点を設けたのは当然である。その場合には、在外拠点こそがハンザの先達であって都市ハンザはその活動に刺激されて後から成立したということを忘れてはならない。

ハンザ在外拠点のうちロンドン、ブリュージュ、ベルゲン、ノヴゴロドの四つの商館が特に有力で、このほかに中小拠点はあったが、ハンザ史学では上記四大商館を「商館《コントール》」と呼び、他を「支所《ファクトライ》」と呼んで区別している。ロンドンとブリュージュの商館代表者は必要に応じてハンザ総会に招かれている。商館と支所との間に特に上下関係はないが、イングランドの場合にはロンドン商館がイングランド各地の支所を統括していた。このような拠点はハンザ商人の活動地に万遍なく存在していたわけではなく、融合同化の著しかったスウェーデンには南部の漁業地に若干あるのみで、特に有力なものはなかった。

外地商館は直接、しかも日常的に外国権力と接触するので強固な組織を持たざるをえなかった。四大商館の各々には規約があり、それぞれの商館長がいた。さらに商館印章を有していたことは重要で、これは各商館が一個の法人格を備えた団体であることを意味している。ハンザ自体の結束がゆるかったためにハンザ自体の印章はなかったことと対照的である。ハンザ自体の弱点を在外商館が補っていたわけである。それにしても以下に説明するように、外地商館の実態はそれぞれにきわめて特色的である。

ロンドン商館（スチールヤード）

ロンドンでは元来ケルン商人が圧倒的に優勢で、テムズ河畔にギルド・ホールを有していた。その後ドイツ商人の合体が成り、東隣りにスチールヤードと呼ばれた借用地を獲得した。やがてスチールヤードという言葉がロンドンのハンザ商館を指す名称となった。その語源は明らかではないが、ロンバード街の名とともに中世ロンドンにおける外国商人の活躍を後世に伝えている。

ロンドン商館には二名の商館長がいたが、そのうちの一人はイングランド人であった。しかもハンザ側が選び、それをロンドン市が承認するという形式をとり、現実にはロンドン市長または市高官が選ばれた。その任務は要するにイングランドとハンザのパイプ役であるが、ハンザ側は監督権者自身をパイプ役に祭り上げるという抱き込み策をとったと思われる。もう一人の商館長はハンザ商人であるが、イングランドに帰化したドイツ人が選ばれることが初期の間は多かった。これはロンドンのハンザ商人がイングランドとの関係を円滑にしたいという配慮をめぐらせたためかと思われる。

ロンドンのハンザ商館・スチールヤード

このような特色は、ハンザ商人がイングランドでは準本国人並みに好遇された結果と推測できる。本国人に準ずる以上、ロンドン商館もイギリス法上の団体と同視されるべきであった。そこで一方では特権を享受しつつ、他方では当然イングランド官公署ないしロンドン市当局の監督下に置かれるべきものであった。現地高官を商館長の一人とする二頭制が施行されたのはこのような事情によるのではなかろうか。事実、一二八二年に商館長自主選出権が確認された時には、「ロンドン市に長老を有する権利があるのと同様」にハンザ商館にも長官を選ぶ権利があるのだとされている。

ロンドン商館のもう一つの特色は、リューベクの比重が低かったことであろう。イングランドとの貿易の現実の担い手は古くから交渉のあったライン・ヴェストファーレン都市と、穀物・材木の供給者であるプロイセン都市とであって、リューベク、ハンブルクなどはそれに比べれば目立たなかった。歴代商館長の出身地を見ると、リューベク出身者が稀であることや、ケルン、ダンツィヒ出身者が多いことはこうした事情を反映している。

ロンドン商館の組織は一五世紀になってやっとわかりはじめる。役員の選挙方法などにユニークなものがあるが紙数の都合上、特徴的な点だけ指摘するとしよう。商館長を含め一二人の役員が商人団を指導したが、諸々の本務を遂行させるため書記が数名置かれ、商館の有給専属官吏となった。有給職員を置いたということは中世社会としては一つの進歩である。しかも、それは商館全体の公僕であって特定勢力の私兵ではないという自覚を有していた。一五世紀にケルンの横暴を斥けたゾースト出身書記がいたことが知られている。書記は全体に対する奉仕者だからというのが言い分であった。この書記は二〇年在職して故郷のゾーストに帰って余生を送ることとなったが、ロンドン商館は年金を与えて長年の労に報いた。

もう一つの特色は、中央機関が強力に商人団を統率したことである。時々開かれる全員出席の総会が決議機関であったが、その決定には拘束力があった。役員に選ばれた者の就任拒否や、総会の命令による出張旅行を拒否した場合には罰金による制裁が科せられた。このようにハンザとは対照的にロンドン商館の権限は強かった。強力な王権を相手とする出先機関であるために、強力な組織化が絶対に必要だったからである。

ブリュージュ商館

ブリュージュ商館に眼を転ずると、ロンドンの場合と事情がまったく異なるのに驚かされる。第一に、「ブリュージュ商館」というけれども、ここにはハンザの建造物も敷地もなかった。ハンザ商人は市内各所で家や部屋を借り、取引も市有または個人所有の取引所で行った。だからハンザ商人の居住地区もない。商館といっても具体的な可視物を指しているわけではなく、一つの抽象概念である。そもそも「商館《コントール》」というのは後世の学術用語で、ハンザ自身はロンドンやブリュージュの商館を「ブリュージュ（またはロンドン）のドイツ・ハンザ商人団」と呼んだ。当時は商館を「団体」という抽象概念で把握していたのである。ロンドンではたまたま敷地と建物があったが、それは本質とは無関係である。

第二の特色は、ここがヨーロッパ随一の先進地だったことである。ここの生活水準は高く、ハンザ世界への文化伝播の窓口にもなった。だから、ここでのハンザ商人の生活は外地商館中第一に優雅なものであった。それだけにたぶん選りすぐりの「優秀社員」が赴任したと思われる。ここでは、徒弟訓練を行わず、完成した商人だけが活動した。だから荒々しい徒弟のしごきもここでは見られなかった。またフランドルは国際政局の焦点であり、フランスやイベリアの諸王国との接触もフランドルを通じて行われ、対外折衝が重要な仕事だったこともブリュージュ「商館」の一特色である。それだけにここのハンザ商人はますます洗練の度を加えた。このような点から考えて、ブリュージュでの活動はハンザ業務のなかでも高級視されたと考えられる。さらにブリュージュはハンザ世界への文化波及の窓口でもあった。後にハンザの文化遺産に触れることとなるが、文学や芸術のハンザ世界への浸透はブリュージュを経てのそれが最も大きかった。

ブリュージュの商館行政組織は面白いことに近世のネーデルラント共和国と似ている。ここでは商人はリューベク・ザクセン群、ケルン系のヴェストファーレン・プロイセン群、ゴートラント・

リーフラント群という三群に分かれていた。なぜこのような不思議な区分が案出されたのかは不明であるが（地理的に遠いヴェストファーレンとプロイセンが組み合わされている）、ともかくこの三区分はブリュージュにのみ特有のものである。毎年各群から二名ずつ計六名の長老が選出され、この六人が商館長であった（一五世紀後半に各一名計三名に減少）。ブリュージュ「商館」の全体総会はあったが、この三群がそれとは別に各々の総会を有し、財政も三群の別立てであった。いわば一種の連邦共和制で、勤勉であるとともに自由を尊ぶエリート社員にはふさわしい体制というべきであろう。

諸侯やブリュージュ市当局とハンザが対立する時に、ハンザ側が対抗手段としてしばしば別都市への商館移転という政策をとった。それがハンザを利したか否かはなかなか決めがたいが、このような手段を取れたのも、特定の土地や建物を所有しなかったからである。ブリュージュ商館がハンザ商館中の雄であったとしても、事態は常に平穏だったのではなく、しばしばここは政治的・経済的対立の場面となった。それが結局はハンザという自然発生的都市団結を生むこととなったのであって、一四世紀半ばから後半へかけてこの地でハンザは都市連合としての明確な形態を示すに至った。つまり厳密にいえば真のハンザはフランドルで発生したのであり、この意味からも「ドイツ・ハンザ」という呼称は正しくないといわねばならないのである。

ベルゲン商館（ドイツ人の橋）

眼をさらにベルゲンに転ずると、世界はまたガラリと一変する。ベルゲン商館は市内のドイツ人居住地区とそこの木造建物群とから成り、「ドイツ人の橋」と呼ばれた。建物と敷地は区別され、土地についてはノルウェー人の所有権があり、ハンザの人々は地主に地代を払っていた。幸い、ベ

16世紀のベルゲン

ルゲンに関しては商館所属商人数の推計があり、それによると最盛期には二千人近くが住んでいた。一四、一五世紀のベルゲンは一万余の人口を擁していたと推測されているから、これが事実とすればベルゲンのハンザ商人は外地商館中で最も多く、しかも外国人居留者としてベルゲン市で驚くほど高率を占めていたことになる。

ベルゲン商館の特色は、独身の男ばかりから成り、気風が荒々しく野蛮だったことである。ベルゲンのドイツ人商工業者（前に述べたようにここには手工業者も住んでいた）は独身生活を強制され、現地女性との結婚も許されなかった。万一現地の女性とどうしても添い遂げたいというのであれば、有利なハンザ特権を放棄するほかなかった。どうして独身が強制されたのかよくわからないが、現地社会から隔離して強力な統制を可能にするためだったといわれている。

この独身男性たちが粗末な木造家屋に集団で暮らしていた。ブリュージュのハンザ商人が市内各所でマンション住まいをしていたとするならば、ベルゲンの場合は男ばかりの全寮制である。この独身男たちがベルゲン総人口の五分の一に相当していたらしいのだから気の遠くなるような話で、事実ベルゲン市にとってもハンザ側にとっても「その点」が悩みの種であった。「ドイツ人の橋」の裏手にその種の遊び場があったから、おそらくそれが幾分かの捌け口となったであろう。

ベルゲンにおけるハンザ商人の生活状態は比較的良くわかっているが、とにかく酷烈なものであった。暴力はこの連中のお家芸で、一三七〇年にノルウェー国王がハンザ諸都市に宛てた苦情書には彼らの暴力行為が挙げられている。特に名高いのはベルゲンでの苛酷な徒弟訓練で、すさまじい「しごき」方が知られている。何事につけ、徒弟教育さえしなかったお上品なブリュージュのハンザ商人と対照的である。その反面、ベルゲンでは商人の下働きでも昇進する道が開けていた。

ベルゲン商館の機構としては、複数から成る首脳陣、総会の開催など特記すべき点はない。ただ、ロンドン、ブリュージュに比べてここでは教会の精神的中心としてのウェイトは高かった。とはいえ、その点では次に述べるノヴゴロドには到底及ばない。

ベルゲン商館のもう一つの特色は、リューベクが優位を占めていたことである。この点でケルンが優勢だったロンドン商館と対照的である。一三三八年から一五二八年へかけて知られているベルゲン商館役員のほとんどすべてはリューベク出身者によって占められていた。リューベクの商人団体の一つ、ベルゲン航海者団はベルゲンで最も勢力があった。ハンザ商人がノルウェーで我物顔に振る舞えたのは穀物供給によって死活を制していたからだが、リューベクの穀物貿易は取り立てていうほどのものではなかったから、ベルゲンでのリューベクの優位はそれによるものではなかった。また、ベルゲンでは威勢の高かったベルゲン航海者団は故郷リューベクでは地位が低く、彼らのなかからラート員が出ることは稀であった。このことはベルゲン商館勤務が下級の仕事のように見られていたことを暗示している。

ノヴゴロド商館（聖ペーター・ホーフ）

ハンザ外地商館で最も東端に位置するのがノヴゴロド商館であるが、ここはここでほかに見られない特色がある。ノヴゴロドには先駆者としてゴートランント原住民が「ゴート商館」を設けており、ハンザ商人はそれを継承したかたちになっている。ノヴゴロドではハンザ商人は中央市場広場の近くに垣根で囲まれた居住区を有していた。この地区は中心教会の名にちなんで聖ペーター・ホーフと呼ばれた。これが世にいうノヴゴロド商館である。

ノヴゴロド商館最大の特色は、中心教会、つまり聖ペーター教会が商人活動全般の中心として極度に重要だったことであろう。ノヴゴロドの聖ペーター教会やリューベクの聖マリア教会は典型的な商人教会である。それでは商人教会とは何であろうか。機能的には商人の礼拝所であるのみならず、重要書類の保管、商品の貯蔵、会議の場所にもなる教会である。しかし、本質的な点は、その教会が司教の管理下にも君主の保護権下にもなく、完全に商人団の所有するところであり、司祭も商人団によって指名されるということである。これも司教が古くから勢力を扶植していなかった東方でこそ可能な現象であった。

後進的な東方で教会が商人活動の中心となったのは異教徒や異端とじかに接するからであったと思われるが、そのほかに物質的な理由もあった。当時一般の建物は木造で教会だけが石造であったから、商品貯蔵には教会が最も安全であった。ノヴゴロドの聖ペーター教会は商人教会であるがゆ

17世紀のノヴゴロド

えに、商品はもとより重要書類、現金、宝物等もそこに保管された。ただし、教会内での商取引が許されなかったのは聖書の教えに従って当然であった。同教会維持のためノヴゴロドのハンザ商人には一定額の献金が義務づけられたが、興味深いのはそれ以外の教会収入である。ノヴゴロドのハンザ商人は住居ごとに同教会に納金する義務を負い、裁判収入（罰金）も一部は同教会に納められた。また、聖ペーター教会はロシア側との協定により用材伐採権と牧場を有していた。ハンザ商人は教会に一定額を支払うことによってそれを利用する仕組みとなっていた。これは聖ペーター教会がノヴゴロド商館全体の領主として扱われていたに等しい。商人総会ももとより同教会で開かれた。

ノヴゴロドの市場

　ノヴゴロド商館第二の特色は現地ロシア人に対してハンザ商人が徹底した不信を示したことであろう。毛皮という高価な商品を扱ったためにハンザ商人はロシア人の瞞着《まんちゃく》に常に警戒の眼を光らせた。聖ペーター教会にはロシア人は一歩たりとも立ち入りが許されず、常時戸口は厳重に番をされていた。宗派の相違ももとより関係していたであろうが、商売相手に楽屋裏を見せたくなかったからであろうともいわれている。そういえば、教会の門扉の鍵は極度に慎重に扱われた。それをロシア人に見られてしまうようなかたちで持ち歩いてはならなかった。合鍵を作られたら大変だからである。前にも述べたように、ハンザ商人の一部はノヴゴロドで冬営したが、このような環境ではさぞ不自由であったろう。旧ソ連が一部を発掘したところ、多くの遺物が発見された。そのなかにチェスの駒があったと報ぜられている。冬営の番に当たったハンザ商人はおそらくそれで幾分なりとも緊張をときほぐしたのであろう。なお、特にノヴゴロドでは考古学的発掘が現在進められており、今後この面からの知見の深まりが期待される。

ノヴゴロドの商館長はただ一名で、複数制をとる他の外地商館とは異なっている。ただし、商館の主導権は次々と交替した。はじめはヴィスビが、次いでリューベクが実権を握り、やがて一五世紀になるとリーフラント諸都市がそれにとって代わった。それに応じて商館長の実権も実力ある都市の任命にかかる商館手代の手に移った。なおノヴゴロド商館は「スクラ」と呼ばれる豊富な規約を残していることでも知られている。もっともロンドン商館に関しても後年の規約ならば相当量ある。「スクラ」とは「規約」という意味の低地ドイツ語であるが、ほとんどノヴゴロド商館規約の固有名詞のようになっている。

4　ハンザ貿易の態様

ハンザの貿易ルート

ハンザ商人がどのような手段・方法で貿易を営んだかは種々の角度から論ずることが可能であり、たとえばハンザの船舶についても詳しい研究がある。しかし、紙数の都合上ここでは特色的な次の三点を指摘するにとどめよう。

第一は冬期航海禁止の慣習である。冬季の気候条件が苛酷で航海が危険だったからである。当初は単なる慣習であったが、抜け駆けをする者が出てお互いに危険を冒し合うようになるので、一四世紀以降ハンザ総会は冬季航海を法律上の禁止事項とした。しかし、航海禁止期間に一日でもひっかかると外地で禁止期間満了まで長期間待たねばならなくなるという不便が生じた。どの程度守られたかはわからないが、この禁令に抵抗があったことは確かである。

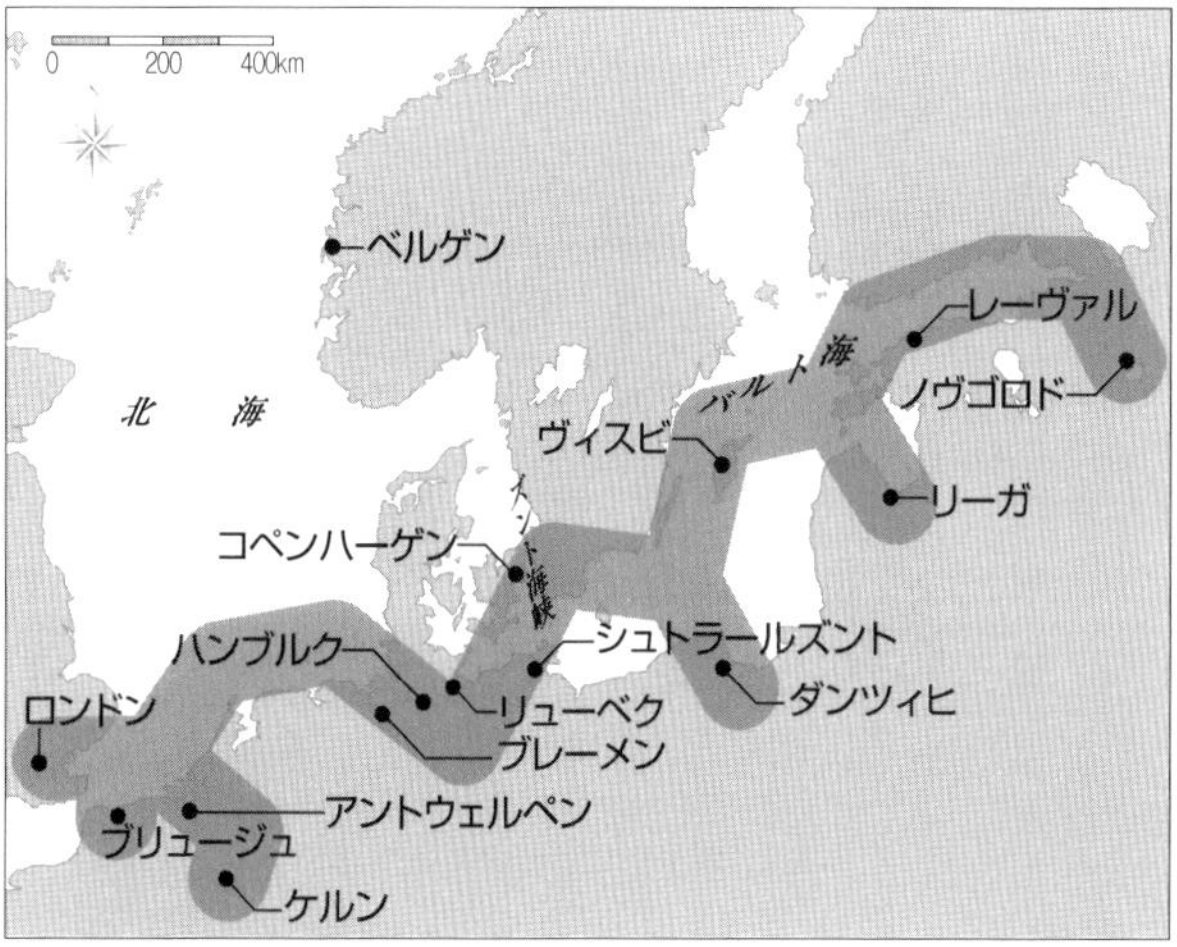

ハンザの主要貿易ルート

第二はスウェーデン・デンマーク間にあって北海・バルト海を繋いでいるズント海峡――エーアソン海峡ともいう。実際にはいくつかの海峡から成るが本書では簡単にこう呼ぼう――の航行問題である。ここは一見東西のかけ橋に見えるが、危険の多い水域である上に迂回の遠路にもなるというので意外なほど利用が遅れた。東西の物資交流は次に述べるハンブルク・リューベク間の陸路を辿ったのである。もともと技術的理由からズント航行は回避されたのであるが、技術が進んでからは、今度はリューベクが意図的に妨害しはじめた。東西の主な物資交流がズント海峡を通るようになれば、リューベクは主要交易ルートから外されてしまうからである。これには特にプロイセン都市が迷惑を受けた。それも道理、プロイセンの主要輸出品である材木は典型的なかさばる商品であり、一部でも陸路を辿ることは大変な不便だったからである。

第三は陸路の重要性である。ハンザといえばどうしても海路が想い出されるが、陸路や河川の重要性も忘れられてはならない。先に述べたズント航行未開拓と関連して特に重要だったのはハンブルク・リューベク間の陸路である。東西間の物資交流もここだけは陸路を辿った。ただし、その全部が陸上だったわけではない。トラーヴェ河を利用したので実際には半分くらいは水路であった。極端にかさばる商品でさえなければこのほうが安全で、しかも所要時間も短くて済んだのである。ハンブルクとリューベクはこのルートの安全を確保するために早くから協力した。また、若干のハンザ都市は陸路を確保するために周辺農村の何らかのかたちでの支配を心がけている。

ハンザの共同企業

ハンザ商業は元来小資本多数の集合という特色を有していた。当然資本の結合方法、つまり共同企業が考え出されねばならなかった。中世共同企業ないし会社法の起源についてここで立ち入る余裕はないが、この種の制度は人類共通の知恵であって、商工業が発達すれば各地で誰いうとなく考え出される性質のものであろう。ハンザ圏でも遅くとも一四世紀のはじまる頃には数種の共同企業形態が知られていた。

ただ、過去の企業法は実態が十分判明していない上に、法概念自体が今日とは異なるので説明は困難である。一応本書では共同企業を「会社」という言葉で説明するが、それはきわめて広い意味で使われていることを諒とされたい。現代における商法上の会社は厳密な概念で、個々の社員を超えた法人格を有し、資本の永久性を特質とする。だから、ハンザの共同企業を「会社」という言葉で説明するのは濫用のそしりを受けるかもしれないが、そのほうが親しみやすく、事実、当時の史料にもそれに対応する言葉があるので、本書ではあえて「会社」という言葉で説明するとしよう。

中世ハンザの会社法にも当時なりの限界があったのは当然である。一般に社員（出資者）は少なく、家族企業の性格は概して強く、特定期間の特定目的のためにだけ設立されたいわゆる当座企業も少なくない。また、今日のように等額株式による形態も知られておらず、不特定多数の出資募集というかたちからは遠く隔っている。しかし、基本目的ならば今日と変わらない。つまり、二人であれ三人であれ、ともかくも複数人の資本結合による有利な大企業の遂行と、危険の分散である。

幸い、一四世紀リューベクには会社登記制度があり、一三一一年から一三六〇年までのものが後世に伝わっているので、ハンザ圏の会社法はほとんどもっぱらリューベクの事例で知られている。しかし、これとて貴重な史料ではあるものの、当時の企業のあり方を知ろうとすると種々の困難に出会わざるをえない。登記事項は簡単で、社員名と出資額しか記されていないことが多い。当時は多くの点が慣習法に委ねられていたからである。また、たいていは利益配分に関して記載があるのみで、損失分担を記している例は稀である。ただ、その乏しい例から察するに、危険負担は利益分配率に相応している。いずれにしても出資額を限度とする有限責任はまだ知られていなかったようである。

出資はほぼ常に現金によっているが、現物出資の例も皆無ではない。他方、追加出資が稀ではないので投資にもなかなかの覚悟が必要であったと思われる。なお、出資義務履行は問題にならない。常に出資履行後に登記がなされているからである。いったいにハンザ商人は堅実を旨とし、実際に現金を摑むのでなければ承知しない傾向があったが、ここでもその一端を見ることができる。

三種類の会社

前記リューベクの登記簿には二八〇の会社が登記されているが、それによると当時のリューベクでは三種類の会社が区別されていた。一つは「真正会社」という呼称を持つもので（なぜ「真正」というのかは判らない）、一人の事業遂行者に他者が利益にあずかる目的で資本を提供することによって設立される。実例を挙げれば、一三二三年の登記には次のように記されている。

ヨハネス・パーペは四〇マルク銀を有し、それにその兄弟のランベルトゥス・パーペが三一八マルク銀を渡して真正会社を設立した。それによりヨハネスが業務を執行するものとする。解散を望む時は各人が投資した額、各人がはじめに取り決めた額、つまりヨハネスの四〇マルクとランベルトゥスの三一八マルクに応じて分配すべし。利益に関してはランベルトゥスが三分の二を、ヨハネスが三分の一を取得すべし。

この例に見られるように、真正会社ではAにBが資本を提供してAに業務を執行させる。その場合、この例のようにAとBが親族であることが多いが、他人である場合もある。真正会社は通常二名の社員から成り、三名以上から成ることは稀である。明らかに家族企業に向いているが、全員出資ではあるもののそのうちの一人だけが業務執行社員となり、ほかは利益分配にあずかるだけだから合名会社（出資者のすべてが業務を執行）とは異なり、また業務執行者も少額であれ出資する点で次のゼンデーヴェと異なっている。

第二はゼンデーヴェという会社形態である。これは出資と業務執行が完全に分離した形態で、A、B両名の間でゼンデーヴェが設立される場合、Bのみが出資して業務はAのみが執行し、一定の利益配当をBに与えるという仕組みである。登記簿にはゼンデーヴェと明記されていないことが多いが、それが明記されている一三一九年の例では、「AはBから一一八マルク銀を委ねられゼンデーヴェが設立された」と記されている。利益配当に関しては一三一七年の例では「AはBに一六マルク銀を委ね、それを用いてBが業務を執行し、利益は等分する」とある。このように資本家と企業家が別で、前者は後者に資本だけ提供して利益分配にあずかるという点は近代会社組織に近い。イタリアで発達したコンメンダと同種に属する。

ゼンデーヴェの場合に問題となるのは企業遂行者の失敗という危険をどう負担させるかである。実例として、損失を生じた場合には企業遂行者は出資者に出資金を補償しなければならないというかたちで、企業遂行者のみに危険を負担させている場合がある。企業意欲のある者は資本がなくても他人の出資によって事業が遂行でき、出資者は危険を負担しなくてもすむので便利な方法だったと思われる。

第三は登記簿ではただ単に「会社」とされているもので、特定の呼称で呼ばれてはいなかった形態である。これは全員出資、全員業務執行という形態で、前二例に比べて登記例は少ない。一三一六年の実例を示せば次の通りである。「AとBは八〇〇リューベク・マルク銀をもって会社を設立し、それにより両名は新開地の経営権を購入し、そこから上がる収入は両名で折半する」。この実例ではAとBは親族関係にはない。出資と業務執行が完全に一致している点で合名会社と共通している。しかし、この例に見られるように必ずしも家族企業にのみ利用されたわけではない。

第三種の会社で問題となるのは出資財産の帰属である。前述の例ではA、B各々の出資額は記されておらず、単に両名の出資合計が示されているのみである。前例は土地経営に関するものだから簡単に解散というわけにはゆかなかったであろう。共同所有という可能性は一応考えられる。分割が好ましくない財産を共同所有にすることは相続財産の場合によく見られるが、リューベクにもその例はあった。一三三七年に登記された真正会社の例では、Aが二〇マルク、Bが自己と母親と兄弟たちの名で四〇マルクを出資しており、この四〇マルクは家族の共同所有にかかる。

船舶共有組合

古くから否応なく資本結合によらざるをえなかったのは海運業である。多少とも大きな船になると一人の資力では到底建造も運営もできないからである。それには海難に際しての巨大な損失を分散させるという効果もあった。だから随分と古くから行われたらしく、本書の「概観」で紹介した聖ゴドリック伝にも「船舶持分」が出てきている。中世にひろく利用されたのは船舶共有組合で、それは一隻の船舶を複数人の出資によって建造し、出資の割合に応じて当該船舶を観念的に分割してこれを「持分」とし、航海から生ずる利益を持分の大きさに応じて配分する仕組みである。出資者の人数は最高で八ないし一〇人、持分は二分の一、四分の一、八分の一という単位から成るのが通例であった。

いったいに船主と船舶・航海との関係は時代によって変化している。原始的な時代にあっては船主は同時に船長であった。現代では船主は商人であって自ら船に乗り込むわけではなく、陸上から船に指令を出すだけである。ハンザ時代はその中間に当たり、船舶持分所有者の一人が船長になって海に乗り出すというのが原則であった。船長自身が資本家だから、船長に対する報酬がないのも当然である。全員出資、一人のみ業務執行だから真正会社と本質を共通にしている。ただ、概して船長の持分は他の出資者のそれより大きいから、企業の所有と経営の制度的分離という株式会社的性格の一つには欠けていた。

しかし、船舶持分はいくつかの点で株式に近い性質を有している。持分は二分の一を基礎として分割されるのが通例だから等額株式に近い。しかも相続によってさらに分割されたから、数え方の方向は違うが事実上の株式といってもよいであろう。表5－2は出資状況と出資者の死亡と相続による持分の分割を示している。さらに、船長の能力だけは問題だが、ほかの出資者の商業経験の有無はどうでもよく、要するに資本が集まりさえすればよいのだから、出資者の個性は問題にならない。だから、出資者が互いに知り合っている必要もなく、表5－2に見られるように異なる都市の市民が出資することも可能になる。またそれでこそ危険の分散という目的を達成することができる。さらに、航海の利益が多ければ船舶持分を増やすことも可能で、投機的欲求を充たすにも便利である。このように、船舶共有組合は物的会社としての性格が強く、船舶持分は株式に近かった。表5－3は一五世紀の実例であるが、前項で説明した諸会社よりも物的な資本結合という性格がずっと強くなっている。

その結果、船舶共有組合は広く普及していた。一個人が数隻を単独所有する

表5-2　船舶共有組合の実例（14世紀末）

持　分	持分所有者	相　続
1／2	船長	3人に各1／6
1／4	ヴィスビ市民	
1／4	シュテッティン市民	
計　1		

表5-3　船舶共有組合の実例（1433年）

持分所有者	持　分	計	
A（船長）	1/ 4		1
B	1/ 8		
C	1/ 4 + 1/16	5/16	
D	1/16	5/16	
E	1/16		
F	1/16		
G	1/16		
H	1/16		

という例——現代の船主と同じ例——は皆無に近いほどであった。単独（完全）所有の例はドイツ騎士団で例外的に見られるが、それとてきわめて稀で、大部分は持分所有だったのである。だからまったくのお傭い船長というのも皆無に近かった。たまたま船長が死亡した場合には、出資者のなかから誰を後任船長とするかを決めるまでのつなぎにお傭い船長が利用されただけである。もっともここでもドイツ騎士団が例外で、その単独所有にかかる船の場合には、船長はお傭い船長以外ではありえない。ではなぜ、船長も出資者でなければならなかったのであろうか。

この点を理解するためには当時の技術的限界を考慮しなければならない。当時は通信がまったく発達していなかった。そこで航海中の船長には絶大な権限があった反面、その責任もきわめて重かった。事故あるいは船長の不法行為に際して船長の財産によりいく分なりとも損害賠償が可能でなければならなかった。当時の船長の重い責任を引き受ける資格は無資産の者にはなかったのである。通信によって陸上から航行中の船舶に自由に指令を発することができる現在、船長の権限と責任が縮小されたのは当然である。

船舶持分制は不特定出資者の資本結合に便利であるとともに、リスク分散にもきわめて有利で、海上保険未発達のハンザ圏では特に重要であった。一人の出資者が少額持分ずつ数隻の船にわたって投資するのが一般であった。やがてはハンザ商人と非ハンザ商人、たとえばオランダ人、イングランド人とが同一船舶に対して持分を所有し合う例が増加した。しかし、商業独占をねらうハンザは一五世紀以降、非ハンザ商人との船舶共有を禁じた。このような点にも最盛期以後のハンザの守旧性が見られる。ハンザ圏のうち、取扱商品の関係から東方都市、特にダンツィヒの船舶は大型で船舶共有組合も利用度が高かった。

銀行・保険業の未発達

ハンザの商業活動は堅実である反面、信用経済を発達させようとする大胆さに欠けるところがあった。その結果、南方の地中海貿易で発達した銀行・保険業はハンザ圏ではほとんど発達せず、この点でも両者は対照的である。

一般にハンザ商人は信用取引を嫌い、現金または現物による即時決済を原則とした。一三世紀末のノヴゴロド商館規約にはロシア人から商品を掛買することを罰則まで設けて禁じている条項がある。このような措置は東方の後進性によるものではなく、ハンザ自体の性格によるものであった。一五世紀には信用売買禁止はハンザ商業の一般原則にまでなったが、その推進力となったのはリューベクの有力商人層であった。ハンザ総会で議決された禁止令によれば、信用売買により負債を抱えやすいこと、現金買いでない場合には法外に高い価格で買わされることなどが理由とされている。しかし、そのような物質的理由だけではなく、モラル感覚も関係していた。一四六二年にロンドンのハンザ商人が信用取引の弊害を訴えた書状では、ハンザ商人の品位を保つことが信用取引排斥の動機として言及されている。

だから銀行業は育たなかった。一五世紀リューベクの有力商人ハインリヒ・カストルプが銀行設

表5-4　リューベク商人ヴェキンクフーゼン家の掛買と決済

	金額（マルク）	決済までの期間
A	197	5ヵ月
B	266	3ヵ月
C	264	7ヵ月
D	49	3ヵ月
E	306	6ヵ月
F	153	6ヵ月
G	131	4ヵ月
H	432	8ヵ月
I	217	10ヵ月
J	198	9ヵ月
K	330	10ヵ月
L	424	10ヵ月

立を試みたが、成功せず一時のあだ花に終わってしまった。イタリアのメディチ銀行がリューベクに進出しようとしたが、これも大した結果にはならなかった。中世を通じてハンザ貿易とイタリア貿易の直接関係が意外なほど乏しかったのも、両者の性格が商品の面だけでなく商活動の態様の点でもあまりにも正反対であったからかと思われる。ただ、ライン地方、特にケルンではイタリア商人がかなりの活動を展開させていた。しかしこれは、何事につけ例外的ハンザ都市であるケルンがこの点でも例外性を示しただけのことである。

　銀行業が発達しなければ保険業も当然発達しない。この点を考えれば、ハンザ圏で船舶共有組合が危険分散手段としていかに重要であったかが察せられる。しかし、保険に代わる手段は結局は商人自らの慎重さと努力であった。船舶建造は堅牢を旨とし、港湾設備を充実させることなどによって事故を可能なかぎり予防した。そうして航海や陸路を安全にすることは都市の最も重大な任務であった。

　けれども現実には信用取引をまったく排除することは不可能であり、当然ハンザ商人の間でもある程度の掛売買はあった。表５－４は一五世紀リューベク豪商の掛買とその決済期間を示しているが、いずれも決済期間一年未満とはいえ現金即時支払いにはなっていなかった。しかし、取引ごとに決済期間がまちまちであることや、金額の多寡と決済期間との間に相関性が乏しいことは、信用取引に関する商慣習が発達していなかったことを暗示している。信用取引禁止は明らかに経済進展に逆行する措置であり、到底禁圧はできなかったが、禁止という大前提があるため発達には限界があった。

ハンザ貿易は特権貿易であり、特権独占と排他主義とが基礎になっていた。だからハンザ商人が非ハンザ商人に借りを作ることは特権維持の上から好ましいことではなかった。信用取引禁止がハンザ衰退期である一五世紀に強化されたことは偶然ではない。中世的特権貿易の近代化に対する抵抗の現れである。

ハンザ都市市民の土地所有も銀行業の未発達と関連がある。都市市民の土地所有は中世史研究上好まれるテーマであるが、それが著しいのは南ドイツ都市であって、ハンザ都市の場合は一般的傾向がここでも見られたという程度に過ぎない。ただ、ハンザ都市にあって土地投資は遊休資本の保存のために銀行に代わる役割を演じたという特殊性を帯びていたのである。

5　中世ハンザ都市リューベクの完成

神聖ローマ皇帝カール四世

ここで対デンマーク戦争の勝利に意気揚々たる頃のリューベクに立ち帰ろう。当時の神聖ローマ皇帝は歴代皇帝のなかでも特異な人物として名高いカール四世であった。歴代皇帝のなかで彼だけがリューベクと積極的関係を持ったというのはまことに象徴的である。それにも彼の特異な個性がやはり関係していたのである。それまでの皇帝と異なりカール四世がにわかに北方に関心を示したのは、ハンザの台頭に注目したからにほかならない。しかしその時の彼にどのような政策と計算があったかは明らかではない。一つ考えられるのは彼独特の経済政策である。

カールは帝国問題と真剣に取り組んだが、決して武力に頼ることなく、経済政策に意を用いた。財力を政治の手段とした点で従来に例を見ない君主だったといわれ、後世の学者から「世界経済政策」だと評されるほどの遠大な経済政策をさえ心に抱いていた。さらに、封建的支配権を大胆に金銭に替えているので「政治の資本主義化」を演じたなどといわれている。その「世界経済政策」の一環として南方と北方の貿易を結びつけ、彼の本拠であるボヘミアのプラーク（プラハ）をその結節点にしようという計画があったといわれる。もっとも今日のわれわれから見ればかなり無謀で、南北の通商路が果たしてプラークを通るかどうかすこぶる怪しいが、中世の人々の地理的知識や感覚はひどくお粗末で、ひとかどの教養人であったカール四世もそうだったという。だから南北貿易をプラークで結びつけようと考えたとしてもあながち不思議ではない。

事実、彼はデンマーク王ヴァルデマル四世と親しかった。リューベクが収める帝国税の収受権はデンマーク王に指定されていたし、ヴァルデマルもカールに会いにプラークに三度も赴いている。そこに勃発したのが一三六〇年ごろからのハンザとデンマークの戦争である。結果はデンマークの敗北に終わり、うろたえたヴァルデマルはシュトラールズントの平和交渉を家臣に一任して自らはプラークに赴き、カールに窮状を訴えた。しかし、カールの態度は冷たかった。リューベクの帝国税収受権をあきらめさせ、代償としてプラーク関税収入の一部とプラーク市内の邸館一つを与えるにとどまった。これはカールがデンマークはもはや北方の皇帝権代行者でないことを宣告したに等しかった。ヴァルデマルは失意のうちに帰国したが、これがカールとの永遠の別れとなった。

この間、一三七三年にカールのルクセンブルク家はブランデンブルク辺境領を獲得し、ハンザ勢力と隣接することになった。リューベクは以前カールのローマ巡礼への参加を拒絶するという非礼を働いたことがあるにもかかわらず、カールはにわかにリューベクに秋波を送りはじめ、一三七四年には北方における治安維持の権限は皇帝の代理であるリューベクが行使することと宣言した。リューベクが北方の貿易を我物のように規制した強気の背景はおそらくこれであろう。それどころかカールはこれまでの皇帝が誰もあえてなさなかったこと、つまりリューベクを親しく訪れて友好関係を確立することを考えたのである。

カール四世のリューベク訪問

かくていよいよカールのリューベク訪問が実現した。帝国都市リューベクを皇帝が訪れたのは、一九世紀のヴィルヘルム一世の場合を別とすれば後にも先にもこの時一回きりである。

一三七五年一〇月二〇日、皇帝カールは貴紳を従えてリューベクに入った。その時の行列もリューベク側の歓迎も豪華をきわめた。一行は皇帝・皇后のほか、帝の婿ブランデンブルク辺境伯、ケルン大司教、メークレンブルク大公、ホルシュタイン伯など多数の聖俗高位者を含んでいた。一行は市の北方に位置するブルク門から入城した。皇帝の一行を先導するのは市の鍵を携えたラート員の一人であった。一行の目的地は市の南に位置する司教座聖堂であり、行列は市を北から南に縦断したことになる。市民の歓迎は熱烈をきわめ、歓呼のうちに司教座聖堂に入った一行を待ち受けていたのは厳粛で美しい聖歌の合唱であった。

　現在のリューベク市内に市庁舎の東側を南北に走る「国王通り」という街路があり、そのまま南へ向かえば旧司教座聖堂に通じている。皇帝・皇后の宿舎にはこの街路をはさんで向かい合う二つの建物が当てられ、皇帝夫妻が自由に往き来できるようにと、街路の上方を横切る通廊が二つの建物の間に設けられた。皇帝一行がブルク門から司教座聖堂に向かう時にはたぶんこの通りを通ったのであろう。そうすると皇帝は商人教会である聖マリア教会の威容を右手に眺めつつ、しかもそこに立ち入らずに司教座聖堂に向かったと思われる。夜に入るとすべての家に灯りが吊るされ、まるで昼のような明るさであったという。

　皇帝の一行は十月三〇日まで一一日間もリューベクに滞在したが、この間リューベクにとって最も名誉ある行事は皇帝がラート会議場に臨席したことであった。皇帝は並居る有力商人に対して貴族に対する敬称をもって呼びかけたのであった。

　哀れをとどめたのはデンマーク王ヴァルデマル四世で、皇帝が宿敵の下で大歓迎を受けている最中の一〇月二四日に淋しく五五歳の生涯を閉じた。皇帝はこの折ヴァルデマルをも訪れる予定であったが、会わずに済んだのは両人のために幸いだったろう。皇帝はこの間にもヴァルデマルを「親愛なる兄弟」と呼んではいたが、それは白々しい響きを伴うだけであった。

　皇帝カール四世は次いで隣のヴィスマルをも訪れているが、皇帝のリューベク訪問はまさにハンザ史上のハイライトであり、リューベクの得意や思うべしである。しかし、絶頂は同時に衰えのはじまりでもある。皇帝カール四世の訪問はその後のリューベクに意外な結果をもたらした。接待費が高かったため新税を課して埋め合わせを図ったところ、中・下層市民が市政を牛耳る有力商人層に反抗したのである。これがその後近世に至るまでしばしば発生する中・下層市民の暴動に連なろうとは、皇帝はもとより、リューベクの有力市民層も夢想だにしなかったであろう。

中世リューベクの市制

トーマス・マンの小説『ブッデンブローク家の人びと』は一九世紀末リューベクの有力商家が没落してゆく過程を題材とした名作であるが、ブッデンブローク家の当主は「コンスル」(市長)という称号で登場する。このコンスルというのが実に中世以来の歴史を有しているのである。

リューベクに限らず中世都市の市政を担当したのは、ラートと呼ばれる一握りの有力者であった。ラート員になれる資格は商人にのみ限られ、手工業者はその資格を与えられていないことが多く、特にリューベクではそれが著しかった。リューベクではラート員となれる資格は積極的には自由身分の者で市内に家屋を有する者にあるが、種々の欠格条件があって限られた者だけの特権に等しかった。母親が不自由身分の者、領主に対し封建的隷属関係にある者にはこの資格がなく、そうして何よりも手工業を営む者にはラート員となる資格がなかった。資産状態ももちろん問題だったたからラート資格のある市民というのは市政を独占する少数の商人貴族というに等しかった。手工業者を市政から排除するという市法は実に一九世紀半ばまで存続したのであって、『ブッデンブローク家の人びと』のなかにもそのような事情が反映されている。ラート資格のある市民はいずれも市内の土地を所有する有力者たちであるところから、建設当時の事業を請け負った人々、つまり建設企業者団体員の子孫ではないかという説をレーリヒが唱えて学界に大きな波紋を投じたことはすでに述べたが、今のところラート市民の起源は明らかでない。

中世都市は領主権力との関係から見ると自主独立の精神にみなぎっているが、内部的に見ればやはり身分制社会であった。それが徹底すると世襲的・排他的な都市貴族層が成立し、これを史学上「門閥」と呼んでいる。中世都市はどれも必ず「門閥」支配的傾向を見せたが、その度合いとなると、都市によって差がある。リューベクもその度合いがかなり高いほうだったと思われるが、成功した商人ならば仲間入りができ、絶えず外部から新しい要素をとり入れたから、封鎖的・自己完結的な門閥層は存在しなかった。この点ではケルンのほうが徹底しており、そこでは封鎖性の強い門閥層が成立していた。

リューベク市庁舎

ラート資格のある者のなかからラートが選出され、ラートの地位はのちには終身となった。そのなかの何人かが市長（市長は複数で存在する）となった。ラートの人数も市長の人数も時代により一定していない。概略的にいえばラートは二〇ないし三〇名、市長は四名というところである。欠員ができればラート資格のある市民グループからのみ補充されるので、これを自己補充の原則という。これらの人々はこのような市制はハインリヒ獅子公から授かった制度だと主張し続けた。正確なところは不明であり、獅子公制定のラート選挙規程という史料があるが偽作である。面白いことに近代小説『ブッデンブローク家の人びと』のなかには中世の市制と共通する場面がある。リューベクはこと市制に関するかぎり頑固に旧態を守り続けたからである。たとえば一族のなかから一人ラートが出ればその一族中の近親がラートの席を占めることは許されなかったが、同じ事情が小説にも出てくる。

ツィルケル団

内部での身分制意識がひどく強かったことは中世都市の性格を知る上で忘れてはならない特色である。やがてリューベクではラート有資格市民層中のそのまた上層が別個のグループを形成するに至った。一三七九年に設立されたツィルケル団というのがそれで、「ツィルケル」というのは三位一体を象徴する環で、それを記章としたためにこの名がある。それはこの団体が同時に宗教団体の性格をも有していたことを示しているが、宗教と日常生活とが密着していた当時にはありふれた現象である。

この団体の構成員は当然有力商人に限られ、彼らは商業で成した財産により土地を購入した人々でもあった。リューベクでは商人支配が徹底していたとはいうものの、要は手工業者ではないという点が決め手なのであって、生活の基盤が商業収入であろうと、土地からの収入であろうとそれは構わなかった。彼らは生活の点でも意識の点でも、また周囲から受ける扱いの点でも貴族と事実上同じであった。ツィルケル団はやっと一七世紀になってから皇帝により貴族として正式に認められたが、それは慣習法の確認に過ぎなかったと思われる。ラートの多くももちろんこのグループによって占められた。一四一六年から一五三〇年へかけての一三六名のラート中、四九名、つまり三六%はツィルケル団に属する人々であった。

しかし、その反面、外部から常に新しい人々を受容する点では積極的で、出身地にはこだわらなかった。事実、ラート員中他所《よそ》者の占める割合がかなり高かったのである。身分意識が強かった点では市民も所詮は封建社会の人々であったが、さすがは元来が封建領主制的土地束縛（移動の制限）を突き破った人たちだけのことはあった。

やはりケルンではこの種の団体成立がリューベクより二〇〇年も早く、一二世紀末には「富裕者団」という露骨な名前の門閥グループが成立していた。彼らはケルンの市政を完全に独占し、一四世紀には市民暴動の排撃により二度も解散を余儀なくされながら、いつもたくましく復活している。その利己主義のために市民の間での評判は悪かったし、事実、ハンザの政策をめぐって常にリューベクを困らせたのはこの連中である。

リューベクの人口動態

ところで、リューベクは人口規模からいうとどのくらいの都市だったのであろうか。現在でこそ二一万余の人口を擁する一応の中都市で、造船業など重工業を有するが、それはもとより拡大発展した今日の話で、トラーヴェ・ヴァーケニッツ両河にかこまれた旧市域内に多くの人口があったはずはない。中世都市の人口を推計するのは非常に困難で、リューベクの人口もほとんど不明である。数多い中世の年代記はこういう時にはまったく信用できないもので、ある年代記はペストの大流行によりリューベク市民九万が死んだと伝えているが、それは今日推計されている人口の何倍にも当たるという馬鹿げた数字である。中世末期になるとやっと推計が可能となるが、それによれば二万数千というところである。

中世に二万の人口を算する都市は大都市の部類に入る。なにしろ人口数千という都市が中世にはざらにあったからである。中世ドイツ最大都市はケルンで一五〇〇年頃に四万と見積もられている。

表5-5　中世ハンザ都市の人口推計

<table>
<tr><th>都　市　名</th><th>人　口</th><th>時　期</th></tr>
<tr><td>ケルン</td><td>4万近く</td><td>1500年頃</td></tr>
<tr><td>リューベク</td><td>2万数千</td><td>中世末</td></tr>
<tr><td>ハンブルク</td><td>1万4～5千</td><td>1500年頃</td></tr>
<tr><td>ダンツィヒ</td><td>1万数千</td><td>14世紀末</td></tr>
<tr><td>ブレーメン</td><td>1万1～2千</td><td>14世紀中頃</td></tr>
<tr><td>シュトラールズント</td><td>1万余</td><td></td></tr>
<tr><td>ロストク</td><td>1万余</td><td></td></tr>
<tr><td>エルビング</td><td>1万</td><td></td></tr>
<tr><td>(フランクフルト・アム・マイン)</td><td>(8千)</td><td>14世紀末</td></tr>
<tr><td>リーガ</td><td rowspan="3">6～8千</td><td></td></tr>
<tr><td>ヴィスマル</td><td></td></tr>
<tr><td>トールン</td><td></td></tr>
<tr><td>レーヴァル</td><td rowspan="3">6～7千</td><td></td></tr>
<tr><td>ストックホルム</td><td>15世紀前半</td></tr>
<tr><td>グライフスヴァルト</td><td></td></tr>
<tr><td>ドルパト</td><td>5千未満</td><td></td></tr>
</table>

注：(　) 内は非ハンザ都市

ケルンの特色の一つは人口的首位を歴史を通じてほぼ保っていることで、今日でもほぼ一〇〇万という巨大な人口を擁し、ドイツの大都市五指の中に入る。中世ドイツではプラーク(当時は帝国内)、ヴィーン、ニュルンベルクがたぶん二万かそれ以上であった。だからリューベクは中世ドイツ都市中、二位ないし三位の大都市であった。現在一七〇余万の大人口を擁するドイツ第二位の都市ハンブルクは、中世においてはリューベクよりも小さかった。それでも一五〇〇年頃で一万四、五千と推定されているから、当時としてはかなりの有力都市であった。ハンザ都市若干の推定人口を表5－5に掲げた。参考のため非ハンザ都市ではあるが、今日六七万の大人口を擁するドイツの金融・交通の中心地フランクフルトの人口を掲げた。この都市でさえ当時は一万を割っていたのである。

表5-6　14世紀リューベク新住民流入

年	受容数	年	受容数	年	受容数
1340	177	1346	164	1352	254
1341	174	1347	181	1353	209
1342	109	1348	165	1354	236
1343	76	1349	158	1355	206
1344	114	1350	271		
1345	114	1351	422		

建設当時はもちろん、その後も外部から人々を移住させて人口を保たねばならなかった。表はリューベクが絶えず新しい市住民を受け入れていたことを示している。リューベク市法が新来住者の家族同伴を前提としているから、この数字を何倍か——通常五倍——したものが実数になる。

先にラート員のなかに他の都市出身者が多かったことを指摘し、さらに本書のずっと前の方で周辺からの流入者が当初から多かったことを示した。周辺からの流入者は大部分が農村から移住してきた者のはずである。つまり、他都市からはるばる移住してきた者には上層・中層市民が多く、リューベク市の下層民は主として周辺農村からの移住者によって補充されたと推測できる。

黒死病大流行とリューベク

先の表5－6で一三五〇、一三五一年の移入者数が異常に多く、以後の移入者数が以前より多くなっていることに気づかれたことと思う。これは例のペスト（黒死病）大流行の波が一三五〇年にハンザ圏を襲った結果なのである。

今日のわれわれならば、都市と農村とどちらが衛生的かと尋ねられれば、大抵の人は都市だと答えるのではなかろうか。田舎だとトイレは水洗とは限らないし、蝿もいれば下手をすると蚤《のみ》にやられる。ところが中世ヨーロッパでは話は逆で、都市は田舎よりも衛生状態の悪い所であった。中世からかなりの近世に至るまでヨーロッパ史に暗い陰を投げかけているペストの流行に襲われると、農村よりも都市のほうが悲惨であった。中世から一八世紀に至るまで都市では出生率よりも死亡率のほうが大きく、一九世紀になってやっと逆転したというのは驚くべきことだが、社会経済史学では常識である。

ペスト流行は当時日常茶飯事であったが、一三五〇年の大流行は範囲の広さと被害の深刻さで史上群を抜いていた。リューベクの被害はハンブルク、ブレーメンよりは小さかったようだが、それでも三〇人のラート員のうち一一人が死亡しているから、全人口の三分の一が失われたのかもしれない。ペストは貴賤の別なく人命を奪い、当時の年代記はリューベクで富豪の多くが死亡していったことを特記している。だからこそ一三五一年に大量の移入民を受け入れて人口回復を図らねばならなかったのである。仮にこの時リューベクの人口の三分の一、つまり六千から七千が失われたとして、表5－6の数字を五倍して計算すると、それでも数年にして旧水準を取り戻した勘定になる。一三六〇年代の対デンマーク戦争はちょうど人口水準が旧に復した

「死者の舞踏」の一部（リューベク・聖マリア教会壁画）。原画は戦災で焼失

直後に勃発していることになる。これは周辺農村では都市ほどの被害がなく、都市に人々を送りこむ余力が常にあったからこそ可能であった。

ペスト大流行は人々の心に大きな傷跡を残したと思われる。中世末期の人々がひどく死を問題とするようになったのもこれが影響しているであろう。その頃の画題に「死者の舞踏」というのがある。貴族・豪商・高位聖職者が華麗な装をしている背後に不気味な死が容赦なく迫っているという図である。それはまさしくペストの体験を表現したものであろう。リューベクの聖マリア教会の北壁面を飾っていた「死者の舞踏」はハンザ圏美術の代表として名高い絵画であった。その傍ら、主祭壇近くの小オルガン、つまり日常の礼拝に使用されたオルガンは一四世紀にまで遡る銘器で、「死者の舞踏のオルガン」という名で呼ばれるようになった。この壁画を横手に見ながら小オルガンの荘重な響きを聞く時、人々の信仰心はいやが上にも深まったことであろう。惜しいことに第二次世界大戦の戦災で「死者の舞踏」も小オルガンも失われた。ただし、絵の模写は残っている。また、復旧した聖マリア教会の元の位置に小オルガンが旧時の構造で復元されているが、外観には幾分の相違がある。

中産市民都市としてのリューベク

有力商人によって市政が独占されていたリューベクが、それでは貧富の格差が大きな都市であったかといえば、決してそうではなかった。市民の財産状態は比較的良好で、中産層が中世都市としては厚かった。だから政治的には有力商人による寡頭体制ではあったが、経済的・社会的には中産市民都市だったというのが中世リューベクの実情である。これはほかの若干の北方ハンザ都市についてもあてはまることで、この点で南ドイツ都市、たとえばアウクスブルクと対照的だといわれている。

この問題に関しては故フォン・ブラントの優れた研究がある。彼は一四世紀後半のリューベクについて富裕な商人層から市民権を持たない労働者階級に至るまでの四段階を区分して、それを表5－7のように示している。

次いで、幸いに比較的良く残存している一五世紀中頃の租税台帳から、課税対象財産額を四段階に分けてその割合を表5－8のように示している。もとより、この種の史料にも不備はつきもので、特に租税台帳については次のような問題点がある。リューベクでは上層市民の各々の納税額は公開しないという慣行があったので最高と最低の開きはわからない。第二にこの税が財産税なのか収入税なのかが不明であるから、これが直ちに財産状態を反映しているとは断定できない。第三にこの数字は納税予定額であって、未納者の存在が知られているから実情そのままの数字ではない。しかし、ほかに史料がない以上、これからリューベク市民の財産状態を分析したフォン・ブラントの研究に依拠するほかはない。

以上の二表から、中世のリューベクでは中産層が比較的多く、財産格差は大きくないことが推測できる。この点は南ドイツのアウクスブルクと比較した場合に一目瞭然となる。表5－9は一五世紀後半におけるアウクスブルク市民間の財産分布を示しているが、無産層が全市民中の六割余りを占めている。これに比べればリューベクは中産市民の都市だといわねばな

表5-7　14世紀後半リューベク市民の財産状況

階　層	概　数	総人口に対する百分比
Ⅰ	850	15.40%
Ⅱ	400	7.30%
Ⅲ （うち手工業者）	1,950	35.40% （24.5%）
Ⅳ	3,300	41.80%

表5-8　1460年リューベックの税金統計

階　層	平均被課税財産	納税人口中の割合
Ⅰ	1,000リューベク・マルク	18%
Ⅱ	461リューベク・マルク	30%
Ⅲ	114リューベク・マルク	38%
Ⅳ	16リューベク・マルク	14%

表5-9　1475年のアウクスブルク市民の財政状況

財産額（リューベク・マルク）	構成比
10,000～20,000	0.5%
5,000～10,000	1.0%
3,000～5,000	2.0%
2,000～3,000	
1,200～2,000	3.5%
600～1,200	
150～600	6.0%
～150	21.0%
0	66.0%

るまい。しかも、リューベックでは富裕者（表5－7）の納税額は全納税額の五〇％余りを占めていた（表5－7のⅠと表5－8のⅠとは対応していない）。比較的有力な商人だけで市財政の過半を負担していたのだから、リューベクの支配者層は支配者としての責任は果たしていたというべきであろう。

　このように中世のリューベックは有力商人の寡頭支配下にあるとともに、中産層の厚い都市であり、このために時折の市民暴動を経験しながらも安定した体制を保ったのであった。またこの社会的安定がなければハンザ全体のために雄大な外交を展開させることは不可能であったろう。

6　ゴシック都市リューベックの完成

リューベック司教の地位

ドイツのライン・ドナウ流域地方をも含めて、西欧の主な都市には昔は司教や大司教がいて絶大な権力を誇っていた。そうして司教・大司教の教会は大聖堂《ドーム》（またはミュンスター、フランスではカテドラル）といわれ、今でもそれらの都市の中心あるいは最大の名所となっている例が多い。リューベクにも市の南方に大聖堂があって、皇帝カール四世が入市後一番はじめに訪れた教会であり、建物の大きさからいっても次に述べる聖マリア教会にさほど劣らない。しかるにリューベクで最も有名な中心教会は大聖堂ではなく、聖マリア教会という商人教会である。しかも宗教改革以後リューベクは新教になったから、現在残る大聖堂というのは名前だけである。現在のリューベクのカトリック教会は大聖堂とは別に小さいのがあるだけである。中心教会として市全体を睥睨《へいげい》しているのが大聖堂でなく商人教会だということは、リューベクの性格を知る上で大切である。

ローマ時代以来の背景を持つ西方都市で司教の力が強かったのは次のような事情による。ローマ帝国崩壊後、久しい間ヨーロッパは無政府状態に近かったが、その間都市を細々ながら維持してくれたのは司教であった。というのも世俗権力者が概して居所を転々として都市とは関係が薄かったのに対し、司教は都市定住を原則としたからである。だから、中世の自治都市の母胎を維持したのは司教の大きな功績であった。その代わり、司教は都市内で絶大な権力を揮った。そこで一二世紀以後これらの都市では実力を自覚した市民が市民共同体を結成して司教権力に反抗し、自治を獲得したのである。司教と血みどろの戦いを演じたケルンはその好例である。

ところがリューベクは出発点からケルンなどとは性格を異にしていた。リューベクは古代文化の背景を欠く新開地に商業を目的として一二世紀に建設された歴史の浅い都市である。だから、ここには保護者あるいは支配者としての司教は存在しなかった。東方でもたとえばマクデブルクのように東方伝道の根拠地として建設された都市やブレーメンなどでは司教がはじめから存在し、強い力を持ったけれども、リューベクは当初から純然たる商業都市として建設された。つまり、はじめのうちはリューベクは司教とは無関係だったのである。

当時この方面にはリューベク北方のオルデンブルク（オルデンブルクという地名は二つあって、今日ではブレーメン西方のオルデンブルクのほうが大きく名高い）に司教が置かれていた。それが建設直後のリューベクに移転してきたのである。これでは話はあべこべで、リューベクの司教が大きな顔をできなかったのも当たり前である。リューベクもほどなく司教を迎えはしたものの、教会権力との関係はケルンなどとはまるで異なったものであった。すでにリューベク建設の章で述べたように、同市建設者ハインリヒ獅子公がリューベク市内に教会勢力を置かせなかったことも決定的である。

もとより司教は全市民の魂の世界を掌握すべき立場にある。それはえてして俗の支配とも絡みやすいので、リューベクでも当初は市民と司教との間に対立はあった。しかしここでは市民共同体は司教より先に存在しているのだから、司教の力は弱く、両者の対立はケルンの場合のような深刻なものにはならなかった。それどころか市の中心教会の地位にのし上がったのは聖マリア教会という商人教会であった。

リューベクの聖マリア教会

現在リューベク市の中心となっているのは市庁舎とその前の市場広場、それに市庁舎のすぐ北側に接する聖マリア教会である。ハインリヒ獅子公による建設の時にここが新都市の中心として選ばれたのである。市庁舎や市場広場の役割は容易にわかるから、ここでは聖マリア教会について説明しよう。というのも、この教会は市政上重要な役割を演じていたからである。

リューベク市建設直後、ここには木造の礼拝所があったが、一二〇〇年頃煉瓦造りの教会に代えられた。一二五一年に大火があり、それによる破壊がひどかったので、一二六〇年代に入ってからゴシック様式による煉瓦造りの教会建設が開始され、一四世紀中頃に大体今日の形態を整えた。北ドイツは石材に恵まれないので主として煉瓦が利用され、教会、市庁舎、市門、その他の各種建造物は煉瓦で造られた。建設当時から市民の教会となったのがこの聖マリア教会である。

同教会もはじめのうちは一応司教の支配下にあったが、それは多分に名目的で、やがて一三世紀末に司教から完全に独立した。同教会の聖職者は都市が自主的に任命し、司教は単にこれを認証するだけとなった。同教会の維持と管理の権限も全面的に市民に委ねられたのである。このような教会が商人教会で、ハンザ圏のあちこちで見られた。リューベク市の有力商家は皆ここに礼拝の場を有したから、門閥層の一体性を象徴する場所でもあった。司教から独立的なこの教会は反面では市民生活と不可分の関係にあった。そこは商人の集会所であり、重要書類の作成や保管の場所でもあった。同教会には今でも「文書の礼拝所」があるが、それはこの名残である。リューベクの古くからの文書類は一九三九年までこの教会に保管されていたのである。

リューベクの聖マリア教会

同時に聖マリア教会は市政機関の一つとして重要であった。リューベク市当局の重大な政策決定はこの教会の門に貼り出されたのである。ラートの会議でもいったんはこの教会に参集した後、市庁舎に赴くという二重の手間がとられた。この二重の手間は礼拝的な意味を持つだけでなく、一つの法的制度でさえあった。一四〇八年、ラートに対する叛乱が発生し、反対分子が新ラートを結成し市庁舎にたてこもった時の話に次のようなことが伝えられている。旧ラート側か聖マリア教会で参集しないかぎり相手として認めないという態度を示したので、叛乱者側はやむなく聖マリア教会に移り、それから改めて市庁舎に入った。つまり、同教会にまず集まるという手続きを経なければ合法性が得られなかったのである。だから同教会はしばしばラート教会と呼ばれている。

聖マリア教会の内部

皇帝カール四世がリューベックを訪問した時、いの一番に訪れたのは、やはり格式のある司教座大聖堂であって、この商人教会ではなかった。皇帝が滞在中に市庁舎を訪れたことは確かであるが、聖マリア教会に足を踏み入れたかどうかは知らない。しかし、その頃聖マリア教会はほぼ今日の姿を整えていたから、皇帝は大聖堂へと向かう途中、右手に同教会の威容を仰ぎ見たはずである。そうして、リューベック市民の力強さに改めて想いをいたしたことであろう。

近世以後の聖マリア教会

その反面、ラートと同教会の一体化は近世に入ると進歩の障害となった。リューベックは商業都市でありながら、新興市民の精神に支えられたカルヴァン派に対してひどく不寛容であり、排他的であった。このような頑迷さのためにリューベックの地位は近世以後低下せざるをえなかったのである。それはラートとルター派の聖マリア教会（宗教改革によりルター派となる）とがあまりに堅く結びついているために、他の宗派の者がいかに富裕であっても市政に参加できなかったからである。やっと一八一六年にカルヴァン派の人がはじめてラート員に選ばれたが、その年はラートと同教会の一体化が破られたという意味で、リューベク史上の時代区分点なのである。

聖マリア教会を名高くしているのは一八世紀前半の音楽家大バッハの逸話である。一七世紀以来、この教会のオルガニストにディートリヒ・ブクステフーデという人が就任しており、当時その名人芸はあまねくドイツで有名であった。一七〇五年のクリスマスに、当時二十歳の青年バッハは彼の名声を慕い、一ヵ月の休暇を得て中部ドイツからはるばるリューベクに旅立った。楽聖とはいわれながら意外に感激的場面の少ないバッハの生涯のなかで、このことだけは無条件に感激させられる。バッハはリューベクでの感動があまりにも大きかったために休暇期間を勝手に延長してしまった。今ならば長距離電話で簡単に勤め先の許可を願うことができるが、当時はそうはゆかなかった。この結果、彼は好学心があだとなって当時のオルガニストの職務を追われる羽目となった。ブクステフーデから娘を貰ってくれるならば後継者にしてやると申し出られた――バッハには将来を約束していた女性がいたのでこの話は実現しなかった――ほどだから、何回となく聖マリア教会に足を運んで神聖な気分に浸ったことであろう。

この由緒深い教会も一九四二年三月、第二次大戦中の爆撃によって完全に破壊されてしまった。名画「死者の舞踏」もこの時焼失した。現在の教会は戦後の復元である。外見は元通りだが、内部は被災前とはかなり異なっている。

ヴェネツィア聖マルコ教会との比較

南方貿易圏の商業都市として有名なのはイタリアのヴェネツィアである。だからこの都市とリューベクを種々の角度から比較するのは興味深いことである。ヴェネツィアの中心をなすのは聖マルコ教会とその前に拡がる広場である。聖マルコ教会のすぐ右隣りには市庁舎にあたる統領宮殿がある。つまり、聖マルコ教会は商人権力の頂点である統領の教会であって大司教は別の教会を有していた。この点はさすが商業都市だけあって、リューベクと共通している。

しかし、その点が共通しているのは重要ではあるものの、両教会は互いに何と異なっていることであろうか。聖マリアが北方ゴシック様式、聖マルコがビザンツ様式という相違もさることながら、両教会のなかにみなぎる精神がまるで違う。それは北方貿易と南方貿易の相違を視覚と感覚で明らかにするといってよい。

聖マルコ教会の正面に美事なブロンズ製の馬が四頭飾ってある。これは第四回十字軍の時にコンスタンティノープルから奪いとってきた略奪品である。この第四回十字軍というのが悪名高い事件で、この時ヴェネツィアは十字軍を操縦してビザンツ帝国を攻撃させたのである。ヴェネツィアのやり口は多分に奸知にたけたもので、ハンザ商人のように実直で堅実な行き方ではなかった。聖マルコ教会の妖艶な華麗さは奸策と略奪の結果である。これに比べるとリューベクの聖マリア教会は質素であり、一抹の淋しさをたたえながらもしっとりとした落ち着きを見せている。これはそのままハンザ商人の気風を表現している。そこに納められた財宝にしても、有力商人が地道な努力によって貯えた財産によって寄進したものである。

リューベクとヴェネツィアを比べると驚くほどの共通点と相違点の両方があって、比較する者を戸惑わせる。ヴェネツィアも多分に中継貿易に立脚している点でリューベクと共通するが、ヴェネツィア大司教が世俗政治から閉め出されていた点、商人貴族の寡頭支配が行われたという点、しか

聖マルコ教会のブロンズ彫刻

聖マルコ教会(ヴェネツィア)。右は統領宮殿

もそれでいて他のイタリア都市国家のように単一家系の独裁にはならなかった点などリューベックと類似している。また、商業に専心するのあまりであったからであろうか、両市とも大学を設立しなかった点まで申し合わせたように共通している（ただし、ヴェネツィアには近代に入って大学ができている）。

しかし、聖マルコと聖マリア両教会に象徴されるような相違もきわだっている。何よりも大きな相違は政治・軍事との関係であろう。リューベックと異なりヴェネツィアは皇帝・教皇などを相手取った大々的国際政治を展開させた。皮肉なことにリューベックを顧みなかったドイツ皇帝はヴェネツィアには大いに関心を寄せた。ドイツ皇帝はカール四世の時にただ一度だけリューベックを訪問したに過ぎないのに、ヴェネツィアは数度にわたって訪れている。それのみかヴェネツィアの統領の子女のために名づけ親にさえなったこともある。ヴェネツィアのアドリア海覇権の背景にはやはりドイツ皇帝との友好関係があったと思われる。いずれにせよ、ドイツ皇帝がリューベックを放置し、ヴェネツィアには関心を寄せたという事実は、中世ドイツ史を理解するうえで忘れてはならない事柄である。

政治に深く関わったヴェネツィアは同時に軍事的膨張性をも有していた点でリューベックとは正反対であった。ヴェネツィアは北イタリアからアドリア海岸を経てクレタ、キプロスにまで領土を拡大していた。これに反してハンザ諸都市はシュトラールズント条約という輝かしい勝利を収めたにもかかわらず、一片の領土たりとも要求せず、獲得もしていないのである。

ゴシック都市リューベクの完成

聖マリア教会と前後してリューベクには次々と公共建造物が造営された。市庁舎の建造時期も聖マリア教会とほぼ同じ頃であり、たびたび手が加えられて今日の形状を整えた。一部は戦災による破壊を蒙ったが、旧時の姿で復旧している。市庁舎のほか、中世の遺構として貴重なものに聖霊救護院がある。一三世紀末にリューベクの有力商人が設立した、貧者・病人の収容施設で、幸いにして戦災を免れた。今日なら国家事業である社会救済施設は中世においては個々の教会・都市・富豪によって設立され、中世ヨーロッパにはこの種の施設が数々あった。有名なのは一六世紀にフッガー家がアウクスブルクに設立したものであるが、リューベクの救護院のほうがずっと古い。中世を通じて身寄りのない者に宿を提供していたが、さすがにペスト患者だけはお断わりで、市の外辺に設けられた疫病小屋に収容された。宗教改革以後は養老院となり、今日でもその機能を保っている。

聖霊救護院の近くにある聖ヤコビ教会も中世リューベクを偲ばせる重要な教会で、幸運にも爆撃による破壊を免れた。聖マリアが有力商人の教会ならば、こちらは船主の教会である。船舶共有組合の項で述べたように、船主といえども時には船長として海に乗り出した。海洋の危険を考えれば船主教会としての聖ヤコビの意義が理解できる。海難で死亡した者の魂はこの教会に安らぎと慰めを求めることができた。聖ヤコビは旧ハンザ都市にしばしば見られる煉瓦造りの平凡なゴシック式都市教会で、規模も小さいが古さの点では聖マリアと変わらない。しかし、今日この教会を有名にしているのは二つのオルガン、特に北壁に位置する小オルガンで、一部は一六世紀、多くの部分は一七世紀初期の建造にかかるが、その費用も富裕なリューベク商人が献納したのであった。聖マリア教会の焼失によって由緒あるオルガンが失われた現在、比較的改修を受けていない貴重な遺産として尊ばれ、戦後の歴史的オルガン保存運動のきっかけとなった。

聖ヤコビ教会の小オルガン

聖霊救護院

船主といえば聖ヤコビ教会の付近に船主会館がある。一六世紀に商人団体の組織が改革されて船主協会に一本化された際に建てられた会館で、今は有名なレストランとなっている。末期北方ゴシック世俗建築の一例である。

船主会館

リューベクという町は日本ではトーマス・マンの家、「ブッデンブロークの家」があることで知られている。聖マリア教会の北側からトラーヴェ河の旧港に通ずるメング街にあるが、ここが中世以来の有力商人街で、対デンマーク戦争を勝利に導いた末名誉の戦死を遂げた例の艦隊司令長官ブルーノ・ヴァーレンドルプの家が「ブッデンブロークの家」の辺りにあった。しかし、メング街は第二次世界大戦中の爆撃による被害が最も大きかったところで、「ブッデンブロークの家」にしても昔通りのものは正面だけで、今は銀行になっている。

ハンザ時代の名残を伝えるものとしてさらに二つの建物を挙げなければならない。一つはリューネブルクから運ばれてくる塩を保管していた塩倉庫で、ハンザ貿易におけるリューネブルク産塩の取引の重要性を偲ばせている。見るからに老朽化しているが、最古の部分でも一六世紀までしか遡らない意外に新しい建物である。もう一つはハンザ都市のシンボルとして旧五〇マルク紙幣の図案にまでなっているホルステン門である。一五世紀後半に市の防衛強化工事が行われた際の建造にかかり、幸い戦災を免れて昔の砲郭をそのままの姿で伝えつつ、今は市史博物館となっている。

ゴシック都市リューベクの美観

リューベクの主要な建造物は大体一四、一五世紀に造られた。都市の形態と景観も一五世紀にはほぼ完成したと思われる。歴史の浅いリューベクにはローマ時代の遺跡はもちろん、ロマネスクの遺構もない。この点、地下から続々とローマ時代の遺物が掘り出されているケルンと対照的である。しかも、リューベクはルネサンスの影響をほとんど受けなかった。リューベク市庁舎横の石造階段はリューベクに残るルネサンス建築として市の誇りとされているが、この程度のものはイタリア都市には嫌というほどある。この程度の物がもてはやされているということは、リューベクがいかにルネサンスとは関係がなかったかを逆に立証しているというべきであろう。だからリューベクは様式としては単一で、ほぼゴシックで凝り固まっている。この点がまたヴェネツィアと対照的で、ロマネスクからバロックに至る各時代の様式を混在させつつも、それでいて絶妙な調和美を醸すヴェネツィアとは大違いである。しかし、ゴシックのみに終始したということは、リューベクの歴史を理解する上で重要な特色である。全生命力を中世北方世界のために捧げ尽くし、果たすべき歴史的役割の一切を果たし終え、中世の終幕とともに歴史の舞台から退いたリューベクの生涯がそこに集約的に表現されているからである。

リューベクに限らず北方ハンザ都市の古建造物は主として煉瓦造りである。ラインの司教都市や特にイタリアで随所に見られるさまざまな色合いに輝く石材の美しさをリューベクに求めても無駄である。同じ煉瓦建築でも、ブレーメンのそれはさすが西方に位置しているせいか一部はリューベクよりも垢抜けがしているが、リューベクのゴシック煉瓦建築を一つ一つ単独に見たのでは、ただ田舎臭さが感じられるだけで、美しさには乏しいといわねばなるまい。しかし、それらが計画的に配置されてリューベクという一つの都市を構成すると、忽然とそこに現れるのは夢幻の世界かと思われるような美しくも気品の高い街並みである。

これはリューベクにかぎらず、ヨ

リューベク市庁舎の階段

ホルステン門

塩倉庫

ーロッパの至るところで感じられる現象である。都市の美しさというものは、個々の建築や彫刻の美しさとは次元の違うものではなかろうか。特にリューベクは王侯とも司教とも関係のない純然たる商人都市である。リューベクの気高い美しさを生み出したのが、大学をさえ設立する気を起こさなかった商人だったということは、ヨーロッパの歴史にのみ特有の感動的な事実であろう。

一九四二年三月二八日、リューベクはイギリス空軍の爆撃を受け、市内の多くの部分が灰燼に帰した。特に聖マリア教会が完全に破壊されたことは惜しんでも余りある。しかるに戦後のリューベク市民はゴシックの旧様式をそのまま再興した。東西ドイツの国境に近い関係で東からの逃亡者により雑踏するなかで、復興計画が考えられたのである。同じ敗戦国とはいえ、戦後ドイツは日本よりも厳しい条件下に置かれた。そのドイツが奇蹟的復興を遂げつつ、中世文化の総合的再興まで実現させたのである。勤勉さの賜物であることはいうまでもないが、それ以上にドイツ人の高い知的水準に敬服せざるをえない。

第6章　ハンザの衰退

1　中世末期のハンザをめぐる国際情勢

ハンザ史における一五世紀の意義

対デンマーク戦争の勝利によって北方におけるハンザの地位は確立し、ハンザとしてはこの時期までに得られるだけのものは獲得した。以後はもはや前進の余地はなく、ハンザは新しい勢力を得ようとせず、既得勢力を守ることに専心するに至った。これは元来が非政治的・非軍事的なハンザの帰結として当然である。だから一五世紀はハンザが守りの姿勢に入った時代といえる。

ハンザ勢力が極点に達してしまっただけでなく、ハンザに対する積極的な挑戦も一五世紀には顕著になった。その根本原因として、各国における市民層＝商人層の成長と、近世的中央集権国家の確立をめざす努力のはじまりとが挙げられる。各国の商人層が未成熟な間は、必需物資の販売者・

供給者としてハンザは不可欠な存在であり、この必要性が感ぜられているかぎりハンザの地位は安泰であった。一五世紀に入ると各国の商人層はハンザの独占を打破し、自らの手で物資を交流させることをめざすに至った。

もう一つの、しかもハンザにとって決定的に不利な変化は、近世的国家権力実現の努力が開始されたことである。これに対してハンザはそれとは正反対の中世的組織、つまり国家ではなく商人層の共通利害によって結ばれた純経済的連合体に過ぎなかった。ハンザが存続できたのも、このような性格を超越する強大な相手が存在しなかったからである。しかるに一五世紀後半から徐々に姿を明らかにする国家は、従来の封建君主権とは性格が根本的に異なっていた。それは可能なかぎり国内の力を結集させて外部と対抗する意欲を有していた。ハンザはこれに反して、もともと国家権力の支援がない時代、ないところでそれに代わる機構として発生したものである。だから、中世末期に近づけば近づくほどハンザの存在意義は希薄化せざるをえなかった。

フランドルとの抗争

フランドルはハンザと最も密接な関係にあったが、それだけに両者の対立も激しかった。一五世紀まではハンザ商人側が若干優位にあり、ブリュージュ商館移転、経済関係断絶という脅しで目的を遂げることができた。

一五世紀になると事情が変化する。その根本的原因はフランドル側に求められる。第一に、フランドルは一四世紀末にブルグント公国の領土となり、ひとかどの国家権力的背景を持つに至った。第二に一五世紀を通じてアントウェルペンが台頭し、ハンザの拠点であるブリュージュの地位が低下してしまった。こうなるとハンザの常套手段であるブリュージュ商館移転も効果の乏しいものとならざるをえない。ブリュージュの繁栄はもともと北方経済圏かぎりで可能なことであり、地中海との連絡をも含めた全欧的規模からいえばアントウェルペンのほうが有利であった。さらにアントウェルペンにはハンザ商人による中世的経済政策の制約を受けないという強みがあった。ハンザ商人のブリュージュにおける商業独占に不満を抱く人々はアントウェルペンに救いを見出したのである。

一四五三年、またぞろお定まりの紛争が生じてブリュージュ商館移転が問題となった。しかし、この時の事情はもはや従来と同じではなく、ハンザ内部の不統一がフランドルでも表面化する結果になってしまった。ケルンとドイツ騎士団が強硬策に反対し、対フランドル強硬策の推進者リューベクは、やむなく条件を緩和してその同意をとりつけなければならなかった。

こうしてブリュージュ商館のユトレヒト移転がやっと実現したが、今度は低地地方の新しい実権者ブルグント公が黙っていなかった。領内掌握をめざすブルグント公は中世的商人特権抑圧の好機と考えてハンザに圧力をかけた。今度は、譲歩するのはむしろハンザであった。ハンザ商人は不十分ながら特権の確認を得たことで満足せねばならなかったのである。

こうして一四五三〜五七年の商館移転事件は従来のようにハンザの強さを示すことなく、むしろハンザの政治的な弱さと内部不統一を暴露する結果に終わった。従来、一五世紀におけるハンザ内部の不統一がハンザ衰退の原因と考えられる傾向があったが、それは妥当ではない。内部不統一はハンザに元来からあった性格で、一五世紀になると外部との関係でそれが表面化したに過ぎないのである。

第二次デンマーク戦争

スカンディナヴィア、特にデンマークでは一五世紀に市民勢力も伸び、支配者もこれを援助して自力貿易を振興させようと努めた。それにはハンザ勢力を抑制する必要があったから、さしあたりイングランド商人、オランダ商人を好遇してハンザと対抗した。

かつてハンザに惨敗を喫したデンマークは、一四二〇年代になると再び頭をもたげはじめた。この時にデンマークはズント海峡通航税設置という歴史的にきわめて重大な措置――これは一九世紀半ばまで存続した悪評高い税金であった――を講じている。結局、デンマークがシュレースヴィヒに野心を示し、ハンザ特権を侵害したことが原因となってデンマーク・ハンザ間に再び戦端が開かれることとなった。

けれどもこの度はプロイセン・リーフラント都市は参加せず、リューベク、ヴィスマル、ロストク、シュトラールズント、ハンブルク、リューネブルク六都市間のみで攻守同盟が締結されたに過ぎず、戦争は全ハンザの総力を挙げたものにはならなかった。

一四二六年正式に宣戦が布告され、ここに第二次デンマーク戦争が開始されたが、この戦争は一進一退を繰り返して実に九年も続いた。このたびも一応はハンザ側の勝利に終わり、一四三五年のヴォルデンボル条約でハンザ特権は改めて承認され、ズント航行税免除の特典がヴェント都市に与えられ、ズント海峡を威圧するヘルシングボルイ城はリューベクが保有することとなった。条約上は確かにハンザ側の勝利である。

しかるにこのたびの勝利は多分に文字面だけのこととなってしまった。デンマークが条約の精神を尊重しなかったからである。第一次デンマーク戦争終了後シュトラールズント条約をよく守り、要塞の保障占領を満期通り解除させたのとは大違いである。相も変わらずオランダ商人を好遇し、あまつさえ再びシュレースヴィヒに進出してリューベクとハンブルクに脅威を与えた。

ただ一つの情勢変化はリューベクがズント海峡を現実に支配するに至ったことであるが、リューベクはこの地位を利用して海峡閉鎖を図り、リューベク・ハンブルク間陸路の利用を強制する有り様であったから、結果的には仲間の怨みを買うだけであった。こうして第二次デンマーク戦争でもハンザの内部不統一が露呈し、形だけの勝利が得られたに過ぎなかった。

ベルゲンの流血事件

スウェーデンとハンザ、特にリューベクとの関係は円滑であったが、これと対照的なのがノルウェーの事情である。ここではノルウェー住民とハンザ商人との完全隔離が鉄則となっており、その上でハンザ商人の圧倒的優位が確立していたのだから、争いが起こらなかったら不思議である。ましてやベルゲン商館のハンザ商人は蛮風で聞こえていた。果たせるかなノルウェーでの争いは戦争でも通商閉鎖でもなく、次元の低い群集的暴力沙汰という形をとった。

一五世紀に入るとノルウェーもハンザ商人の独占にそろそろ我慢できなくなっていた。ノルウェー手工業者を保護するためにドイツ人手工業者をベルゲン商館から分離して扱うこととし、彼らをノルウェー裁判権下に置き、さらにドイツ人手工業者の製品価格を統制しようとした。こうして一四五五年、ハンザ排斥の急先鋒であったベルゲンの代官に対する積年の不満のため、ベルゲンのハンザ商人はとうとう大々的暴力行為で立ち向かった。驚いた代官は某修道院に隠れたが、それをかぎつけたハンザ商人はこの修道院に押しかけて、代官ともども六〇人ほどのノルウェー人を殺害してしまった。

この時現場にはたまたまベルゲン司教が居合わせ、十字架をさし伸べて暴徒を鎮めようとした。ところが驚くべきことに、暴徒と化したハンザ商人はついでに司教まで殺してしまった。その際、代官の隠れ場所となった修道院も彼らによって焼き払われてしまった。聖域を血で汚し、それに火を放った上、司教まで殺してしまったのだから何とも念の入った暴力沙汰である。

これは中世においては理由のいかんを問わず最大の犯罪である。当然この事件は教皇庁にも知らされ、事実教皇も介入してきた。ところが不思議なことには、それにもかかわらず事件後補償も処罰もなく、大きな国際問題にも発展せず、ベルゲン商館はその後も平然と存続した。このような不法がまかり通るほどノルウェーは弱く、ハンザ商人は強力だったが、他面からいえばハンザ商人の地位も必ずしも安泰ではなくなったからこそ発生した事件である。ハンザ商人はイングランドでは評判が良かったが、どこでもそうだったわけではない。ベルゲンのハンザ商人は当然現地人の憎悪の的だったのである。

2　中世末期におけるハンザとイングランドの関係

イングランド側の反撃

ハンザ商人が最も成功裡に地歩を築いたイングランドでも一四世紀末からハンザ排斥の気運が生じた。しかし、ハンザ商人の地歩が強固であったために、ハンザ衰亡期である一五、一六世紀においてさえ、貿易統計上はハンザ商人の目立った後退は見られなかった。それゆえ、外見上は激変は

表6-1　ロンドンにおける広幅毛織物輸出

期　間	イングランド人による	ハンザ商人による	その他の外国商人による
1471〜72年	65%	22%	13%
1472〜73年	62%	17%	21%
1473〜74年	48%	6%	46%
1474〜75年	53%	14%	33%
1475〜76年	56%	24%	20%
1476〜77年	44%	24%	32%
1477〜78年	60%	24%	16%
1478〜79年	57%	23%	20%
1479〜80年	51%	25%	24%

なかったが、それにもかかわらず中世末期におけるハンザとイングランドとの関係はハンザの衰亡過程を検討するうえでの好個のテーマである。というのもここではハンザと近世国家の対決という原理が典型的に見られるからである。いいかえればここで重要なのは貿易の変化でも政治的一進一退でもなく、歴史発展の原理なのである。

一四世紀に入るとイングランド商人層も徐々に成長し、はじめのうちは自国商人を抑えてまでハンザ商人を好遇していたイングランド王室も彼らの勢力を無視できなくなった。ハンザ商人にとって最大の脅威は相手国商人層と国家とのこのような結びつきである。しかも、この時期のイングランド貿易には大きな質的変化が生じつつあった。それは輸出品の筆頭として毛織物が年とともに重きをなしていったことである。というのもイングランド自体の毛織物工業が成長し、それまでのように羊毛の大部分を機業地フランドルに送ることなく、相当部分を自国産業が吸収し、しかも製品の輸出能力まで身につけるに至ったからである。もちろんイングランド商人はこの新興輸出部門を自ら担当する意欲を示したが、ハンザ商人の食い込み方も表6－1に見るようにかなり顕著であった。こうして毛織物輸出面でハンザ商人とイングランド商人の競争が尖鋭化したのである。

毛織物輸出の半分をイングランド商人が制圧したことは、貿易量とは別の次元の大きな結果をもたらした。羊毛輸出の場合には加工地が近くのフランドルであったから、イングランド商人の活動範囲も狭くてすんだが、毛織物の場合には遠方に販路を求めなければならず、イングランド商人は従来とは比較にならない遠隔地に進出せざるをえなかったからである。彼らは国際分業の原理に従い、直接プロイセン都市に赴いて毛織物を輸出し、穀物・材木を輸入しようとした。ハンザとイングランドの間で深刻な対立を生ぜしめたのはこのことだったのである。というのも、それはハンザの中枢ヴェント諸都市の基盤である東西間中継貿易を直接脅やかしたからである。

相互主義の原理

ハンザとイングランドの対立を最初に尖鋭化させたのは、イングランド商人のプロイセン進出であった。その際プロイセン都市は中世的都市政策を真っ向から掲げ、イングランド側は新原理を主張してこれに対抗した。すなわち、プロイセン都市はイングランド商人に毛織物小売取引を禁じ、商業活動を都市内に限定し、プロイセン商人以外との取引を禁じた。これは消費者・生産者と外国商人の直接取引を禁じて中間利潤を自らが独占しようという自都市本位の外国商人規制策で、中世都市には通常見られた現象である。プロイセン都市の商人はハンザ商人としてイングランドで特権を享受したというのに、プロイセンに来航したイングランド商人には不利な制約が課されるというのだから不公平な話である。しかし、中世においては国際間の対等という原理は知られていなかったから、あながち不当なこととこともいえなかった。

イングランドがこれに対抗して主張したのは、国際間の対等という中世とは異質の新原理であった。ハンザ商人がイングランドにおいて享受するのと同じ権利をハンザ都市に赴いたイングランド商人にも与えよという主張であって、これを「相互主義」の原理という。この点で画期的だったのは一三七七年のイングランド議会の決定である。イングランド商人がハンザ側から不当な扱いを受けたという理由で、議会はハンザ特権を取り消し、相互主義を認めないかぎり特権を復活させないという方針を決定した。しかもこの議会決定の二年前にイングランド商人がハンザ側の不公平な措置を国王に訴えていた。ここに、イングランド商人の台頭—国王の保護・支援—議会を通じての国家政策宣明という図式を読みとることができる。

結局はハンザ側が譲歩するほかなかった。一三八八年マリーエンブルク条約で、プロイセンにおけるイングランド商人の自由行動を古くからの権利として認め、一四三七年のロンドン条約ではハンザ・イングランド双方の自由通商権を交互に規定するというかたちで相互主義を認めざるをえなかった。さらにもう一つのイングランド年来の要求であったハンザ都市における団体結成権も相互主義の原理からは当然容れられるべきものであった。つまりスチールヤードと同じものをイングランド商人にも認めろという要求で、団体が結成されれば構成員に対する裁判権も当然認められ、外地裁判権介入を排除できるから重要な要求であった。イングランド側はそのような真のねらいを秘して、在外商人が居酒屋に入り浸ったり、よからぬ女性と接触したりするのを防止するために団体結成が必要なのだと申し立てた。結局、一四二八年ドイツ騎士団長はイングランド商人に商人長官の選出権を与え、事実上団体結成を認めてしまった。このような場合には強力な領邦君主を仰ぐプロイセン都市の立場は弱かったのである。

ハンザ対イングランドの抗争

しかし、たびたびの条約締結にもかかわらず、問題は一向に解決しなかった。それによってかえって問題が顕在化したからである。一五世紀に入るとハンザとイングランドはそれぞれの言い分を主張して激しく争った。ハンザ側が非難したのはイングランドの海賊行為であった。しかるにイングランド政府は海賊取り締まりに誠意を見せず、暗黙または公然と海賊を援助する始末であった。エリザベス女王の有名な海賊援助にはれっきとした先達がいたのである。その代わり、イングランドの海賊行為はハンザ内部の結束を促すという逆効果をもたらした。

イングランド側にも言い分はあった。ハンザ商人がハンザ特権を濫用しているというのである。イングランドにおけるハンザ特権が有利なために、非ハンザ商人が便法を講じてハンザ特権にあずかる例が少なくなかった。たとえば、ハンザ商人と非ハンザ商人が共同事業を興すことによって後者がハンザ特権に浴したり、非ハンザ商人がハンザ特権にあずかる目的でどこかのハンザ都市で市民権を獲得したりすることがしばしばあった。ハンザ商人の間でも、事業拡張のためそのようなケースを歓迎する傾向さえあった。これはイングランド側から見れば不当な特権拡大であるから、この件で常に抗議を申し立てていた。これに対してハンザ側は誠意をもって臨んだ。というのも一つにはこのようなケースはリューベクがねらう商業独占主義にとって不都合だからでもあった。

ハンザ総会は、何人も同時に二つの都市の市民たりえず、ハンザ特権にあずかるためには一つのハンザ都市で市民としての一定の義務を果たしていなければならないという決議を下していた。しかし、現実の商業的必要から脱法行為は跡を絶たなかった。一四三七年ロンドン条約直後に改めてこの原則が宣言されているが、それはこの原則がなかなか守られなかったことを暗示している。

しかし、一五世紀はイングランドが勝利者となるには時期尚早であった。ハンザ商人の地盤はまだ強固で、イングランド側の足並みも決して揃ってはいなかった。一四五〇年七月に一人のプロイセン商人が騎士団長に書簡を送っているが、その頃イングランドのケント地方で発生した一揆には農民も貴族も参加しており、彼らはプロイセン船舶拿捕《だほ》を非難し、プロイセンとの平和回復を望んでいると伝えている。さらに一四六八年イングランド南西部グロースター州の毛織物業者が国王にハンザ商人抑圧中止を請願している。ハンザ商人が買い上げてくれるために業界は繁栄するので、ハンザ商人抑圧は毛織物業界に不利な結果を招くというのである。またこの請願はハンザ商人のおかげで国王自身も税収入に潤っているではないかと痛いところを突いている。ハンザ商人は依然としてイングランド国内で必要とされ歓迎されているのであった。

その上、一五世紀はイングランドが内憂外患に見舞われた時期でもあった。フランスと百年戦争を継続し、その後にはバラ戦争という内乱を迎えた。イングランドと交戦中のフランスはハンザに好意を示し、ハンザ私掠《しりゃく》船のフランス入港をさえ許している。ハンザも私掠船を用いてイングランドの海賊行為に対抗したが、たった二隻のダンツィヒ船が優勢なイングランド船隊と対等に渡り合うという一幕もあり、当時の人々はドイツ人の海戦能力の高さに驚いたといわれる。こうした事情のためにイングランドはいったんは後退しなければならなかった。

ケルンの裏切り

この間にあってイングランド側にとって唯一の有利な情勢はケルンをハンザから寝返らせたことであった。このドイツ最大の都市は同時にハンザの仲間のなかでも最もわがままな都市で、以前からリューベクが中心となっているハンザの政策には非協力的であった。一五世紀中頃フランドルにおけるハンザ醵金《きょきん》の増額がハンザ総会で決定されたが、これに対してケルンは不満を抱き、支払いを拒否していた。

それどころかケルンはハンザ対イングランドの抗争を好機として昔のイングランド貿易独占を復活させようとさえ考えた。イングランドもこの点につけこみ、ケルンとイングランドはハンザ対イングランドの抗争中にかえって接近した。イングランドは私掠船の活動にあたってケルンの商品をハンザ商品から除外するよう取り計らった。ケルンも一四六八年に同市の商人に指令を発し、イングランドとの争いで生じた損失はイングランドと争いを起こした者たちだけに負担させればよく、ハンザ商人として連帯責任を負う必要はないと指示している。

ハンザも今やケルンを敵の一味と考えざるをえなくなった。イングランドと交通するケルン船舶がハンザ私掠船の襲撃を受ける有り様であった。のみならず、ケルンはイングランドが最終的にハンザに屈伏したために、手ひどい屈辱を経験する羽目に陥るのである。それにしても、ケルンがイングランド側に寝返ったということはハンザの大きな弱点を暴露する事件であった。一五世紀のイングランドとの抗争でハンザがいったんは勝利者となるが、結果のいかんを問わずこの過程でハンザの中世的性格と内部分裂が、イングランドの掲げる近世的原理との対比において明らかとなった。こうした原理的な事柄こそハンザ対イングランド抗争の最重要な点であり、それに比べれば貿易の統計的変動や政治抗争の過程などは副次的意義しか持たない。

一四七四年のユトレヒト条約

この間ブルグント公の調停工作もあって一四七三年に休戦協定が成立した。といってもこの時の戦争というものが相互の私掠船活動であり、正式の宣戦があったわけではない。ただ、自力救済が基本権視されていた中世にあっては、戦争といっても所詮は自力救済の延長であり、戦争と非戦争の区別は当時はあいまいだったのである。

直ちにオランダのユトレヒトで和平交渉が開始された。この会談にケルン代表は何とイングランド側の一員として参加した。当然といえば当然だが、リューベク代表とケルン代表はさぞ複雑な気持ちで互いの姿を認め合ったことであろう。それどころかケルンは和解によって自己が不利になることを怖れて平和成立を妨害する有り様であった。しかし、イングランドの上下は和解を望んでいたので、一年近くの交渉の後、一四七四年二月ユトレヒト条約が調印された。

ユトレヒト条約は本条約と実施細目に関する付属協定から成る。それは要するにハンザ特権の完全かつ確実な承認であり、同時にイングランド年来の主張である相互主義の原則的確認である。ハンザ商人の保護は国王特権状と議会法令によって保障されることがこの条約によって定められたが、議会立法による保障を国際法上の義務としたことは、イングランドの国情を考えればハンザ側の大きな勝利であった。さらにロンドン商館、ボストン商館、リン商館の永久保有が認められたこともハンザ側の重要な成果であった。ハンザ側か賠償額の減額に同意したのもこのような成果があったからだと思われる。

イングランド側も相互主義を貫き、プロイセンその他のハンザ地方における自由通商権を認めさせた。しかし、それはすでに一四三七年のロンドン条約で認められていたことであり、イングランドはこのとき、特に新たな成果を得たわけではなかった。ユトレヒト条約は全体としてハンザ側の勝利を意味している。事実、リューベクはこの条約によってハンザ特権は以前より強固になったと誇ったのである。ユトレヒト条約はハンザ史を通じて見た場合、シュトラールズント条約に次ぐハンザの輝かしい成功であった。ただし、後世から見た場合、この勝利の陰に将来のハンザの滅亡を予示する兆候があったことはすでに指摘した通りである。

なお、ユトレヒトの交渉にはイングランド側としてオランダ諸都市代表も参加していた。オランダもハンザの商業独占に対する挑戦者としてイングランドと共通利害を有していたからである。

ケルンの屈辱

この時哀れな立場に立たされたのはケルンであった。ケルンは和平成立に反対であり、ユトレヒト条約にも調印しなかった。しかし勝利者の立場にあるハンザ側は、ユトレヒト条約にケルンにとって不利な条項を加えることを忘れなかった。同条約にはハンザから離脱すればハンザ特権にはあずかれないという一条が加えられていた。イングランドに対する古くからのケルンの特殊な地位から考えれば、ユトレヒト条約中にケルンに関する特例がないこと自体、すでにケルンの敗北を意味している。

ケルンは特権を享受するためにはハンザに屈伏して協力を履行するほかなかった。ケルンはハンザとイングランドの抗争中に事実上ロンドン商館を独占していたが、平和回復とともにその独占を放棄せざるをえなかった。また、それまで支払いを拒否していたハンザの醵金を罰金のようなかたちで支払うことにより、かろうじてハンザの仲間入りを許された。ケルンをこのようにして屈伏させる結果になったことも、ユトレヒト条約によるハンザ側の大きな勝利の一つに数えられる。

ユトレヒト条約後の貿易状況

ユトレヒト条約の後、ハンザの立場は一時的には以前よりかえって強固となり、イングランドにおける絶対王政の強力な開始に至るまで、ハンザの優位はなお保たれた。イングランドがハンザに対して支払うべき損害賠償には、ユトレヒト条約の規定によってハンザ商人自らが納入する関税が担保とされた。同条約後の貿易統計史料は豊かではないが、表6－2の数値からハンザ貿易の躍進を知ることができる。毛織物輸出量の絶対数が増加しているのは、イングランド毛織物生産の向上を反映しているという点を考慮してもなお著しいし、何よりも毛織物輸出関与率はユトレヒト条約成立後着実に伸びている。

表6-2　ユトレヒト条約後の貿易状況

(1)ロンドンにおけるハンザ商人の輸出入額

年	額
1475年	130ポンド
1478～79年	782ポンド（輸出入のみ）
1483～84年	957ポンド

(2)　イングランドにおけるハンザ商人の毛織物輸出量

年	量
1422年	4,464反
1461年	6,159反
1500年	21,389反
1513年	21,556反

(3)ロンドンにおける広幅毛織物輸出量と関与率

期　間	ハンザ商人による輸出量	全輸出量における割合
1472～73年	4,037反	17%
1473～74年	1,949反	6%
1474～75年	3,095反	14%
1475～76年	8,272反	24%
1479～80年	10,068反	25%
1480～81年	14,079反	31%

他方、イングランドが年来ねらっていたバルト東部への進出は頓挫してしまった。彼らは古くから一応の通商関係にあったスカンディナヴィアへの進出をもねらったが、ここでもハンザ商人には敵わなかった。行き詰まったイングランド商人が目をつけたのはアイスランドであった。ここはデンマーク領であったが、遠方のためデンマークの通商規制もここまでは及んでいなかったからである。アイスランドに勝手に進出したのは不法行為で、イングランド商人のアイスランド貿易は半ば密貿易であった。しかも、イングランド商人はアイスランドでは暴力沙汰や略奪が多く、評判はまことに悪かった。当時の人々の眼にはイングランド人は商業の落第生に映ったかもしれない。

3　オランダ商人との競争

オランダの経済的台頭

現在のオランダは世界でも有数の高度工業国になっているが、もともとは人が住める場所ではないとさえいわれていた。そのせいかハンザはオランダをほとんど眼中にしていなかった。しかるに一四世紀中頃からオランダ人も次第に商工業に進出し、やがてハンザがそれに気づいた時には、オランダ人はイングランド人以上に手強い競争相手にのし上がっていた。

第一に、オランダ人はフランドルに立ち遅れながらも着実に毛織物産業を発達させていた。フランドルに近接していたにもかかわらず。国際的需要は大きく、輸出能力さえ示すに至った。一四世紀末からは遠洋漁業も発達し、やがて鰊《にしん》を輸出するほどになった。有名なオランダ・チーズの国際的名声も一五世紀に遡る。

商業面ではさしあたり近隣のハンブルクとイングランドに進出した。一四世紀後半にはオランダ人はハンブルク産ビールの輸入業者として急速に台頭した。一三六〇年代にはハンブルク産ビールの輸入では彼らは全体の七割以上を掌握していた。イングランドとの通商関係も一四世紀後半にはもう恒常化していた。一三二六年にイングランド国王が兵員輸送のためオランダと船隊雇傭契約を結んでいることは、その頃のオランダがひとかどの海運国に達していたことを物語っている。表6－3は一四世紀後半におけるヤーマス港の入港状況であるが、外国船ではオランダ船が圧倒的に多くなっている。

イングランドとの貿易状況を見ると、オランダ人はイングランドから主として羊毛と毛織物を輸入し、イングランドへはビール、穀物、海産物、野菜、果実、工業製品、塩、スペイン産の鉄など各種の商品を輸出していた。これはオランダ人の活動が広い範囲にわたっていたことを暗示している。事実、オランダ人はいつの間にか、スカンディナヴィア、フランスからさらにイベリアにまで進出し、地中海貿易圏とさえ通じている有り様であった。それゆえに取り扱う商品は実に多種多様で、当時の貿易品目のほとんどを網羅するに近かった。このような背景があったからこそ、さほどの国家的支援もないのにハンザ圏に食い込むことができたのである。

表6-3　ヤーマス港寄港記録

イングランド船	150隻
オランダ船	112隻
ドイツ船	29隻
フランドル船	25隻
不明	34隻

オランダ商人のバルト方面進出

それでもハンブルクやイングランドに進出する程度なら問題はなかった。やがて一五世紀にはオランダ人がバルト海に進出を開始したので問題が大き

中世ダンツィヒの港

くなった。というのも進取の気性に富むオランダ人はリューベクを避けてズント海峡を通り、東方と盛んに直接交易をしたからである。東西の直接交易といい、通商路のリューベク回避といい、明らかにリューベクをはじめとするハンザ中枢都市の存在根拠を脅やかす行動である。一五世紀の末に近付くとダンツィヒ入港のオランダ船が激増を示した。こうなるとハンザも思い切った手段をとらざるをえなくなった。一五世紀後半を通じてダンツィヒ入港のオランダ船隻数の増減幅が大きいことは、ハンザがオランダ人の貿易活動にさまざまの妨害を加えたからと思われる。

　オランダ人の躍進に驚いたハンザは一五世紀に入ると次々と対抗手段を講じた。一四一七年のハンザ総会では非ハンザ商人にハンザ都市以外の訪問を禁じ、小売取引を禁じ、ハンザ都市での滞在期間を制限するとともに冬季滞在を禁じた。この禁令は時の推移とともに事実上オランダ商人排斥法となった。さらに一四四二年のハンザ総会では、ハンザ圏で取引が許される毛織物はブリュージュで購入されたもののみに限ると決定し、一四四七年のハンザ総会ではオランダ産毛織物の一部を質が粗悪だという理由で取引禁止品目に指定し、同時にハンザ商品はハンザ船によってのみ輸送さるべしというハンザ版「航海条令」を発した。ハンザの外国商人排斥はなかなか念の入ったもので、非ハンザ商人にロシア語を教えることまで禁じてロシア貿易の独占を図っている。

ハンザとオランダの抗争

このようなハンザとオランダの対立はお定まりの相互的私掠船戦争を惹起した。一五世紀前半以来両者は宣戦布告なき海賊戦争を演じた。同じ頃イングランドとの間でも私掠船戦争が展開されていたのだから、一五世紀の北方海域はまことに騒がしかった。このような海上不安にもかかわらず貿易が栄えていたのだから驚くほかはない。

オランダとの対決に際してもハンザ内部の不一致が表面化した。ドイツ騎士団はオランダ人来航によって穀物の売れ行きがよくなり、ダンツィヒの価格操作を回避できるので、オランダ商人排斥に反対であった。ケルンはバルト方面と利害関係が乏しかったので、リューベクがオランダ人閉め出しに躍起となっても冷淡であった。オランダ商人の進出先である東方都市の間でも意見の食い違いが生じていた。遠隔貿易商人の勢力が強いダンツィヒはオランダ商人の活動に制約を加えて貿易の利益を独占しようと望んだが、リーフラントの中小都市はオランダ商人への依存度が高かったのでオランダ人排斥に賛成できなかった。

それに加えてさらにハンザに不利だったのは、各国がハンザ憎しの一心からオランダ人を援助したことである。ブルグント公やスカンディナヴィア諸王国がそうであった。特に強力にオランダ人を支持したのはハンザの宿敵デンマークで、ヴェント諸都市はデンマークの圧力を受けて一四四一年コペンハーゲン協定を結び、一時オランダ商人に自由通商を許さざるをえなかった。文豪シュトルムの故郷フーズムが小都市ながら繁栄するようになったのは、この頃デンマークがフーズム方面での陸上交通権をオランダ商人に与えたからである。この結果、オランダ人は結局、バルト方面での地歩を築き上げてしまった。イングランド人に対してはユトレヒト条約で勝利を収めたハンザも、オランダ人に対しては敗北を喫したのである。

オランダ人によるズント航行の盛行

北海とバルト海を結ぶズント海峡の航行を開拓したのはハンザ商人だと誰しもが思うであろうが、実はそうではない。この航路を開拓した功労者はオランダ人である。オランダ人はそれまで危険視されて十分利用されていなかったズント海峡を積極的に活用した。ハンザ側は躍起になってこれを妨害しようとしたが無駄であった。表6－4が示すように一五世紀末には同海峡におけるオランダの優位は圧倒的であった。ここが大々的に利用されるようになると例の東西間貿易がリューベクを通らなくなるのでリューベクが妨害するのも当然であったが、ズント航行開拓者がハンザ商人でなくオランダ商人であったという事実は、ハンザの基本的性格がどのようなものであったかを端的に象徴している。

それにしても、ヴェント諸都市がズント海峡の閉鎖まで主張したというのは、今日から見れば奇怪である。しかし、「公海」の観念がなかった中世においては海洋もしばしば土地を領有するのと同じように支配できると考えられた。ヴェネツィアがアドリア海を自分の領土のように考え、新航路発見時代のスペインとポルトガルが大西洋を分割したのはその好例である。だから、ハンザ対オランダの抗争は、中世的海洋観念を打破しようとする戦いという様相をも帯びていた。興味深いことにハン

表6-4　ズント海峡通航船舶内訳

	1497年	1503年
オランダ船	567隻	865隻
ヴェント都市、ハンブルク船	61隻	123隻
プロイセン、リーフラント船	141隻	172隻
フランス船	—	2隻
スコットランド船	21隻	43隻
イングランド船	—	21隻

ザ対イングランドの対立を決着させた既出ユトレヒト条約の文面に「公海」という言葉が用いられている。ユトレヒトの交渉ではオランダ都市もイングランド側の一員として出席し、ハンザの独占をこの時とばかり非難した。そこで、「公海」という言葉をユトレヒト条約の中に盛り込んだのはこの時の交渉に参加したオランダ代表の誰かではなかったかと、筆者には思われてならないのである。

4　ハンザ内部の動揺

ハンザ東半の変動

一五世紀はハンザの東半が大きく動揺した時期でもあった。最大の政治的変動はドイツ騎士団が没落したことである。一五世紀にはポーランドが台頭し、バルト海への進出をねらって騎士団を脅やかした。その結果、騎士団とポーランドが戦火を交えることになったが、この戦争には商業覇権をめぐる争いも絡んでいた。ポーランドとの戦争で騎士団は惨めな敗北を喫しなければならなかった。一四一〇年騎士団はタンネンベルクの戦い（グルンヴァルドの戦い）に大敗し、一四六六年の第二次トールン和約で西プロイセン、ダンツィヒ、マリーエンブルクをポーランドに割譲する羽目に陥った。

この戦争中、騎士団支配下の多くのプロイセン都市がポーランド側に好意的だったことは、ポーランド戦争がハンザ都市の一部と騎士団との戦いという性格をも帯びていたことを示している。騎士団自体が企業体だったので、プロイセン都市にとって騎士団は煩しい君主であるとともに商業上

タンネンベルクの戦い（ヤン・マテイコ画）

の競争相手でもあった。

しかし、騎士団の敗北はすべての都市にとって有利な結果とはならず、むしろ東方都市の淘汰作用を果たしてしまった。対ポーランド戦争により多くの都市が被害を蒙り、ダンツィヒも例外ではなかった。ところがダンツィヒやリーガなどの大都市は自由を得て興隆した反面、中小都市の多くがその陰にかくれて没落してしまった。だからハンザ全体としては対ポーランド戦争のおかげで弱体化し、特定都市の独走だけを許す結果となった。

一五世紀東方におけるこのような変動の重圧を受けて、東方ハンザ都市は自己の保身にのみ汲々としてハンザとしての連帯感を失ってしまった。対ポーランド戦争の頃からプロイセン都市のハンザ総会に対する非協力が目立ちはじめた。エルビング、ケーニヒスベルク、トールンさえ総会への代表派遣費の重圧を訴え、ダンツィヒまでが同調する有り様であった。戦争を生き延びたダンツィヒでもハンザの一員であるという自覚は薄らいでいたのである。特にハンザ総会がオランダ人、イングランド人に強硬策をもって臨もうとしたことは、彼らとの直接交易に利益を見出しはじめたダンツィヒをますます疎縁にしてしまった。こうした東方都市の態度は、リーガの例からはっきりと知ることができる。リーガは一五世紀の苦難を堪え通した例外的都市で、後背地との取引を抑えてなお有力であったが、一四五九年、ハンザ商人をも含めて全外来商人に外来人同志の直接取引を禁止し、それまで長きにわたってリューベク商人が享受していた自由貿易権を否定してしまった。この措置によって被害を受ける度合いはオランダ商人よりもリューベク商人のほうが大きかったのである。

以上のような東方の変動はハンザの解体を促進したのみならず、その後の歴史を大きく左右した。東方が地主貴族の世界へと進み、東方では都市が近世社会の有力な一支柱たりえなくなったのは上述のような事情にも起因している。

ハンザ地方の手工業生産

ハンザ衰退期の重要な現象に商人勢力に反抗する手工業者層の政権獲得運動があり、それとの関連でハンザ圏の手工業生産に触れておこう。ハンザの弱点が生産的背景の欠如にあったということがしばしば指摘されている。たしかに、リューベクなどはビール醸造業と造船業を別とすれば取り立てていうほどの工業生産はなく、特に輸出産業を欠いていた。だから、その経済的基盤が主として中継貿易にあったということは否定できない。しかし、さりとてハンザに工業生産が欠けていたと一般化していい切るのは問題である。この点に関しては二つの事柄を考慮しなければならない。一つは中継貿易に立脚するリューベクの事例が一般化されやすいことであり、もう一つはこれまでのハンザ史研究がややともすれば商業史に片寄り、手工業の問題に十分な関心を払ってこなかったことである。

中世の工業生産として最も重要なのは織物工業である。ケルンとブレースラウとがこの点で有力であったが、この二都市は通常の意味ではハンザ都市の代表にはならない。その他、金属工業がケルン、ブレースラウ、クラーカウ、ブラウンシュヴァイクなどで栄えたが、いずれもハンザの外辺都市である。リューベクとダンツィヒではイングランドから輸入した錫の加工業がある程度栄えたに過ぎない。このようにハンザ圏は通常の工業部門では他の地方に比して見劣りがしていた。ハンザ圏の工業として重要なものは結局のところ、ハンザ圏特有の部門に求められる。それはビール醸造業と造船業である。

ビール醸造業と造船業

今日北ドイツには多種多様のビールがある。ドイツのビール生産は今日でも多数の中小企業によって行われ、特定大企業が大きなシェアを独占している日本とは対照的である。このようなビール生産の歴史は古い。中世以来、ビール製造はワインに恵まれない北ドイツ市民の日常的な産業であった。あるハンザ史家は中世においてビールは嗜好品ではなく食糧品であったと述べている。勤労婦人や修道女の間でさえ驚くほど大量のビールが消費されていた。

ビール生産に関して重要な点は、輸出産業の性格を強く帯びていたことである。中世において早くもドイツ産ビールは国際的名声を博し、通商断絶の際にビール輸入を禁止品目から外すこともあったという。こうしたビール生産の本場はヴェント諸都市で、どの都市でもそれぞれに固有のビールが生産され、それが今日における種類の豊富さの源となったのである。一五世紀初期のリューベクには専業兼業合わせてビール醸造業者が一八七人いたことが知られている。

しかし、ビールの生産でリューベクは首位にはなかった。輸出産業としてのビール製造ではハンブルクとヴィスマルのほうが有力であった。ハンブルクではビール生産は中産市民層の間に広く行きわたった輸出産業でオランダが良いお得意先であった。しかも、この産業が行きわたっていたために中産層が安定していたから、都市の性格をも決定したのである。ヴィスマルも有名なビール都市で、一四六四年に一八二人もの独立の醸造業者がいた。人口規模の差を考慮すればリューベクよりもヴィスマルのほうがビール生産都市としてずっと有力だったといわねばならない。

もう一つのハンザを特色づけた工業は造船業であり、リューベクとダンツィヒが双璧であった。木材産地に近いという立地条件も造船業に有利であった。「救い主」号だの「鷲」号だのという名船の名が伝わっていることはリューベクの造船技術が高かったことを暗示している。

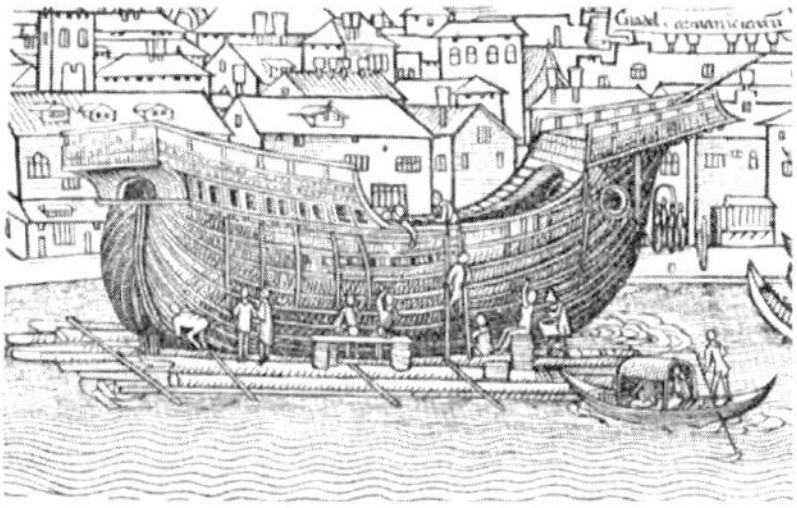
14世紀の造船風景

しかし、造船業はハンザ商業政策との関係でデリケートな立場にあった。リューベクは商業・海運の独占を図って船舶輸出を禁じたが、自由貿易を有利とするダンツィヒが抵抗したのである。さらに、商業制度や航海技術の面に見られたハンザの守旧性は造船の面にも見られた。造船業が盛んであるにもかかわらず技術革新の意欲が欠けており、一五世紀中頃から北方の海洋にデビューした新型大船はフランスから伝えられたものであって、ハンザ造船業者の創意によるものではなかった。

中世の造船業に関しては、次の基本的事実を知っておく必要がある。今日――ハンザ時代よりもはるかに国際取引が全人類を支配している

リューベクのガレオン船「鷲号」（1567年建造）

——とは異なり、まだ多くの産業に自給自足的性格が残存していた。造船業は今日では代表的な国際分業の一つで、海運国の多くが自国での造船よりも多くを特定造船国（たとえば日本や韓国）に発注するのが通例となっている。ところが旧時の造船業には多分に自給自足的な性格があり、貿易を営む各都市が自らが必要とする船舶を自分のところで造るというのが普通であった。だから工業生産を主たる経済活動とはしていなかったリューベクでも、造船業はそれなりに発達していたのである。ただし、年とともに造船業の社会的意味は増大していった。すなわち、造船業は典型的な総合産業で、造船業の発達に伴って、製材業、製綱業等の関連産業をも興起させたからである。たぶんこの点では現代と同じであろう。

中世末ハンザ都市の市民闘争

中世都市創造の原動力となったのが商人層であったため、一般に手工業者層の地位は低かった。しかし、中世末に近づくと彼らも政治参加を求め、多くの都市で暴動が発生し、ハンザ都市もその波に捲き込まれている。ハンザ都市ではこの闘争は概して長期的成功を収めなかった。富裕商人層の力が強いうえに、リューベクの例で見たように中産層が比較的多かったからである。

この闘争はしばしば「ツンフト闘争」と呼ばれ、手工業組合《ツンフト》の政権獲得運動と理解されている。

たしかに手工業者はこの闘争の主役ではあった。しかし、現実には商人層と手工業者層が明確な二大陣営に分かれて対立したのではなかった。商人のなかで革命派に与《くみ》する者もあれば、上層手工業親方で体制派に加担する者もあった。むしろ、一握りの有力市民層に対する一般市民層の反抗として理解すべきだという見解が強い。このため近年では「市民闘争」という表現が好んで用いられる傾向にある。

事実、一四世紀を通じて手工業者層にも階層分化が見られ、特権的手工業者が出現する反面、貧困手工業者も増大した。そうして、前者と有力商人層とが結びついてラートによる手工業支配が強化された。同時にラート市民層も土地所有を通じて次第に性格を変え、一般市民層からの遊離が増した。市民闘争はこのような変化がほぼ完成した一四世紀末からあちこちのハンザ都市で激化するようになる。

ハンザ都市における「市民闘争」の研究はハンザ史学の中でも最も研究が遅れた分野であり、今後の課題として最近では人々の関心をひきつけるに至っている。他面、この闘争の革命性を過大評価することも戒められるべきであろう。というのも、市民闘争のねらいは封建社会の根本的変革ではなく、単なる市政参加に過ぎなかったと思われるからである。

市民闘争の進展とハンザ総会

こうして一四世紀末から一五世紀を通じてハンザ都市でも市民闘争が頻発した。その際、日頃優柔不断なハンザ総会がめずらしく明確な態度を打ち出した。ハンザ都市の市民闘争にはハンザによる介入という要因が絡んでいる。ハンザ総会は伝統的ラートが統治するのでなければハンザ都市とは認めないという方針を堅持した。これは封建的身分階級意識の点ではどのハンザ都市も一致していたことを示している。

一例として一三七四～八六年のブラウンシュヴァイクにおける市民闘争の経過を見るとしよう。この時の暴動の主力は手工業者であったが、一部商人層も合流し、一時は成功を収め、ラート員の何人かが処刑され、その土地・財産が没収された。この時ブラウンシュヴァイクの手工業者はリューベク、ハンブルク等の手工業組合にあてて協力を求める書状を出した。ところが、これを受け取ったリューベクの手工業組合はこの書状をラートに手渡さざるをえなかったらしく、ラートが代わって返事を出している。その返事にはハンザから除名するぞという脅しがしたためられていたのである。さらにハンザ総会は数度にわたってブラウンシュヴァイク問題を議題とし、新勢力に制圧された同市に対して経済封鎖を宣言した。

介入したのはハンザ総会ばかりでなく、ドイツ皇帝までが乗り出した。皇帝は暴徒とは関係のないブラウンシュヴァイク商人が経済封鎖の危機を逃れられるよう取り計らっている。

旧勢力の抵抗と外部からの圧力を前にしては新勢力も屈せざるをえず、旧勢力と和解するほかはなかった。その結果一面では商人化した有力手工業者が市政に参加できるようにはなったものの、有力市民による寡頭制という基本構造に変わりはなかった。またそれがハンザへの復帰を許される条件だったのである。

リューベクの市民闘争

リューベクにおける市民闘争のきっかけとなったのは皮肉なことにカール四世の訪問という最大

の慶事であった。一三七五年にこの皇帝を歓迎するためリューベクは莫大な費用を投じ、その補塡《ほてん》のため市民税を増額した。それが図らずも一六世紀まで続く一連の都市内紛の発端となった。一三七七年に手工業者が中心となって税金反対闘争が発生し、それは手工業の自由を求める闘争へと発展した。この闘争は一三八〇年に手工業者側の事実上の完敗を意味する和解で終わった。次いで一三八四年、暴動が未然に発覚するという事件が生じた。それは全ラート員皆殺しというすさまじい計画だったといわれるが、首謀者はやはり手工業者、特に食肉業者であった。捕えられた者は車裂き八つ裂きの極刑に処せられた。

一五世紀に入るとリューベクの市民闘争も本格化する。一四〇三年に市の財政難から増税が決定されると市民の不満が再び爆発し、このたびは市民側が六〇人委員会を結成して一時勝利を収めることができた。暴動指導者の中で商人が最も多かったが、それはこの闘争が商人対手工業者という単純な対立ではなかったことを示している。結局リューベクでは手工業者をも含む新ラートが選出されたが、各都市の市民闘争を鎮圧すべきハンザ首長都市に市政変革が起こったのだから大事件である。

しかし、この成功も短命に終わった。ドイツ皇帝とデンマーク国王が外部から圧力をかけたからである。これには新ラートも屈伏を余儀なくされ、旧ラートが復活して六〇人委員会は解散させられ、新しい制度の導入は禁ぜられた。この場合にも日頃はリューベクと対立している外部権力者が旧ラート復活に力を貸していることは注目に価する。いわゆる市民闘争にどの程度の革命性を認めてよいかは問題だが、当時の為政者が異常な脅威を感じたことは確かである。

第7章　ハンザ諸都市の群像

以上の叙述で主役となったハンザ都市はいうまでもなくリューベクである。その他ではヴィスビとケルンがかなり論じられてはいるものの、所詮は脇役として扱われたに過ぎない。とはいえ、ケルンなど本書のテーマでは脇役にはなっているが、ケルン自体は中世ヨーロッパではドイツの最も華々しい主役だったのであって、脇役とならざるをえなかったのは、もっぱら本書の都合による結果に過ぎない。さらにケルン以外にも実に多くのハンザ都市があり、人によって数え方が違う。というのも、どのような基準である都市をハンザ都市と定義するかが、人によって異なるからである。たとえば一度でもよいからハンザ総会に代表を送ったことがあればこれをハンザ都市と定義するならば、ハンザ都市は相当な数に達する。それでは不十分として別の基準、たとえばハンザの共通財政に寄与したか否かを基準とすれば、その数はかなり低くなるであろう。さらにはどの時期を選ぶかによってもハンザ都市の数は増減する。今日よく引照される数は一四世紀から一六世紀へかけてハンザ都市は約二百というものであるが、それとて絶対的な数値ではない。それにしてもこれだけはどうしてもハンザ都市として考えなければならない都市となるとそう多くはない。本章では、西はケルンから東はバルト東部南岸まで、いくつかの常識的に見てハンザ都市と考えられるべき都市を選んでその特性や役割を簡単に述べたい。ハンザ圏に属する地方は、これらの都市が位置する地方だけではなく、オランダやスカンディナヴィア、ポーランドも含まれるのであるが、それらの地方の都市についてはそれぞれの地方や国の歴史を研究している専門家におまかせしたい。

1　ライン地方

ケルン

ハンザ圏の西端にあたるのがライン地方であるが、ここはエルベ東方のハンザ主部とは異なり、旧ローマ帝国の版図に属していたので歴史は古く、その地方の性格も東方とは相当に異なっている。

まずこの地方には、ケルンという途轍もない大物がある。ケルンの歴史を記すには大型書物が何冊も必要になってしまうであろう。昔、今から半世紀も前になろうか、筆者が西洋史研究者のはしくれとしてスタートしたばかりの頃、二人の日本におけるドイツ中世史研究の大家がケルンはハンザ都市だの否違うだのと激しく論争したことがあった。今思うとこの論争は、当時の日本における西洋史学の未成熟を反映した不毛な議論に過ぎなかったのではないかと考えられる。真相は、ケルンはハンザ都市でもあり、ハンザ都市でもないという妙なところにあるからである。ハンザ都市だというのは、ケルンは間違いなくハンザの正式な一員であり、ハンザ総会に代表を出し、それどこ

ケルン（16世紀頃）

ろか総会議場で最高の順位を占め、さらにある程度はハンザ全体の政策にも協力し、ある程度はその義務をも履行しているからである。他方、ハンザ都市でないというのは、ケルンは常にハンザとは一線を画し、事実利害関係がハンザと異なり、右に「ある程度は」と記したように、ハンザへの協力が甚だ不徹底だったからである。だから歴史を通じて全体としてはハンザ都市でもあるような、それでいて同時にハンザ都市ではないような印象を与えるのである。前記の論争にしても、こうした歴史的事実を認識せずに展開されたように記憶しており、それゆえに今になって思い返すと不毛な議論だったなと思えてくるのである。ケルンをハンザ都市として扱った側は相手を形式面のみで反論したのだが、批判する側がケルンのハンザに対する実質面を把握して言ったのでなければやはり価値はない。いずれにしてもケルンは「ハンザ」という北方世界を超越した由緒深き大都市であり、中世に入ってからの新興都市リューベクとは合うわけがなかったのである。何しろ人口規模から見ても、ケルンは一四世紀末頃四万ないし五万という数を誇り、中世神聖ローマ帝国内第一の大都市であった（五万で大都市とは驚くかもしれないが、中世には人口全体が少なく農村人口に対する都市人口の割合も小さかったから、当時は人口五万で立派な大都市であった)。それに対して同じ頃のリューベクは人口二万程度、それで帝国内ではケルンに次ぐ二番目の大都市であった可能性がある(二番目候補としてはほかにヴィーンとプラークが考えられる)。市域の広さでもケルンが神聖ローマ帝国内でやはり第一であった。そもそも本書の前の部分で述べたように、ケルンは自力・自称で帝国直属を主張し通し、外部にもそれを実力で認めさせたのに対し、リューベクは実直な手順を経て正式に帝国直属の地位を獲得・維持したところに、両都市の根本的な性格上の差異を見ることができるほどである。

さて、そのケルンであるが、経済活動という都市として最も重要な機能の点で見ると、リューベクが典型的な遠隔貿易都市であったのに対し、ケルンのほうは商も工も両方という万能都市であった。よくケルンは「ハンザのワイン館」といわれたように、ワイン取引を大々的に営む商業都市であったが、同時に工業生産も盛んであり、しかもそれが自市の貿易とも結びついていた。つまりケルンは充全なる典型的な輸出産業都市だったのである。当時中世にあって最も重要な工業(手工業)は①毛織物、②金属加工業、③皮革産業の三部門であったが、ケルンはこの三部門すべてに有力な産業都市であった。それが直ちに同市の輸出品となっていたのであるから、その経済力は巨大なものであった。ケルンの特質は各種の面にいくらでも求められようが、本書としては一点のみ、つまり輸出産業都市であった点、それもリューベクの性格とは正反対であった点を指摘するにとどめよう。

ゾースト

西方のもう一つの都市としてヴェストファーレン地方のゾーストを挙げたい。ヴェストファーレン都市としてはたぶんドルトムントのほうが重要であろうが、ゾーストのほうが特色的だと思われ

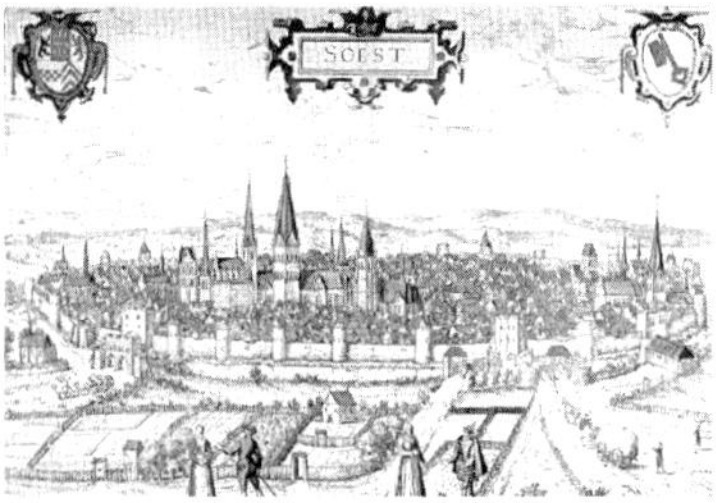

ゾースト

るからである。ゾーストはケルンに近い関係で、またザクセン大公ハインリヒ獅子公失脚後にヴェストファーレンがケルン大司教領とされたため、当初からケルン大司教の強い支配下にあり、同大司教がゾーストの都市君主であった。しかし大司教の力を実力で断乎はねのけたケルンほどの力はなく、ケルンの例の通りに武力で大司教支配を打破したのはやっと一五世紀半ばになってからである。ゾーストは内陸に位置し、ライン河に接してもいないので国際貿易の中心とはなりえず、したがって工業に活路を見出さざるをえなかったが、それはそれなりに成功し一六世紀には金属加工業、特に武器製作で知られるに至った。

しかしハンザに対する関係でいえば、ゾーストの最大の功績はケルン都市法に源を有するゾースト都市法を北のハンザ諸都市に伝えたことであった。北方ハンザ都市に広まった法は通常リューベク法といわれるが、実はゾースト法である。歴史はその地理的位置からも容易に察せられるように、ゾーストのほうがリューベクより古い。リューベク建設に従事したドイツ人の中でヴェストファーレン出身者が多かったが、その中でもゾースト出身者が多かったであろうし、彼らによってゾースト法慣習が北のハンザ都市の多くに広まったと考えられる。ただし同じ西方都市でもケルンとは近世に入ってからの運命は大きく異なった。ケルンはその地理的位置に恵まれて近世以降も大都市の地位を守ったが、ゾーストは近世に入ると急速に衰え、この点ではリューベクと運命を一つにした。何よりもゾーストは三十年戦争の災厄を受けて弱体化し、次いで七年戦争後にはプロイセン領に編入され、ラートも廃止されて中世都市の栄光を失った。

2　ハンブルク

今日でもなお正式に「ハンザ都市」と認められているのは、リューベク、ハンブルク、ブレーメンの三都市のみである。事実この三市の自動車のナンバーには「ハンザ」の頭文字であるHが付され、他の都市についてはそのようなことがない。そこでリューベクに登録されている車にはHL、ハンブルクの場合はHH、ブレーメンの場合はHBと記号が付せられる。この三市のみの三都同盟だけが最後のハンザ総会の後も残ったので、この三市の車輌ナンバーにだけHの記号が許される結果となったのである。ハンブルクとブレーメンのうち、前者はリューベクを助けハンザ都市連合体を支えたハンザ最大の功労者であるのに反し、ブレーメンのハンザに対する関係にはかなり紆余曲折があり、ハンブルクとブレーメンを等しくハンザの代表とするのは奇妙なのであり、今日の実情は史実とは合致していない。ハンブルクもブレーメンもケルンの北やや東に位置するが、この位置から直ちに判明する

16世紀のハンブルク

ように歴史はケルンほど古くはないが、リューベクのような中世の新開発地ほど新しくはなく、その歴史はフランク時代にまで溯る。ということは、キリスト教化されてはいたが、その実体はいまだ不安定であったということになる。

まずハンブルクであるが、その発端は一時的な局地取引場にあるが、この方面の異教徒に対する布教の根拠地としてフランク時代の九世紀に大司教座が設置された。したがってハンブルクは当初から教会支配下におかれたわけであるが、この教会支配力はケルンのそれに比べればほとんど無に等しかった。というのも、周辺のキリスト教化はほんの緒口についたばかりで、異教徒の反撃に絶えず脅やかされ、しかも将来のキリスト教化を当てにしただけの地理的担当範囲を充当されたのみで、十分な領土的基礎を欠いていた。そこで間もなく、より安全な場所としてブレーメンが選ばれ、ある期間ハンブルクとブレーメンを行き来する二つの中心を持つ変則的大司教座となってしまい、さらにその後になってブレーメンが本拠と定められたに過ぎない。それゆえ、大司教座の存在は都市ハンブルクにとって二重の意味で無意味であった。すなわち、第一にはハンブルク大司教はハンブルクに対する保護者の役割を果たさなかったという意味で、第二には同大司教座はハンブルクの都市的自立にとって何等の障害にはならなかったという意味においてである。

ハンブルクのハンザに対する関係上、最も顕著かつ基本的なのは、そのリューベクに対する友好的態度であり、したがってハンザにはほぼ一貫して協力的・建設的であった。ハンザの見地からいえばハンブルクはリューベクと共に代表的なハンザ都市といわねばならない。たとえば北方海域の安全に関してハンブルクはリューベクと協力して実績を挙げ、海賊討伐で最大の功をたてたのはハンブルクに他ならなかった。それも実は必然的結果であった。それをハンブルクの地理的位置がよく物語ってくれる。すなわちハンブルクはエルベ河の下流にあり、リューベクはバルト海への出口にある。ハンブルク・リューベク間はユトランド半島の基部であるが、中世を通じ同半島を迂回してハンブルクからバルト海に出る航路はいまだ開拓されていなかった。これを開拓したのは主としてオランダ人の功績であるが、それとて中世末になってからの話である。それゆえ、中世を通じ北海とバルト海の間は、ハンブルクとリューベク間の陸路が利用されたのである。こうして北海を通る貨物はハンブルクでいったん陸揚げされ、リューベクまで陸路を運ばれ、リューベクで再び船に積まれてバルト海に出たのであった。もちろん東方から西方にもたらされる物資はこの逆を辿った。だからリューベクとハンブルクはこのルートのゆえに仲良くせざるをえなかったのである。

さりとてハンブルクはリューベクと同じ歩み方をしたのでもなければ、同じような経済活動を展開したのでもなかった。たしかに両都はいわば仲良しの兄弟ではあったが、二人の性格は正反対といってもよいほど異なっていたのである。リューベクは東西を仲立ちする国際貿易に立脚し、造船業を除けばこれぞといった工業生産を持たなかった。ところがハンブルクはハンザ貿易の重要な一翼を担ったのは当然であるが、工業生産をも存立の一基盤としていた。特に重要なのがビール醸造業で、自市および周辺への生産のみならず外国への輸出産業としても重要であった。ビール産業はとりわけハンザ的な産業であったから、この面で有力なハンブルクとこの面で目立たないリューベクは本質的な相違を示していたというべきであろう。また近年地下鉄工事の際に大量の皮屑が発見されていることからも察せられるように、皮革産業もまた栄えていたようである。

リューベクに対して忠実な弟分として振る舞ったハンブルクとて、都市的内容が異なる以上、いつまでもリューベクの方針通りに動いたわけではない。たとえばリューベクを主導者とするデンマーク王国との戦争の場合でも、シュトラールズント条約によってデンマークの野望を阻止した一四世紀後半の戦争に際して忠実な協力者として振る舞ったハンブルクも、その後再び演ぜられたハンザ対デンマークの戦争では直接参加を控えている。どうやらハンブルクは中世末になると敏感にハンザの衰退を感じ取ったようである。事実、ハンブルク市民は進取の気性という点ではリューベクとは対照的であった。中世末になるとハンザ都市の商人が資産保全のために土地を購入し、貴族化するのが一般的傾向であったが、ハンブルクでは市民が土地所有によって貴族化することを禁止する法律を厳格に実施する見識を保っていた。こうしたリューベクと異なる傾向は近世に入ると急に強まった観がある。ハンブルクは何といっても直ちに大西洋に進出できる位置にあり、近世の大航海時代になれば当然リューベクより有利であり、事実ハンブルクの貿易活動は近世に入って新世界へと拡がって行った。この点ではドイツ中世都市の頭目であるケルンをも凌ぐことになる。流石のケルンも一六、一七世紀には停滞を示したが、ハンブルクはまさにその時期に躍進し、今日人口の点でもハンブルクはケルンの上に位置している。ハンブルクは時代の変化をも的確に捉える眼識を有しており、北ドイツのプロテスタント化に伴い、はっきりとプロテスタントの世界に属する態度を鮮明にし、シュマルカルデン同盟（一五三〇〜四七年）の一員となり、軍事的にも新教勢力を支援した。この点ではケルンと対照的であり、旧教に留まったケルンは市内からプロテスタントを追放して経済的な損失を招いてしまった。ケルンのハンザ総会への代表派遣が古い時代には稀でありながら、ハンザ衰退期の一六世紀になると恒常化するのも、ケルンという誇り高き旧都にしては賢明さを欠いた政策といわねばなるまい。

リューベクとハンブルクの相違は今日、その二つの現在の都市景観を見ることによって直ちにはっきりする。単なる年表的数字からいえばハンブルクのほうが古いのに、今日の外見はまったく逆である。リューベクはいかにも古風な――ただしこよなく美しい――ゴシック様式でほぼ統一された都市景観を示しているに対し、ハンブルクはいかにもモダンであり、前者がドイツ中世を伝えているのに対して、後者はドイツの近世・近代を展示している。人口の点でも両者は完全に逆転した。中世リューベクの人口は二万ほどで、神聖ローマ帝国内でケルンに次ぐ第二位を占めていた可能性があり、これに対して中世ハンブルクの人口は一万程度であった。現在の人口はリューベクの二〇万余に対し、片やハンブルクの人口は実に一七〇万を超え、今やベルリンに次ぐドイツ第二の人口を誇るに至っている。ちなみにベルリンの人口は三五〇万、ケルンの人口は一〇〇万余である。

3　ブレーメン

次はブレーメンであるが、その位置はハンブルクに近く、フランク時代以来キリスト教化された地方に位置する。しかしそれほどハンブルクに近く、したがって歴史的背景もハンブルクと共通でありながら、そのハンザとの関係は何とまあハンブルクとは異なっていることであろうか。ハンブルクはリューベクを助け常にハンザに協力的であったのに対し、ブレーメンはその正反対で、ハンザの一員でありながら、その態度は大体においてハンザに冷淡であった。その際立った実例は海賊討伐の件であろう。ハンブルクは北方海域の治安維持のために絶大な貢献を果たし、特に海賊討伐で貢献するところ大であった。ところがブレーメン市民は海賊行為に加担し、盗品をブレーメンの市場で販売することまで許していたのだから呆れる。これではリューベク、ハンブルクとともに車のナンバーにHの字を加える特権を享受する資格などないと言いたくなる。

ブレーメン初期の歴史はかなりケルンの歴史と似ている。その歴史はフランク時代の八世紀に溯るのだから、ブレーメン発生時は一種の暗黒時代で商業も未発達であり、ましてや市民によって担われた都市など語られようもなかった。ただ表面的な教会体制だけは整えられ、ハンブルクに大司教座が置かれたものの、ノルマン人の攻撃に曝《さら》されて大司教はハンブルクからブレーメンに逃れ、この結果ブレーメンが大司教座都市となった。その後一〇世紀にオットー大帝は帝国宰相をブレーメンの大司教に送り込んでいるが、この点は皇帝の実弟を大司教に迎えたケルンと運命が似ている。だから当初のブレーメンはケルンと同様に教会の強力な保護を享受できたと考えられる。しかし大司教の支配が抑圧と感ぜられたケルンほどの支配は受けないで済んだ。ブレーメン市は一二世紀末に皇帝フリードリヒ一世から実質上の自治権を与えられ、以後次第に大司教から独立して行けたからである。その間、ブレーメンはリューベックとともにイェルサレムへの十字軍活動に参加し、リューベックの人々とともに後のドイツ騎士団の母胎となる野戦病院をアッコン附近に設立している。だから当然教皇庁からも重視されたであろう。

しかるにハンザとの関係は当初から順調には進まなかった。ブレーメン自体は実質上の自由都市

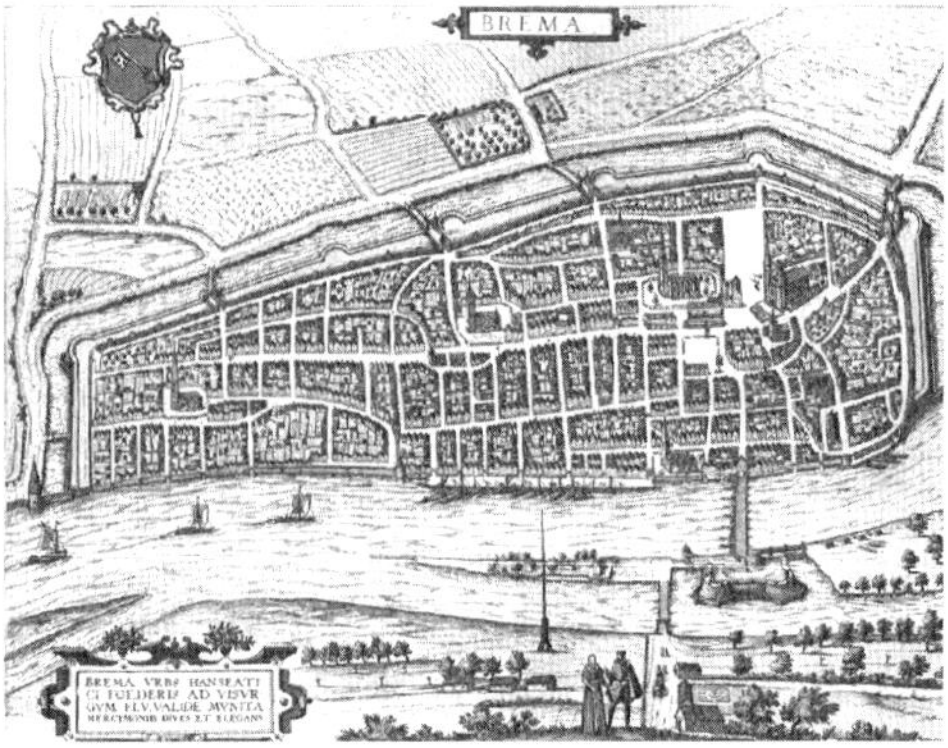

中世のブレーメン

として歩んでおり、一三世紀には本来都市君主であったはずのブレーメン大司教をさし置いて、通商安全のための条約を自らの名で締結しているから、同じ頃のケルンが自称と周囲の黙示的承認によって実力で取得した地位を、ケルンのごとく都市君主に対する反逆という手段に訴えることなく獲得したことになる。また同じ頃にはブレーメンのラートが初めて史料に登場するが、もとよりそれはかなり前から存続していたと思われる。また大司教を外敵の脅威から守ることに助力した結果、都市法の確認、関税の撤廃、市民の軍役免除、大司教による城砦建設の禁止など各種の特権を一三世紀には得ている。にもかかわらずハンザ都市となったのはやっと一四世紀中頃のことである。しかも一五世紀に入ってオランダ人の進出がハンザを脅やかすに至り、ハンザが対オランダ政策を打ち出した時にも、ブレーメンはこれに何ら関心を示さず、もとより何も支援しなかった。

ブレーメンの市庁舎

さりとてブレーメンはハンザに加入するとすぐにハンザの有力分子となった。ハンザ総会でも高い議席を与えられたが、これはブレーメンが大司教座都市であり、それが尊重されたからだと考えられている。だとすると同じく大司教を上に戴きながら、ケルンはそれを実力で排除することによって自称帝国都市となり、ブレーメンは逆に大司教をハンザ内の勢力向上のために利用したということになる。そのうえ、ブレーメンは何度かハンザから除名されている。ただし除名の理由はブレーメンがハンザに非協力的だからというのではなく、市内で政争が生じ、都市ラートを支配していた旧勢力に代わって新しい革新派的市民がラートを占めるに至ったので、それがハンザの基本的性格を損なうという理由によることのほうが多い。事実、ハンザの一員となってからブレーメン市内では市民間の階級的対立が多かったのである。

4　バルト海岸諸ハンザ都市

次にリューベクから東方に連なるように散在する諸都市に移るが、まず指摘しなければならないのは、リューベク、ハンブルクと共にこれらの都市群こそがハンザの中核だったことである。これに比べたらケルンやブレーメンなどはハンザ都市とはいえないほどなのである。順次西から東へと進もう。

ヴィスマル

その最初の都市はリューベクの東隣りに位置するヴィスマルである。エルベ以東のバルト海岸に最初に成立したのはリューベクだから、これらの都市はどれもその後に成立したことになる。ただしそこが難しいところであって、リューベク建設以前にスラヴ原住民の集落があり、そこにリューベクから進出したドイツ人が都市を建設した場合もあるので、その原住スラヴ人集落をどう評価するかという問題が生ずる。最近では東ヨーロッパ原住民の集落形成能力を評価し、この面からもドイツ人中心ハンザ史観の再検討が必要になりつつあることは無視できない。ただドイツ人による都市建設という見地に限るならば、やはり東方都市成立の波はリューベクから発して東方に及ぶとい

ヴィスマル（16世紀）

うことはできる。そこでヴィスマルはリューベクの東隣りなので、当然初期のドイツ人市民の多くはリューベクから移住して来た人々である。このような都市はリューベクに対して「娘都市」だといわれるが、さりとて母都市が娘都市に対して、あたかも近代植民地活動のように支配力を揮ったと考えてはならない。ヨーロッパでは古代も中世も近代的帝国主義とは無縁であり、初期のヴィスマル市民が多くのリューベク出身者ではあっても、ヴィスマルはリューベクに対して完全に独立した別箇の都市なのである。

　事実ヴィスマル自体の性格はリューベクとはかなり異なっている。第一にヴィスマルは中継貿易に立脚するリューベクとは異なり、手工業が盛んな都市であった。多分同市の主要産業は商業ではなく手工業生産であったように察せられる。その第一はビール製造業であり、そのための必需品であるホップをテューリンゲン地方から得ていた。ビール産業第一であったことは誤りないと思われ、ほかに第二か否かはともかく造船業があったが、大船ではなく主に中小船舶を建造していた。北方では手工業は当然ギルド（北方ハンザ圏ではアムトと呼ばれた）に組織され、ヴィスマルでも然りであったが、パン屋、製粉業、釘製造業、帽子製造業、製肉業、皮革業、製帆業、仕立業、亜麻織物業、桶製造業、金属加工業、馬具師、毛皮業等々のギルド（アムト）が知られている。庭師のアムトも存在していたが、市外に庭を所有するのはホップ栽培のためであったから、ビール製造に必要なホップの一部は自給していたことになる。だからヴィスマルはリューベクの娘都市でありながら、手工業を主たる産業とする都市だったのである。

ハンザとの関係も古く、かつ良好であった。そもそも後年のハンザの出発点となったのは一三世紀中頃（一二五九年）に成立したリューベク、ヴィスマル、それにヴィスマルのさらに東のロストクと三市間で締結された通商路安全保障条約であった。この条約は三市間の正式条約であるが、後年のハンザはこの条約が成長した結果ではなく、それとは別の事実上の連合体であって、正式条約締結という手続きを経たものではなく、したがって本三市同盟とハンザを同一視するのはまったくの誤りとなるのであるが、それにしてもこれはハンザ精神の出発点と目すべき画期的事件であり、これに参加した一都市がヴィスマルであることは紛れもない基本的事実である。その後のハンザ成立・発展に当たってヴィスマルは着実に貢献した。たとえば諸都市会議の開催地にしばしば選ばれたことが挙げられる。後年の都市会議の開催地となるのは当然リューベクが多かったが、実力あるリューベクが会議地として好まれない時もあり、そのような時にはヴィスマルが中立的と見られて会議地となったのである。

ロストク

次にヴィスマルの東にあるロストクに眼を移そう。ここも元来はスラヴ人の集落地であり、そこへ西方からドイツ人が来て定住したのであるが、その場合、現地スラヴ君主の歓説が貢献したことは強調されねばならない。東方では時に原住スラヴ人の反撃も発生しているものの、中世の東方進

中世のロストク

出は近代帝国主義の植民発展とは全く異質のものである。事実原住民（ヴェント族）の権利もそれなりに認められており、司法上もヴェント人のための代官が置かれていた。

このロストクは経済活動の点ではヴィスマルと同様手工業都市であってリューベクとは異なっている。手工業の中ではやはりビール醸造業が主であり、それも輸出産業であった。このような性格は市の体制にも当然反映され、一三世紀ロストクのラート員が個別的にも知られているが、ラートを支配していたのはどうやら商人層ではなく手工業者のようであり、手工業者も反面では商業にも従事していたと思われるが、そのような商業は遠隔地貿易にはなりがたく、むしろ局地取引になりやすいことも注意されるべきであろう。事実、中世末期の市民闘争の最も早い例をロストクに求めることができるのであり、最初の事件は一三世紀末に生じており、一四、一五世紀と頻発し、一六世紀には宗教改革に刺激された市民闘争が展開されている。

なお、ロストクには一四一九年ハンザ圏最初の大学が設立された。ハンザ圏を広く取れば最初の大学はケルン大学なのであるが、ケルンがハンザに非協力的であったことと比例してケルン大学もハンザにとって関係が薄かった。多くのハンザ圏の人は大学に行くならばケルンではなくエアフルトのほうを選んだ。そのためにハンザ圏最初の大学として人々に意識されるのはケルン大学ではなくロストク大学なのである。一般に商業都市は文化学術を近隣の他都市に委ねる傾向がある。南欧では商業都市ヴェネツィアがその例で、大学はヴェネツィアではなく、近くのパドヴァに設立された。北のリューベクにも（まさかしめし合わせたわけではあるまいが）大学は設置されず、大学の役割を引き受けたのはロストクであった。

シュトラールズント

ロストクのさらに東にあるハンザ都市はシュトラールズントである。この都市の最も顕著な特色はその地勢上の位置にある。一体にバルト海に面するハンザ都市は直接海に接してはおらず、河川を少し溯上した所に位置しているのが普通である。リューベクのトラーヴェ河、ロストクのヴァルノ河のケースがそれで、両市ともそれぞれの河をやや溯った所に形成された。これには二つの理由が指摘されている。一つは海洋異常、たとえば極度の高潮や津波から市を保護し特に船舶を守ることである。もう一つの目的は海賊の襲撃から身を守ることで、二つのうち後者のほうが恒常的に強く意識されたであろう。しかるにシュトラールズントはシュトレーラ海峡の海岸に直接向かう小丘陵地にあり、直前にリューゲン島があって海峡を狭め都市シュトラールズントに迫っている。この地形のゆえにバルト海へは東西両側の狭い水道を通じて出て行くことになる。これがために高潮や海賊からよく守られているが、それと同様に重要なのは正面に存在するリューゲン島の価値である。というのも同島は軍事上シュトラールズントの防御に役立つだけでなく、農産物を生産し、いざという時にシュトラールズントに食糧を供給しえたからである。実際に三十年戦争（一六一八～一六四八年）に旧教軍に包囲された時も同島のおかげで難局を切り抜けることができたのである。

このシュトラールズントもヴィスマル、ロストクとともにリューベクから進出したドイツ人によって建設された都市であり、それらの関係は緊密であった。このハンザ都市はロストクより東のゆえにロストクより後発と意識され、最初の上訴地はロストクであったが、後にリューベクに移された。植民地に建設されたとはいっても既述のごとく母市と娘市との間に支配関係はないのだが、同じ法系に属する関係で、法律問題が自市内で結着がつかなかった場合には母市に上訴することがあり、あるいは法律上の疑義が生じた場合に母市に問い合わせるという例はあった。このような関係を通じてシュトラールズントはリューベクともロストクとも友好的な関係を続け、それがハンザ勢力の中核を形成したのである。

現在のシュトラールズント

次にシュトラールズントの産業構造であるが、どちらかといえば商業立脚都市であって、手工業の占めるウェイトはそれほど大きくなかったようである。かなり遠隔ではあるにもかかわらず一三世紀後半には早くもイングランドとの間で活発な取引関係を樹立し、イングランド各地でのシュトラールズント商人の存在が知られている。のみならずシュトラールズントはイングランド以外にも、スウェーデンのスコーネン地方、ロシアと通商を営んでおり、取り扱う商品の点でも取引相手の点でも、初期のシュトラールズントの商業活動は各方面に広く及んでいることに特色があったが、後にその範囲は狭まり、スカンディナヴィアとバルト東部との取引に活動を集中して行った。手広く活動範囲を広げるよりも、ハンザ交易に深く喰い込むことによってその勢力を維持・拡大するほうに方針を切替えたと見ることができる。リューベクとの関係を良好に保ったのもそうした方針の表われといえよう。

手工業の点で一つ注目さるべきは造船業である。前章でも述べたように、中世にあっては造船も一つの自給自足産業であり、海運国ないし海運都市は原則として必要な船舶を自ら造ったものであった。だから中世のハンザ都市は各都市が造船に従事したのであって、造船業の存在自体はあえてその都市の特徴とするには当たらない。ただシュトラールズントの場合には造船業に特色があった。造船業も手工業である以上当然ギルド（ハンザ圏ではアムト）に組織されるはずであるが、シュトラールズントでは造船業はアムトの形で営まれたのではなく、船を運営する商人による企業として遂行されたのであった。これも自給自足産業という当時の造船業の性格から来る現象であろう。シュトラールズントの造船所は一四世紀末に八ヵ所、一五世紀初に一三ヵ所が知られているが、それらが商人の直営となっていたのである。さらにシュトラールズントは航海技術の点でも進んでおり、一四世紀初以来西から入港する船を守るべく灯台が設けられていた。また一四世紀末にドイツ最初の羅針儀製造人が知られているが、それもシュトラールズントにおいてである。

シュトラールズントは帝国直属都市になったことは一度もなく、体制上は一応領邦君主ポメルン大公の支配下ということにはなるが、そのなかにあって実質上は自治都市であった。長い歴史を通じて領邦君主からの圧迫を受けることもあり、特に都市内部に紛争が生じた時には君主からつけ入れられやすかったが、そうした危機を克服できたのもハンザと密接な友好関係にあったからである。その独立度は帝国直属都市リューベクほどでないことは当然で、一三世紀以来市内には都市君主の代官が存在していたが、それも一四世紀に入るとシュトラールズント市民一家系の世襲となった。

グライフスヴァルト

シュトラールズントのさらに東にあるのがグライフスヴァルトでリューベクからここまでが実質上ハンザの心臓部に相当する。ポメルン大公の支配地にあり、リューベク、ヴィスマル以下の東方諸都市（グライフスヴァルトから見れば西）からの移住者が出発点となった。経済活動の第一は手工業で、それも中世都市の生存を支えるのに必要な手工業部門のすべてが存在したが、特に目立つのは鍛治業、靴製造、仕立業、毛皮業であった。これに対してビールの輸出は少なかった。一五、一六世紀には中世都市お定りの市内紛争が折々生じている。このグライフスヴァルトに関して一つ際立った特色として注目を惹くのは、同市にロストクに次ぐハンザ第二の大学が一四五六年に設立されたことであろう。大学設立はそもそも都市自治の内容には含まれず、したがって領邦君主、管区大司教、それに教皇庁の主導が必要であって都市当局はそれの仲間の一人として関与するに過ぎない。事実、ハンザ都市最初のロストク大学の設立を唱え出したのはメークレンブルク大公であり、これに賛同した精神界の権威者シュヴェリーン司教の役割が大きかったが、同時にロストク市にも呼びかけがなされた程度である。

ところがグライフスヴァルト大学設立の場合には、大学設立の主唱者はもはや領邦君主でも聖界有力者でもなく、グライフスヴァルト市の市長ともいうべき市役員であった点に際立った特異性がある。グライフスヴァルト大学成立の背景となっているのはロストク市の苦境である。一五世紀にロストクは神聖ローマ帝国と教皇庁との間で紛糾を生じ、設立後間もないロストク大学は難を逃れてグライフスヴァルトに移転せざるを得なかったものの、程なく危難は去ってロストクに戻ることとなった。しかるに教授陣の一部がグライフスヴァルトに留まり、ロストクには戻らなかった。これを奇貨としてロストク市とポメルン大公が協力して、グライフスヴァルト大学設立の特権を教皇から獲得したのであった。

グライフスヴァルト大学のように他大学のスタッフが移住、定住した結果新大学の成立が可能となる例は他の大学にも実例がある。というのも中世の大学は「人間の集団」であって土地や建物とも関係はないので、こうしたことがありえたのである。事実「大学」（ユニヴァーシティ）というのは人間の団体を称する言葉の一つであって、ギルドと同じ意味の言葉である。日本では大学と聞くとすぐキャンパスが想起されるが、土地と建物の有無は本来の大学には必須のものではない。ちなみにいえばハンザそれ自体が数ある団体名の一つに他ならないのだから、ハンザをユニヴァーシティと称したとしても奇妙ではないのであって、案外その実例があったのではないかという気がする。

いずれにせよ、グライフスヴァルト大学の真の設立者はグライフスヴァルトの有力市民であって、その名をハインリヒ・ルーベノフという。個人名の目立たないハンザ史においてこの個人名は憶えられて然るべきである。なにしろ商業世界であるハンザに、傑出した文化的貢献を果たした人だからである。ただし後出のグライフスヴァルト大学の影響力はロストク大学には及ばなかった。

5　ダンツィヒ

グライフスヴァルトから東はもう現在のポーランドになる。ここには歴史上きわめて著名な、またハンザ都市としても重要なグダニスクがあり、旧時は実質的にドイツ人都市なのでダンツィヒと呼ばれた。ここも当然元来はスラヴ人の集落であったが、一二世紀末以降ドイツ人定住者を迎えて発展し、彼らの定住地にリューベク都市法が領邦君主から与えられるという形式で施行される運びとなったのである。現在の研究者の間では原住スラヴ人の都市形成能力を評価しようという傾向があるが、東欧都市に西欧的法体制を持ち込んだのはドイツ人に他ならない。都市全体は領主の居住地区、スラヴ人居住区（郊外区）、それにドイツ人住民から成るドイツ都市法地区の三部分から成ったが、政治的にも経済的にも有力になったのはドイツ人地区であった。そうしてダンツィヒがハンザ都市になったとはいっても、ドイツ人地区がハンザの一員となったのであって、それ以外の地区はハンザに加わってはいなかったのである。

中世のダンツィヒ

　ダンツィヒの経済活動の第一は貿易であって、これに比べれば手工業は目立たなかった。その活動は中継商業としての性格が強く、リューベクと似ている。西ヨーロッパへは東欧産物、穀物、材木、瀝青《れきせい》、タール、ポーランド・プロイセン産の蜜蠟、亜麻、麻、皮革類等をもたらし、西欧からは毛織物、塩、海産物、ビール、ワインを東欧にもたらした。このような取引商品の内訳はリューベクのそれを想起させるが、決定的にリューベクとダンツィヒを異ならせているのは穀物取引である。リューベクは多面的な取引を展開させながら穀物取引にはあまり関与しなかった。これに反してダンツィヒにあっては穀物取引が重要であった。これには二つの背景が考えられる。一つはヴァイクセル河の河口という立地条件の良さから、プロイセン、ポーランド、リーフラント等の穀倉地を後背地とすることができたこと、もう一つは中世から近世へかけてこの方面に領主層の直営地農場経営（グーツヘルシャフト）が発達し、それが主に輸出産業として営まれたことである。ダンツィヒは一五世紀になるとリューベクをさし置いて西欧と直接取引を展開させ、当然リューベクとは対立関係を持つに至ったが、それとてさらにはオランダ人に掌握される破目に陥った。

最初ポメレレン侯の支配下にあったダンツィヒは程なくドイツ騎士団の支配下に移行した。ドイツ騎士団の支配はかなり強力で、最初のうちはダンツィヒには自治都市として重要な権限も与えられなかったし、騎士団がダンツィヒに許した都市法もリューベク法ではなく、東方のクルム法であった。しかしドイツ騎士団支配は必ずしもダンツィヒにとって不利ばかりではなかった。騎士団の農業経営の盛行によりダンツィヒの穀物取引が活発化したからである。もっとも騎士団自体が穀物取引に乗り出したために、ダンツィヒと競争関係に入り込んだ。その騎士団も一五世紀初にポーランド王国と戦って敗れ、ダンツィヒはポーランドの支配下に組み入れられた。この激動をダンツィヒはかえって自己に有利に乗り切り、再び騎士団支配が復活した時には旧時の体制に戻らせなかった。すなわち都市独自の法令発布権を認めさせることに成功している。その結果、ダンツィヒは一五世紀後半には法的にはポーランド国王からほぼ独立していたといってよいほどであった。

ハンザは一五世紀以後近世へかけ没落したとはいうものの、個々のハンザ都市の消長はそれとは無関係であり、なかにはハンザ没落期にかえって発展した都市もあるとよくいわれている。その代表例としてよく挙げられるのがダンツィヒである。一四世紀のドイツ都市法地区の人口は一万ほど、一五世紀の全人口は一万八千から一万九千程度であったが、近世に入ってから増大し四万に達したともいわれている。とすれば、ダンツィヒは人口の点でリューベクを凌駕してしまったことになる（ちなみに同じ頃のワルシャワの人口は一万四千ほどであった）。人口以上にダンツィヒの中世末近世初における発展を示すのは、その穀物輸出量の増加であろう。一四九二年のダンツィヒからの穀物輸出量は一万二八〇〇ラストであったが、一五八三年には六万ラストとなり、一六一八年には一一万六千ラストに増大した。つまり百年余の間に十倍にも増えているのである。このようなダンツィヒのさらなる発展を抑制してしまったのが、ポーランドと戦争を交えたスウェーデンの勢力拡大であった。

このダンツィヒには穀物その他の貿易で栄えた旧時を偲ばせる遺構が残っている。それは木造の大起重機塔で、この種の遺構としてはきわめて珍しい貴重な遺産である。本来は同市には穀物倉庫と塩倉庫があったが、それに関してはリューベクに今に残るトラーヴェ河沿いの塩倉庫が想起される。さらにダンツィヒには穀物を挽くための製粉所がいくつもあったのは当然だが、その中の若干はドイツ騎士団の所有するものであった。騎士団の都市に対する権力にはそれなりのものがあったわけである。そのなかに当時有名であった「大製粉機」といわれたものがあったが、それは要するに巨大な穀物

ダンツィヒの起重機

製粉機で、残存していたならば前記大起重機塔をも凌ぐハンザの遺構として珍重されたであろう。何しろ中世最大の手工業設備だなどといわれているほどの代物だからである。

6 リーガ

ダンツィヒからさらに東ということになれば、リーフラント地方に入る。ここは中世も年代が進むにつれてロシア貿易に深く喰い込んで行った地方である。いくつものハンザ都市が点在するなかでここではリーガだけを取り挙げよう。リーガこそはリーフラント地方で最も有力な都市であり、ロシア貿易にとってもこの地方最大の拠点だったからである。

リーガの出発点は意外にも教会体制の確立であった。すなわち一二〇一年にリーガに大司教座が設立され、その後に商人がリーガの発展に貢献するに至るのである。しかしこの地方の異教勢力は当然強大であり、リーガは教会の保護下でやっと存続でき、初期の間は商人の役割は大きくはなりえなかった。とはいえリーガ商人が実力を身につけるようになると、大司教と都市リーガの対立が不可避となった。そのままで行けばかつてのケルンのように、実力をもって大司教の都市支配と対抗するという事態

リーガ(1575年)

になるはずであったが、リーガがそこまで行かなくとも済んだのは、教会勢力同士が対立してしまったからである。すなわち、ドイツ騎士団とリーガ大司教との間に対立が生じ、リーガ市はこの間隙を縫って自立を高めることに成功したのであった。これもまた地理的位置と無関係ではあるまい。リーガ大司教の設立は到底ケルンのようにローマ帝政期まで溯らず、やっと一二〇一年のことである。さすがに教会だけあっていち早く、ともかくもリーフラント地方に体制をしいたが、もとよりケルンのような権力は持ちえない。何しろ周辺はいまだ異教の勢力が強かったからである。他方、商人が先導または教会勢力の東漸と同時に進出するには、リーガは東の辺境にあり過ぎた。だからリューベクのように商人勢力が教会を圧倒することも不可能で、やはり大司教の先導の下で進出するほかなかった。さりとて新しい大司教だけでは教勢確立に不充分で、勢いドイツ騎士団という司教組織とは別個の教会勢力の協力を得る必要があった。この結果、大司教の単独な専制支配（ケルンのような）を許すこともなかったのである。

元来ロシアとの貿易は西方ハンザ都市の有力な部門であったが、中世も進むとともにリーフラントの関与が増大した。当然その最大の担い手は同地方の主邑《しゅゆう》リーガである。リーガを建設したのは元来は西方ハンザ都市の市民であり、リューベク、ヴィスビはもとよりゾーストやミュンスターからの来住者が知られているが、リーガ市内にはロシア人居住区も存在していた。一四五九年にリーガでは外地商人の直接取引が禁止され、それからリーガの繁栄期が訪れるのであるが、同時にリーガはポーランド王国の支配下に置かれ、当初はポーランド国王の下でなお自治的な地位を保っていた。

第8章　ハンザの末路

1　外地商館の没落

ノヴゴロド商館の閉鎖

ハンザの衰退を最もはっきり示すのが外地商館の没落である。そのうち、没落の最も早かったのはノヴゴロド商館であった。ロシアで二〇〇年にわたるモンゴル支配が終わり、その軛《くびき》を脱したモスクワ大公国が台頭し、ノヴゴロドを征服するに至った時、同地のハンザ商館の運命は定まった。それまでノヴゴロドは独立的都市共和国であったが、絶対王政確立をめざすモスクワ大公イヴァン三世（大帝）は一四七八年同市を最終的に屈伏させ、次いで鉾先を特権的地位にあるハンザ商人に向けた。一五世紀のノヴゴロド商館もハンザ内部の分裂を反映し、リーフラント諸都市が西方のハンザ都市を排除して独占を形成していた。だから、イヴァン三世が弾圧に乗り出した時、ハンザ側はもはや総力を挙げてこれに当たることはできない状態にあった。

　イヴァン三世のねらいもロシア人自身の商工業育成にあった。絶対王政を指向する君主と商人層の結びつきはハンザにとって最も怖るべき事態である。たまたまレーヴァル（現エストニアの首都・タリン）で罪を犯したロシア人が厳しく処刑されると、イヴァン三世はこれを口実とし、一四九四年商館の全ドイツ人を捕え、財産を没収した。この時にはドイツ皇帝が調停に乗り出し、捕えられたドイツ商人の大部分は三年の捕囚の後解放されたが、商館自体は閉鎖されたままであった。

イヴァン３世によって破壊されたノヴゴロド

　一五一四年に商館再開がやっと許されたが、それはもはやハンザ商人自身の力による成果ではなかった。ポーランドと対立していたモスクワ大公がドイツ皇帝と友好関係を保つ必要を感じていたための結果であった。このような君主間外交によって運命を左右されるに至った点に、ハンザの滅亡を予見することができる。その後も商館は存続したが、ここと関係したのは事実上リーフラント都市のみであり、ロシア各地に商業都市が台頭した結果、ノヴゴロド自体の地位も低下した。
　しかし、ノヴゴロド商館は事実上滅亡しても、ドイツ・ロシア間の文化交流という成果が残された。ロシアからの最初の大学生の入学先はロストク大学で、一四九〇年代に入学している。ノヴゴロド大主教は一五世紀に入ってからハンザを通じて西方の文化を積極的に吸収し、リューベクから学者と印刷技術者を招いている。当時リューベクは北方圏における印刷・出版の中心地であった。

ブリュージュ商館の消滅

ブリュージュ商館の場合にもブリュージュ自体の比重低下が商館滅亡の前提となった。ブリュージュの港湾・商業都市としての機能低下により、次第に新興のアントウェルペンにとって代わられる形勢にあった。そこで政治的圧迫が加えられたわけでもないのに、ハンザ商人自身がアントウェルペンに本拠を移してしまった。もっともアントウェルペン進出自体は一五世紀にもうはじまっており、実体が失われた後もブリュージュ商人団の名称は存続しているので移転の時期ははっきりしない。諸般の事情から一五三〇年代がブリュージュ商館の事実上の消滅の時期と推測されている。一五三〇年代以降、重要文書の多くがアントウェルペンから発せられ、本来ブリュージュで納入されるべき醵金《きょきん》もアントウェルペンで支払われるようになっているからである。

アントウェルペンのハンザ商館

このようにブリュージュ商館は外圧によってあまり左右されることなく、経済的情勢の自然的変化に即応した運命を辿った。それは中世的な強制市場貿易の時代が過ぎ去るとともに必然的に生じた結果といえよう。ブリュージュからハンザ商人が姿を消した代わりに、彼らはアントウェルペンで一五六八年に荘麗な館を取得した。しかし、その繁栄も短く、すでにハンザ商人にとってこの建物は利用し尽くせないものであり、一部の部屋は貸し出された。オランダ独立戦争中アントウェルペンがスペイン軍の攻撃を受けた際、この建物は幸いに破壊を免れたが、無秩序なスペイン兵の兵舎にされてしまった。ハンザ消滅後もこの建物はリューベクが管理するところとなったが、一八六二年ベルギー政府が買い取り、一八九三年に火災で焼失した。

ベルゲン商館の末路

ベルゲン商館の場合には特に終末がない。ハンザ自体が過去のものとなった一七世紀以後も商館としては存続した。何といってもベルゲンではハンザ商人は圧倒的優位にあり、当時のノルウェーにはこれを排除するだけの力が欠けていたからである。しかし、それでも凋落は免れられなかった。商館長老の人数も減り、一六〇五年にはたった一人になってしまった。

事実、ベルゲン商館も外形的には存続しつつも、実質的には変化していった。一七世紀中頃以後になると、商館はベルゲン市の一部に組み入れられるかたちで寿命を保つこととなる。多数の建物はベルゲン市の所有に移り、一七五四年にはドイツ商館に代わってノルウェー商館が設置された。商館所属商人の圧倒的多くは依然としてドイツ人だったが、その大部分はベルゲン市民となっていた。彼らの活動も北ノルウェーとの海産物取引に集中し、ノルウェー商人に依存する度合いが強まった。

ハンザ商人の名残は教会に伝えられた。ベルゲンのハンザ商人は司教をも殺害するほど野蛮だったが、彼らにとっても教会は精神的中心として重要だった。その中の一つマリア教会は商館地区外にあったが、一七七六年までドイツ商人の教会という地位を保った。そこでの説教も一八七〇年までドイツ語でなされたほどである。その他にハンザ商工業者の教会が二つあったが、マリア教会も含め三つとも宗教改革後はドイツ人牧師を迎えている。

2　イングランドにおけるハンザ貿易の末路

イングランド絶対王政のハンザ対策

ユトレヒト条約によってハンザは勝利を占めたが、その後は絶対王政開始とともにイングランド側が除々に反撃に出、一〇〇年余の紆余曲折を経て一五九八年のロンドン商館（スチールヤード）閉鎖に至る。この頃のイングランドではマーチャント・アドヴェンチャラーズ（冒険商人組合）という特権商人団体が有力になりつつあったが、彼らは一四八六年ハンザに関する苦情を国王に請願した。それはハンザ圏におけるイングランド商人の通商権侵害、ハンザの貿易独占、ハンザ商人の不当な低関税特権等の非を訴えたものである。国王自身も絶対王政樹立のために自国産業・海運業の振興を企てたから、独占主義的なハンザ商人に対してやがて種々の規制を講ずるに至る。

この間におけるイングランド国王のハンザ抑制策はハンザと正面から対決するという方法によらず、個別的・間接的な規制措置を積み重ねてゆくという巧妙なものであった。イングランドに対する関係ではケルンが事実上ハンザから離脱し、その他のハンザ都市相互の足並みも不揃いで、こうしたハンザの内部不統一は当然イングランドに有利であった。当初、王政府の芸の細かい政策はイングランド商人層の直線的なハンザ排斥とは合致しなかったが、一六世紀に入るとこの両者はついに歩調を合わせるようになる。そうなるとハンザ勢力が駆逐されるのも、もはや時間の問題である。

一五二〇年のブリュージュ協定

テューダー朝治下のイングランドとハンザの間では数々の小紛争や事件が生じているが、そのなかで特に重要と思われるのは一五二〇年のブリュージュ協定である。これはその頃までに累積したイングランド・ハンザ間の対立を調整した暫定協定であり、次のような点で注目に価する。

まず、同協定第二条によりイングランド商人にはハンザ圏での完全自由通商が認められ、年来のイングランド側の主張であった相互主義が貫徹された。すなわち、イングランド商人に対してハンザ都市の後背地における通商活動が認められ、輸出商品生産者との直接取引が可能となった。これはハンザ商人の存立基盤である中継の地位を奪うに等しい。さらに、この協定が成立するにあたってはイングランド商人団の代表も参加しており、協定前文にもイングランド側代表の一人として名を連ねている。イングランド商人層と政府との結びつきはここに明瞭に反映されている。

スチールヤードのダンツィヒ商人
（ハンス・ホルバイン画）

もとより、ハンザ商人のイングランドにおける通商権も従来通り認められているが、それはハンザ側から見れば当然のことであって、この協定ではハンザ側が得たものはないに等しく、イングランド側が大きな成果を収めている。とりわけ重要なことは、ハンザ特権すら今や暫定協定に基礎づかなければならなくなった点である。中世の特権というものは本来絶対的であり、イングランドにおけるハンザ特権もあたかも不変の権利のように見られていたが、今やその絶対性が否定され、その都度の条約に基づくに過ぎなくなった。ハンザ特権自体は一六世紀末まで存続したが、その根本原理は変化してしまったのである。

一六世紀ハンザのイングランド貿易

ハンザ末期のイングランド貿易に関して注意さるべきは、統計的数値は表面的現象に過ぎないことである。現実の貿易面ではハンザ商人の通商活動は一六世紀においても決して低下していなかった。表8－1に見られるように、多少の上下変動はあるものの、ハンザ商人の毛織物輸出量は増加の傾向を見せている。と同時に外国商人中最有力であったこともはっきりしている。

しかし、細部に立ち入って検討すれば、イングランド側のハンザ排斥工作の手が加わっていることが知られる。一口に毛織物といっても加工の度合いや品種によっていくつかの区別があった。その区別に即して関税支払額から各国商人の輸出入関与率を見ると、商品の種類によってかなりの相違がある。一六世紀イングランドの新興製品として生産が増加したウーステッド（イングランド東部ウーステッド発祥の梳毛糸《そもうし》を用いた毛織物）の輸出面では、ハンザ商人はほとんど閉め出されてしまっている。つまり、新興輸出部門からハンザ商人を排除することによって、イングランドはハンザ貿易

表8-1　16世紀イングランドの毛織物輸出と外国商人

年	ハンザ商人の輸出量	その他の外国商人の輸出量
1500	21,389反	3,181反
1513	21,556反	4,031反
1537	34,693反	5,274反
1538	33,778反	4,608反
1539	34,142反	28,318反
1540	27,260反	24,556反
1541	27,619反	29,732反
1542	23,412反	29,267反
1543	24,221反	14,679反
1544	27,052反	24,294反
1545	33,963反	50,359反
1546	31,050反	42,008反
1547	29,689反	14,793反
1548	43,583反	890反
1549	44,402反	1,361反
1550	39,854反	1,183反

発展の可能性を奪い取ってしまったのである。

その他の商品に関しても一六世紀に入るとワイン輸入という重要部門でハンザ商人は完全に勢力を失い、イングランドが八割近くを掌握するまでに至っている。わずかに蜜蠟輸入で一〇〇％近くをハンザ商人が掌握していたが、以上のように細部まで掘り下げて見ると、ハンザ勢力を排除しようとするイングランド側工作の跡を発見できるのである。ただし、蜜蠟の例からもわかるように、東方商品輸入に関してはなおイングランドはハンザに頼っていた。特に切実だったのは木材の輸入で、イングランドにおけるハンザの勢力が意外に長い命脈を保ったのも一部の生活必需品の輸入では、なおハンザが必要とされたからである。

ロンドン商館の滅亡

一六世紀後半に入るとイングランドのハンザ弾圧も露骨になり、これと並行して有力ハンザ都市の脱落が目立つようになる。

リューベク最大の盟友ハンブルクがハンザから次第に分離してイングランドに接近したことは致命的であった。近世に入り、西方の大西洋貿易が発達するに伴い、機を見るに敏なハンブルクは今やハンザ時代が終わって新時代が到来していることを感じ取った。この時の方向転換が後にハンブルクが大都市となりえた出発点であり、リューベクのような保守政策にこだわっていたならば、ハンブルクは近世の大都市として発展しなかったかもしれない。一五六七年、ハンブルクはハンザの意に抗してマーチャント・アドヴェンチャラーズと協定を結び、商館保有と関税特権を認めてしまった。この協定はハンザの圧力により一五七八年にいったんは取り消されたが、一七世紀初期に復活している。マーチャント・アドヴェンチャラーズはさらに一五七九年東方のエルビングにも商館を設けることができたが、それもエルビングのハンザからの脱落を意味した。

こうしたイングランドの進出にハンザ自身がもはや抵抗する力を失っていた。窮余の策としてドイツ皇帝にイングランド商人の非を訴えたが、皇帝にはそもそもハンザを有効に援助する実力も意欲も欠けていたのである。だから皇帝に訴え出たことはイングランド側にハンザ弾圧の口実を与えたに過ぎなかった。たまたまイングランド・スペイン間に無敵艦隊撃滅で名高いアルマダの海戦が起こり、一五八九年、ハンザ商人がスペインを援助したという理由で六〇隻ものドイツ船が拿捕された。この時以後、ロンドン商館の地位は急激に低下した。

かくて、一五九八年一月十三日、イングランド女王エリザベス一世は勅令を発してロンドン商館、つまりスチールヤードの閉鎖を命じた。その勅令によれば、ハンザがドイツ皇帝に訴え出たことが女王をひどく憤らせたのであった。女王にいわせればハンザの訴えは事実無根だというのであった。こうしてスチールヤードの建物はイングランド官憲に接収され、ロンドン商館の幾世紀にもわたる歴史に終止符が打たれた。

スチールヤード閉鎖に関してリューベクの文書館に一つの史料が残されていた。それは前記勅令のわずか二日後の命令で、英語の原文は失われドイツ語訳でのみ伝わっている。それによればポーランド国王の臣下はハンザ商人としては扱わない。つまり追放令の適用外だとされた。当時プロイセン都市はポーランド国王を都市君主に仰いでいたから、これはダンツィヒ以下の東方諸都市との経済関係は維持するということを意味する。ポーランド王国はドイツ帝国の範囲外であるから法理的にもこれは当然であるが、それにしてもイングランドにとって好都合であった。イングランド経済にとって必要な部分だけを切り離して、ほかのハンザを排除するという有利な政策を実行できたのである。

3　ハンザ最期のあがき

末期のハンザ総会

総会は唯一のハンザ機関であるから、ハンザ自体の変質は当然総会を左右したはずである。一六世紀に入ってもハンザ総会は不定期的にもっぱらリューベクで開催されていた。出席都市の数がその都度まちまちであることも従来通りであるが、一六世紀以後多くの都市がもはや二度と総会に出席しなくなった。

出席率が都市によってひどく悪いのも今にはじまったことではない。リューベク、ハンブルク、リューネブルク、ロストク、ヴィスマル等のヴェント諸都市の出席状況はさすがに良好だが、ブレーメン、ダンツィヒ、シュトラールズントも良いほうである。果たせるかなケルンの出席状況はこれらに比べて悪く、次第にハンザから分離してゆく傾向をほのめかしている。一五四九年には二回目までの欠席には罰金、三回欠席すれば除名という制裁を定めたが、規定通り実行されたかどうか疑わしい。

一六世紀になると総会での票決方法もようやく多数決制の方向に進んだ。多数決という方法は元来中世には無縁のもので、何事も全会一致というのが中世法の本来の姿であった。だから多数決制を導入しようとしたことは、ハンザが時勢に応じようと努力したことを意味している。一五七九年に圧倒的多数による決定には従わねばならないと決議された。しかし、実効力は乏しく、特にケルンは総会決定を無視して憚《はばか》らなかった。

末期のハンザ総会で目立つことは、一般のハンザ都市が次第にハンザ問題から手を引き、少数の熱心な都市に仕事を任せてしまう傾向である。一五七九年、時しもイングランド問題が切実になっていたが、諸々のハンザ都市は問題の討議をリューベク、ハンブルク、ブレーメン三市に委ねてしまった。後年この三市だけがハンザに代わる新同盟を結成してハンザを継承したことを考え合わせると、これは重要な出来事であった。

ハンザ建て直しの試み

何事であれ制度というものは没落に向かいつつある時が一番完備していることが間々あり、ハンザもその例にもれない。没落から立ち直ろうとする危機意識から意図的な機構整備がなされるからである。ハンザが明確な組織を築き上げるようになったのはハンザ末期の一六、一七世紀においてであるが、それまでの未組織なかたちでは外圧に抵抗しえなくなったからである。だから皮肉なことにハンザの機構なるものはハンザ衰退期になってやっと見出される。

ハンザを建て直そうという試みの一つは、ハンザ諸都市の群別再編成であった。多数のハンザ都市を数群に分かち、各群にリーダー都市を指定するという案で、いくつかの案があったが、リューベク群、ケルン群、ザクセン群（リーダー都市はブラウンシュヴァイク）、プロイセン群（リーダー都市はダンツィヒ）の四群制が公式のものとして定着した。各群のリーダー都市の任務はハンザ総会と中小都市の仲介者となることで、たとえばハンザ醵金《きょきん》も各リーダー都市に支払われ、次いで中央のリューベクに送られるということになった。これは多くの中小都市がハンザに無関心になった結果でもあった。これによって中小都市の負担を軽減できたが、多くの都市の連帯感をますます希薄にしてしまった。

もう一つはハンザ官僚任命の試みである。その背景として一六世紀における法学者の進出という一般的現象がある。すでに多くの都市で大学出の法曹家が重用され、それを有給官吏とする行政がはじまっていた。ハンザ自体もこの潮流に従うことにしたのである。こうして一五五六年ハンザ総会の決議によりケルン出身の法学博士ハインリヒ・ズーデルマンがハンザの有給官吏として採用された。雇傭契約は最初六年期限のものであったが、更新を重ねついに終身のものとなり、ハンザから年俸が支給された。その職務はイングランドやオランダ等との外交折衝、ハンザの特権状や議事録の整理と抜粋作成などで、求めがあればハンザ総会にも出席しなければならなかった。しかし、この職務はズーデルマンにとって決して快いものではなかった。海外出張がやたらに多い上にハンザの後楯は不十分であり、しかも報酬の支払いさえ順調でなかった。

ハインリヒ・ズーデルマン

ズーデルマンの死後、後任はなかなか決まらなかったが、結局一六〇五年にシュトラールズントのヨハン・ドーマン博士がハンザ官吏となった。ドーマンに委ねられたのは外交のほか、議事録便覧の作成、ハンザ史の執筆、ハンザ海商法の起草などで、ハンザ史の執筆が完成していたら史上最初のハンザ史となるところであった。しかし、ドーマンも諸都市の非協力に失望させられた。

ドーマンの死後はリューベクのヨハン・ファーベル博士が臨時という名目で仕事を継いだが、この臨時職が結局はハンザ官吏の性格を固定させてしまった。ファーベル以後、リューベクの法曹家市吏の誰かがハンザ官吏を兼務するという慣行が確立した。従来もリューベク市吏がハンザの仕事を遂行していたのだから、これでは元の木阿弥である。補佐官吏の任命も再々議論されたが財政上の理由から実現しなかった。大ハンザともあろうものが数名の使用人さえ雇えないというのは信じがたいが、ともかくそれが事実だったのである。

新しい同盟体制の模索

経済的利益共通意識のみで結ばれたハンザは、周辺に中央集権国家が存在していなかった中世においてのみ存続しうる体制であった。一六世紀に入るとハンザも自らを維持するためには体制の性格自体を変えねばならないことに気づくようになった。

ハンザ内部の改革案については前項で触れたが、もう一つ、外部に保護者を求めることも考えられた。最も有力な候補として考えられたのは新興ポーランド王国で、これとの同盟案を熱心に主張したのはダンツィヒであった。ダンツィヒはドイツ騎士団没落に伴い、ポーランド国王を君主と仰ぐことになったが、ポーランド国王はダンツィヒに従来以上の自由を許し、同市はハンザ衰退期にかえって有力都市にのし上がった。だから、ダンツィヒがポーランド国王を「ハンザの再興者、保護者、維持者」と呼んで自説を主張したのも無理はなかった。しかし、この案も他のハンザ都市の賛成を得るまでに至らず、沙汰止みとなった。

一時的に実現したのはオランダ連邦との同盟であった。以前からオランダ都市の一部はハンザに加入していたが、この場合の相手は個々の都市ではなく、国家としてのオランダである。一六一三年にリューベクがオランダと同盟を結び、これを皮切りとして他の一〇ほどの都市がこの同盟に参加した。けれどもこの同盟も三十年戦争の勃発によって消滅してしまった。

外部勢力とのもう一つの同盟案として、ハンザ以外のドイツ都市との同盟による一大都市勢力案があった。一五五七年に南ドイツの帝国都市からこの案が提唱されている。しかるにハンザ側から熱意をもって迎えられず、この案も実現しなかった。都市だけで近世国家に対抗する勢力を築くという案は、中世的身分制社会の延長・拡大に過ぎず、本質的には時勢に逆行する考え方である。

結局のところ、ハンザ内部の再編成以外に道はなかった。すでに一五世紀以来、周辺諸侯に対抗するためハンザ内の一部都市群が同盟を結ぶケースがあった。ハンザ自体が一個の国際法上の同盟ではなかったからこそ、この方法が可能であった。その源流は第一次デンマーク戦争に際してのケルン同盟に求めることができ、リューベクも一五世紀以来、同種の同盟成立を強く希望していた。ハンザ内部での同盟というかたちであれば、多数都市を含むものとはなりえない反面、縮小したかたちで強固な勢力を作りうるという利点があった。しかし、その実現性さえ乏しく、後に述べるリューベク、ハンブルク、ブレーメン三市の同盟というきわめて縮減されたものとなった。

以上のように、一六世紀のハンザが何を試みても挫折するだけであった。ハンザの維持に強い情熱を傾けてきたリューベクさえ、ついに嫌気に駆られる有り様であった。リューベクは一五八四年にハンザ指導者の地位をブレーメンに譲りたいと言い出したが、他の都市から慰留されて思いとどまった。その後も数回辞意をもらしている。結局、辞任は実現しなかったが、リューベクさえ弱気になるほど一六世紀のハンザは末期的状態にあった。

4 ハンザの滅亡

宗教改革とハンザ

一六世紀はドイツが宗教改革の嵐に見舞われた時代である。宗教改革の結果、ハンザ圏の大部分はルター派新教をとり入れた。新教に落ち着くまでには当然多くの混乱があったし、ケルン系諸都市の多くは旧教にとどまったので、ハンザ全体から見れば以前から進んでいた西方の分離は宗教改革によって促進されてしまった。総じていえば宗教改革もハンザの解体を促す要因として作用したのである。

宗教改革は一四世紀以来の市民闘争と絡んで進展した。当初都市支配層は新教に敵意を示し、これに対して手工業者を含めて中・小市民層は新教を支持した。しかし、新教は急速に普及し、都市支配層も結局はこの情勢に妥協するほかなかった。一五二五年のリューベクにおけるハンザ総会ではルター派禁圧が決議されたものの、この決定に従う都市は少なく、改めて同年二回目の総会が開かれ、宗教問題は各都市の自由な決定に任されることとなった。

リューベク自身が宗教改革によって大きく動揺した都市の一つであった。リューベクの支配層が新教化を恐れたのは経済的理由にも基づいていた。彼らの一族からは教会有力者も出ており、その地位や収入が失われるからであった。しかし、新教化の潮流はいかんともし難く、一五二八年には新教徒の市民委員会が成立し、市当局も新教の説教を許すほかなかった。折しも一五三一年にはルターの友、ブーゲンハーゲンがリューベクで布教に努め、新教教会を確立した。

他方、東方ではドイツ騎士団が宗教改革を機として聖界を離脱し、世俗新教国家として再出発した。ポーランドにも新教が入り込み、ポーランド国王も新教抑圧を不得策と見、ダンツィヒには信仰の自由を許している。西方でもヴェストファーレン地方には新教がかなり普及し、ドルトムント、ゾースト等で新教が勝利を占めている。

ハンザ圏で拡まったのは主としてルター派であるが、新教各派間でも不寛容は著しかった。ルター派は本質的な社会革命をねらうものではなく、カルヴァン派や再洗礼派を危険分子として敵視した。ブレーメンで一五六三年にカルヴァン派が勝利を占めた時、ハンザ総会は同市を除名している。特に危険視されたのは都市下層民を担い手とする急進的な再洗礼派で、一五三四年にミュンスターで再洗礼派が政権を掌握したことは、旧教からもルター派からも極度に敵視された。ミュンスターにおける再洗礼派の「聖書共産主義」は一年ほど続いた後、旧教の反撃を受けて崩壊した。ルター派が本質的にはきわめて保守的であったことは記憶されねばならない。再洗礼派の活動は元来が保守的なルター派を一層硬直させる結果をもたらした。

ヴレンヴェーヴァー政権

宗教改革と市民闘争が結びついた結果、リューベクでは一人の特異な人物による劇的変動が生じている。新教派委員会の中にユルゲン・ヴレンヴェーヴァーという人物がいたが、これが彗星のごとく登場してリューベクの市政を牛耳ったのである。彼はハンブルク出身の外来者で、壮年になってからリューベク市民権を獲得した。商人ではあったが資産は豊かではなく、ラート市民とは境遇を異にしていた。その彼がまたたく間に革新系市長に選出されたのは、もとより宗教改革の変動に

ユルゲン・ヴレンヴェーヴァー

乗じたからであるが、彼自身が弁舌豊かで、人間的力量に富んでいたからだといわれている。

　彼は一五三三年リューベクの市長に選ばれたが、その後の彼の政策は一種独特なものであった。というのも、新興勢力のチャンピオンとして登場した彼の政策は、皮肉にもハンザ的特権貿易主義の強化だったからである。彼はデンマークの内紛に乗じてズント海峡を掌握し、オランダ人をバルト海から閉め出す政策を強力に推進した。こうした過激な政策はそもそもが時代錯誤であったし、オランダ人との自由通商に依存するようになっていたプロイセン都市が反対したのも当然であった。同じ頃、類似の革新政権が成立していたヴィスマルとロストクの支援が得られただけであった。

　ヴレンヴェーヴァーはハンブルク出身の元鍛冶職マルクス・マイヤーという人物を艦隊司令長官に起用して、まずオランダ船を攻撃させた。その折、マイヤーはイングランドで国王ヘンリー八世に謁見したが、ヘンリーからその人物が気に入られて騎士に叙任され、いずれデンマークと戦う時の援助まで約束された。次いでヴレンヴェーヴァーはデンマークとの一戦を決意した。これには尻込みする者が多かったが、彼はマリア教会の説教壇から熱弁を振るって反対派を抑えてしまった。

　ところが、デンマークとの戦争は思わしくゆかなかった。デンマーク軍にトラーヴェ河口を抑えられ、海から遮断されるという敗北を喫したのである。もともと無理押しの強硬策だったから、反対派から一斉に攻撃され、やむなく旧敵の何人かを市政に復帰させて妥協せざるをえなかった。かって援助を約束してくれたヘンリー八世もいざとなると全然協力してくれなかった。結局旧勢力が復活し、ヴレンヴェーヴァーは捕えられて苛酷な審問の後、一五三七年に斬首刑に処せられ、嵐のような一時期は終わった。それは同時に、ハンザの首長としてのリューベクの国際的威信の失墜、デンマーク、オランダなどの近世勢力の勝利を意味したのである。

ヴレンヴェーヴァーに対する評価

ヴレンヴェーヴァー（以下ヴと略記）事件は中世末市民闘争の延長上にあるが、それだけにとどまらない性格を有している。それはリューベクにおける新教の勝利を背景とした事件であり、新教化はヴの失脚にもかかわらず実現した。その点では時勢に合致していたが、他面では旧ハンザ勢力の回復をねらうという時代錯誤的性格も付け加わっている。そのためにこの事件の本質をどう考えたらよいか諸説紛々である。

一八四〇年代のこと、あるベルギー人がヴを自由の先覚的闘士として注目し、その生涯を研究すべくリューベクを訪れた。当時彼の祖国ベルギーは自由主義の風潮に乗り、オランダから独立したばかりで、このベルギー人も熱心な自由主義者だったのである。ところが、彼を迎えたリューベク市はきわめて冷淡で、史料提供さえ拒んだ。ヴの失脚後新教化したとはいえ、ルター派保守主義で凝り固まったリューベクにとってヴ事件は市の歴史を汚すいまわしい出来事だったのである。しかし、七月革命以後ヴはにわかに脚光を浴び、当初はひどく近代的に解釈され、三月革命期のドイツではヴ事件を題材とした政治批判劇も書かれるに至った。

このような解釈に対し、ヴの革命性を否定し、時代に逆行する愚行を演じて失敗した人物だと評価する論者もあり、まったく相反する意見が対立している。近年ではクラウス・フリートラントがヴについて秀れた研究を発表しているが、彼はヴに進歩的・守旧的二側面があったのではないかという問題意識を出発点とした。そうしてヴの経済政策にそれまでのリューベクには見られなかった積極性を認め、古いリューベクを新時代に適合させようとする努力があったと見ている。ただ、ヴが内政を十分顧慮せず、遊離した外交を展開させたために失敗したと論じている。

このようにヴの評価はなお決めがたいが、いずれにせよ、ヴの失脚後リューベクは国際的威信を失うとともに、保守主義の殻に閉じこもることとなった。

三十年戦争とハンザ

ハンザに最後のとどめを刺したのは三十年戦争である。三十年戦争はドイツを戦場とした国際戦争であり、宗教を名目とする政治闘争であって、その後のドイツを決定的に疲弊させた不幸な戦争である。三十年戦争がどれほど野蛮で悲惨なものであったかはグリメルスハウゼン『阿呆物語』の冒頭から知ることができる。戦闘行為自体以上に戦闘後の略奪や、戦乱につきものの疫病流行によって多くの人命が失われた。今日では三十年戦争による災害の度合いが地域別に研究されているが、ハンザ圏のうち、メークレンブルク、ポメルンは西南ドイツのファルツ地方とともに人口の半分ほどが失われたと推定されている最大被害地の一つである。これに対してリューベク、ハンブルク、ブレーメンを含む西北ドイツは人口面での被害は少なかった。それにしても三十年戦争によってドイツが受けた損失は、かつての黒死病大流行よりも地域によってははなはだしかったと思われる。

三十年戦争による災害がひどかったのは、一つにはこの戦争で未曽有の大軍が動かされたからである。ボヘミアの傭兵隊長ヴァレンシュタインが彼一流の才幹で集めた兵力は一〇万ないし二〇万という大軍であり、それは当時のどのハンザ都市の人口よりも大きな数であった。それまではせいぜい四万程度の都市住民をどうして食わせたらよいかという問題で都市当局が食糧調達に頭を悩ませていたのだから、これは途方もない現象である。もちろん食糧調達にあたって一応は代価が支払われたとはいうものの、軍隊が通過あるいは駐屯する地方の被害は甚大であった。一六二六年ヴァレンシュタインの軍隊がマクデブルク地方に駐屯した時には、わずか四ヵ月で豊かなこの地方が食い尽くされてしまったといわれている。

もともと連合常備軍のないハンザは、このような戦争に際しては中立を保つのが唯一の望ましい道であった。しかし、中立を守るにも実力の裏づけが必要で、一貫した中立を堅持することもできなかった。しかも、三十年戦争に対処するにあたってハンザという連合勢力は存在しないに等しく、各都市がそれぞれの利害に基づいて個別的に行動するだけであった。その結果、中立を保つことに成功した都市もあれば、失敗した都市もあった。だから戦後のハンザ都市の間では境遇の違いが著しく、戦争終結とともに元の状態に復帰することはできなかった。

ヴァレンシュタイン

他面、三十年戦争は意外なほどハンザ貿易には影響を与えていない。リューベクやハンブルクの貿易活動は依然として盛んであり、ズント海峡通過船舶数にも減少は見られなかった。このような貿易の盛行はハンザの滅亡が経済的理由によるというよりも政治情勢によるものであったことを物語っている。事実、ハンザは衰えてもハンブルク、ダンツィヒ等はかえって興隆期を迎えているのであり、滅亡に向かったのは都市でも貿易でもなく、都市連合勢力としてのハンザそのものだったのである。

シュトラールズント攻防戦

三十年戦争に際しては多くの人物がそれぞれにユニークな役割を演じており、その多くがハンザと深く関係した。ここではその中でも最大の名優ヴァレンシュタインにだけ登場してもらうとしよう。ヴァレンシュタインはハンザに対して並々ならぬ関心を有していた。というのも新教勢力の雄としてドイツをうかがうデンマーク・スウェーデンと対抗するためには北方を固める必要があったからである。事実、三十年戦争中にドイツ皇帝がオランダ・デンマークを抑えるためにハンザとスペインとの経済関係を密接にしようと考え、ハンザに協力を申し出たことがあった。ハンザ都市はすでに新教化していたから、この提案は三十年戦争が宗教的実質の乏しくなった政治闘争であったことを物語っている。ただ、ハンザとハプスブルクの提携というのはいかにもちぐはぐであるし、ハンザ都市にとって最も望ましい道は中立だったから、この話は実現しなかった。しかし、三十年戦争の結果、ハンザが皇帝の注目するところとなったことは確かである。

ヴァレンシュタインはさしあたってハプスブルク家の利益をハンザ圏で推進する役割を担うこととなった。ところが、彼自らがハンザ圏に自己の勢力基盤を築くことを考えるようになったのである。さすがに帝国都市のリューベクとハンブルク（一六一八年に帝国都市となる）には遠慮したが、ヴィスマルとロストクの二都市に対しては猛烈な支配欲を示した。ヴァレンシュタインがその功によ

シュトラールズントの攻防

りメークレンブルクを与えられたため、ヴィスマルは完全に彼の支配下に置かれてしまった。ヴァレンシュタインとしてはハンザ都市の商業力を利用して大軍隊の補給を確保するとともに、その海運力を水軍として利用しようと目論んだのである。

この計画を完成させ、併せてリューベクとハンブルクに勢力を示威するためには、バルト海の要港シュトラールズントを支配する必要があると考えられた。シュトラールズントはハンザ初期の都市建設時代に作られた都市であるが、ハンザ海港都市の中では特異な存在であった。前章でも述べたように、ハンザ海港都市は通常河川の河口からいくらか上流に位置し、直接海には面していないが、シュトラールズントだけは例外的に直接海に出ており、しかも対岸に穀産地リューゲン島を控えている。それがいざ戦争の時には有力な兵站基地となりうるのであった。さらに、シュトラールズント自体が海岸の食い込みによって大陸から分離した一種の島になっていた。つまり、シュトラールズントは北方におけるヴェネツィアであり、難攻不落のコンスタンティノープルというところだったのである。

一六二八年ついにヴァレンシュタインの軍勢がシュトラールズントの前に現れた。この形勢を見るや同市は直ちにスウェーデンと攻守同盟を結んだ。これによりシュトラールズントはスウェーデン軍のドイツ侵入に際して基地となる代わりに、スウェーデンは同市を援助することとなった。だからヴァレンシュタインの軍使が恭順を勧告にやって来た時、断乎これを拒絶した。怒ったヴァレンシュタインは「鎖で天国と繋がっていようともこの町を降伏させてやる」と豪語したという。

戦闘の火蓋が切って落とされた。ヴァレンシュタインはかねてから本拠ボヘミアからの大規模な補給網を作り上げており、一挙に陥落させようと図った。しかるに二度にわたる攻撃は失敗した。海軍建設に遅れをとったことはヴァレンシュタインにとって致命的であった。リューゲン島からの補給が得られるかぎり、シュトラールズントは難攻不敗であり、陸上からの攻撃で陥るような都市ではなかったのである。スウェーデン海軍は沖合にあり、デンマーク軍の上陸も近いと知るや、さしものヴァレンシュタインも囲みを解かざるをえなかった。こうしてシュトラールズントは一六二八年七月六日から二八日まで二〇日余りの包囲をみごとはねのけたのである。

シュトラールズントにおけるヴァレンシュタインの敗退は新教側の輝かしい勝利を意味した。事実、この直後にデンマーク・スウェーデンの新教国軍勢がドイツを席巻するに至るのである。

一六三〇年の三市同盟

シュトラールズント攻防戦の翌一六二九年にハンザ総会が開催された。時しもスウェーデンがプロイセンはじめバルト南岸地方を征服し、ハンザは四分五裂の状態にあった。このような中で各都市はもはや自分自身の保身に精一杯で、雄大なハンザの政策などを考える余裕はなくなっていた。

かつて一六世紀末にイングランド問題の処理を群小ハンザ都市が、リューベク、ハンブルク、ブレーメン三市に委ねた前例があった。この時にもこの三市がハンザの名で行動することを委任されたが、これは事実上ハンザの解体に等しかった。ただし、今回は委任を受けた三市は十分の覚悟をきめていた。もはや多数都市協同行動の時代が去ったことを感じとったのである。

委任を受けた三市は翌一六三〇年強力な同盟条約を締結した。それは三市の協力を約束した明確な国際法上の同盟であるが、特に重要なのは付属協定であった。それによれば、三市は脅威を受けた場合には遅滞なく各々練達した将帥に率いられ十分に武装した兵力五〇〇を送り、海上での脅威に曝《さら》された場合には、しかるべき兵力の海軍を提供することが義務づけられた。それはまぎれもない軍事同盟であり、有効期間は一〇年であった。

しかも、この三市間同盟は多少の中断はあったにせよ、更新を重ねて二〇世紀初期まで存続し、事実上、ハンザの縮小版としてそれに代わる存在となった。もっとも一六四一年の第一次更新に際して肝心の付属協定は廃棄されてしまったから、当初の強力な軍事的性格は消え失せてしまった。それにしても、この三市はすでに「ハンザの名において」対外的に行動することを委任されていたから、法理的にはこの三市同盟はハンザの延長であり、ハンザが実質的に滅亡した後でも、外見上のハンザ存続が可能となったのである。都市ハンザは一三世紀中頃にリューベク・ロストク・ヴィスマルの三市同盟として出発し、リューベク・ハンブルク・ブレーメンの三市同盟となって結末を迎えるわけである。

近代に至るまで、リューベク、ハンブルク、ブレーメン三市が「自由ハンザ都市」の称号を唱えることができたのは以上のような背景による。このうちリューベクは近世以降発展が停止してしまったが、ハンブルクとブレーメンは西方との貿易関係により近世以後も隆昌を続け、今日ハンブルクは人口一七四万でドイツ第二の大都市であり、ブレーメンも五四万を算する有数の大都市である。事実、この二市は現在ドイツ連邦共和国内でそれぞれ独立州となって、過去の栄光を今なお伝えている。これに対してリューベクの人口は増加せず、現在でも二十数万、シュレースヴィヒ・ホルシュタイン州の一都市に過ぎず、しかも州都の地位は北方のキールに与えられてしまっている。

最後のハンザ総会

三市はハンザ諸都市の委任には忠実であった。三十年戦争を終結させたヴェストファーレン条約には三市がハンザの代表として列席し、全ハンザの権利を主張している。この間、一六四七年に三市は全ハンザ都市の名においてスペインと通商条約を締結した。この条約はハンザ貿易の新しい可能性を確保するものとして重要であるが、やがてロストクがこの通商条約の利益に浴する資格があるかどうかについて疑義が生じた。その場合にも三市は前例を引き合いに出して、ロストクのためにその資格があることを証明している。

外地商館問題の処理は三市に委ねられた任務の中でも重要なものであったが、三市ももとより全ハンザのためにこの問題で努力している。一六六二年にロンドンのスチールヤードに関して外交交渉を必要とした時にも三市の代表が使節として渡英している。しかも、その際、イングランドと関係の深いケルンにも参加を求めたが、ハンザ問題に誠意の乏しいケルンはこれを拒んでいる。ケルンのハンザからの分離は一七世紀には完全で、近年に入りケルンに対しては「自由ハンザ都市」の名が定着しなかったのも道理である。

三市はそれゆえ、ハンザ総会開催努力をも怠らなかった。しかし、ハンザ総会開催は三十年戦争

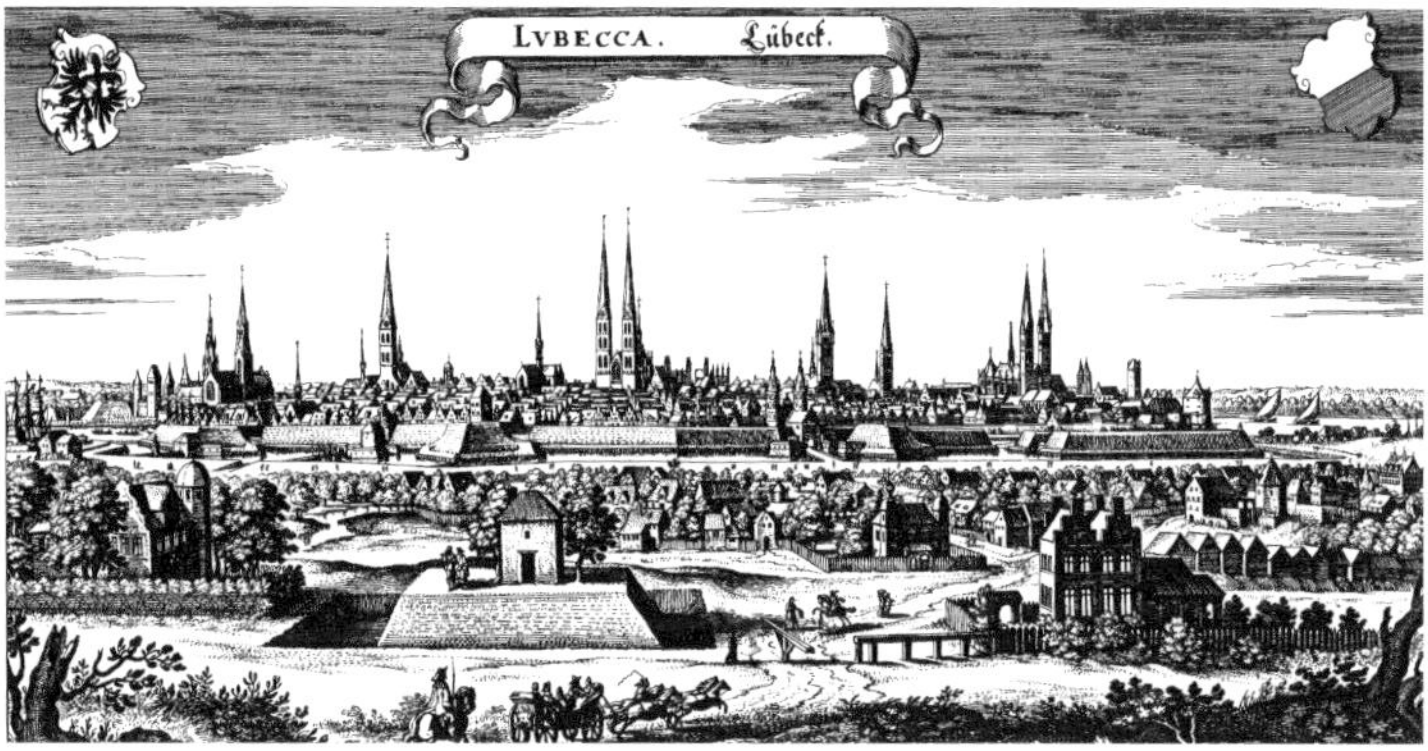

リューベク（1641年）

以後著しく困難になっていた。そこで三市は一六六九年かなり思い切った覚悟のもとにハンザ総会を招集した。それは会議を欠席し共同の負担を拒む都市をハンザから脱退したものと見なし、ハンザ特権享受の資格を否定するという条件のついた招集であった。この招集に対しても諸都市の反応は冷淡で、ダンツィヒはポーランドでの別の会議を控えているからという理由で延期を要望し、ケルンは他都市の反応を見てから態度を決めるという日和見に終始した。ヴェストファーレン条約によりスウェーデン領となったヴエント都市、つまりヴィスマル、シュトラールズントももはやハンザにとどまりえない事情にあった。

こうして一六六九年のハンザ総会にはリューベク、ハンブルク、ブレーメン、ダンツィヒ、ロストク、ブラウンシュヴァイク、ヒルデスハイム、オスナブリュック、それにケルンの九都市が参加したに過ぎなかった。ここでハンザの強化案や南ドイツ帝国都市との同盟案やらハンザ官僚任命案やらスチールヤード再建案やら分担金滞納問題やら種々の議題が討議されたが、結論らしい結論は何も出なかった。ハンザの維持に真摯な情熱を傾けたリューベクはハンザ全体のためにそれまでに五万八千ターラーも自腹を切ったが、それはついに補償されぬままで終わったのである。

一六六九年のハンザ総会はついに最後のハンザ総会となってしまった。当時の人々はもとよりこれが最後とは考えてはいなかったが、以後はリューベク、ハンブルク、ブレーメンの三市同盟がかたちを変えたハンザとして存続し、ハンザ総会はもはや開かれることはなかった。通常一六六九年をもって中世ハンザ史の終わりとされている。ハンザ総会こそはハンザ連合勢力唯一の象徴的機関である。われわれも通説に従い、一六六九年のハンザ総会をもってハンザの終焉としよう。

終章　ハンザの文化遺産

都市と文化

今日学会で最も定評があるハンザ史概説は、アルザス出身のフランス人中世史家フィリップ・ドランジェが公刊した『ハンザ』であろう。同書はハンザに関するすべての事象を網羅した観のある書物であるが、そこには「ハンザ」と題した一章がある。ハンザ圏の中世文化に言及した論著はほかにもあるが、さしあたって同書が文化史に関しても基準となりえよう。ただし「ハンザ」の文化ないし文明なるものを叙述するには多少無理があるような気もする。事実、前記ハンザ史の著者自身がハンザの人々の文化的貢献を文化創造面よりは、文化の伝播面により多くを見出しているかのようである。

一般的に見て商業勢力自体が直ちにそのまま文化創造力を発揮するわけではないと考えられよう。ところが必ずしもそうとはいえないことを同じ商業勢力であるイタリアのヴェネツィアに見出しうるのではなかろうか。たしかに中世末からルネサンスへかけてヴェネツィアは絵画、彫刻に多くの傑作を生み出し、ルネサンス期から一七、一八世紀にかけては音楽の面でもヨーロッパ全体に対する指導的役割を発揮している。これに比べると同じ商業世界でありながら、リューベクはいかにもこうした点では貧弱であり、ここにヴェネツィアとリューベクの最大の相違があるといえるかもしれない。というのもリューベクは中世のゴシック都市としてその一生を終えたようなところがあって、ルネサンス以後に華々しい文化を創造したヴェネツィアとは比べ物になるまい。リューベクでは市庁舎の側面にある階段がルネサンス様式の貴重な遺産として有名であり尊ばれているが、その程度のものならイタリアに行けばどの都市にも飽きるほど沢山ある。だから前記階段が尊ばれていることは、リューベクが文化史的にはとり立てて重視するには及ばないことを逆に立証しているのである。

都市芸術

ところで、「文化」を論ずる場合、我々はとかく文学、絵画、彫刻、建築、音楽といった部門のみを考えがちである。しかしヨーロッパ文化史を論ずるにあたってはもう一つ「都市」という芸術のジャンルを建てる必要がある。ヨーロッパにあっては「都市」も実は一個の立派な綜合芸術である。しかるに秀れた絵画、彫刻、建築等の文化遺産を有し、ましてや世界に冠たる「文学」を有する日本にさえ、「都市」という芸術のジャンルは欠如しているといわざるをえないのである。リューベクの現在の町並自体が絵画彫刻と並ぶ立派な芸術作品だという見方をすべきなのであり、日本人がなかなかそう感ずることができないのは、日本の文化に「都市芸術」が欠如しているからである。この見地からいえば煉瓦造りのゴシック建築で統一された現在のリューベク市自体が立派な文化財だといわねばならない。もちろん、この意味でもリューベクとて南方の同類ヴェネツィアには遠く及ばないであろうが、そもそも南方は歴史の厚みが北方に比べて圧倒的に深いのだから、比較して一方を賞揚し、他方を軽視しても本書にとってはまったく意味がない。だから、ここでは都市景観自体が素晴らしければ、それを絵画彫刻等と同等の芸術だと考えることにしたい。

私見を述べて恐縮ではあるが、私の感ずるところ、ドイツ都市のなかでは大都市よりも中小都市のほうが美しく、受ける感銘も大きいように思う。さしずめその意味での芸術的ドイツ都市の一つに挙げてよいのがリューベクにほかなるまい。ハンザ圏ではそのほかにブレーメン、ヴィスマル、ロストク、シュトラールズント、リューネブルク、リーガ等を挙げることができようか。ハンブルクも大都市ではあるもののそれなりに美しい。ハンザ都市としてはそのほかに大都市のケルンを忘れてはならないが、上記中小ドイツ都市と比べれば都市全体の芸術性は劣ると筆者には思われる。ただ何といってもケルンの巨大な大聖堂とその下に接近するローマ・ゲルマン博物館は圧倒的である。ついでにいえば、巨大なケルン大聖堂は典型的なゴシックであるが、一二世紀以来実に六百年の長い年月を経てやっと一九世紀後半に完成した。一六世紀には東西二本の塔はまだなかったことが古図から知られ、現在の

現在のリューネブルク

ブレーメンのローラント像

巨大な塔は、もはや中世のゴシック精神によるのでも、中世の普遍主義的な世界観に支えられたのでもなく、その精神的背景となったのはドイツの民族的統一のシンボルを得ようというナショナリズムであるに過ぎなかった。外形の様式に惑わされて、ここに中世の普遍主義の体現を見るというのはいささか滑稽な見当違いである。それにしてもこれをハンザの文化遺産だと考える人はまずいないが、その主たる理由はケルンという都市の歴史的存在があまりにも巨大で、ハンザという枠を超越してしまっている点にあろう。

これに対しブレーメンはケルンよりも小さいだけあって、町並みはよく整って美しい。北方であるから当然全体は煉瓦造りであり、石造を主体とするケルンとは全体的印象は異っている。特に美しくも気品の高いのは市庁舎で、煉瓦でよくもここまで美しい建物ができたものだと感嘆せずにはいられない。ブレーメンといえばグリム童話に登場する音楽師である動物達の彫刻が名高いが、歴史研究上重要なのは市庁舎前広場に堂々とそびえ立つローラントの像である。ローラント像は商人の自覚と都市自由のシンボルなのであるが、公共広場にさまざまな象徴を表現する像を建てるというのは北ドイツに特有であり、これをハンザの文化遺産と考えてもよかろう。その他一つ一つの都市が一人一人の個性ある人間のように特有の景観を有するのは、ドイツのみならずヨーロッパ全体に共通する現象であるが、ハンザ都市各々も例外ではない。私の実見した限りでさらにほんの数例を挙げるならば、西方ではゾースト、東方バルト海南岸地方ではシュトラールズントを候補にした

ケルン大聖堂の祭壇画「東方三博士の礼拝」

い。ゾーストには中世都市の面影がよく残り、シュトラールズントは一部戦災を受けたとはいえ、市内聖マリア教会の塔上から俯瞰した復興後の町並みは夢のように美しい。

絵画・彫刻

「文化」といえばどうしても絵画・彫刻ということになりやすいが、ハンザは古代までは遡らないので、当然のことながら中世以降が対象となる。しかし、一五世紀になるといよいよハンザ固有の特性を備えた芸術作品が遺されるに至る。一五世紀にはヨーロッパは中世末特有の絵画を生み出した。それは一四世紀中頃に全欧で猛威を揮った黒死病大流行の悲惨な経験から生み出された、「死者の舞踏」という画題である。この画題は中世末を際立たせているテーマであって、一五世紀はその意味で、ロマネスク・ゴシックと相並べうる絵画史上の一時期といってよい。その一時期の最も秀でた作品を遺した地がリューベクにほかならない。それは一五世紀リューベクの中心商人教会聖マリア教会の内陣に飾られた「死者の舞踏」の大壁画で、これこそはハンザが遺した画期的な芸術遺産といってよい。惜しむべきはこの時代を代表するこの一大壁画は、第二次世界大戦中の

聖ゲオルク像（ストックホルム）

英軍による空襲により、聖マリア教会とともに焼失した。もとより、これほどの絵画ならば模写や詳細な記録が残されており、当時の出来栄えを偲ぶ手段には事欠かないが、それにしても本作品の焼失は、ドレスデンという都市芸術の破壊とともに、第二次世界大戦による人類文化遺産の痛ましい喪失として特記されるべきである。もとより一五世紀に流行したこの画題による絵画は数多くあったはずであるが、今日に伝えられている模写から判断しても、一五世紀のこの画題に基づく文化財として最高のものであることは容易に察せられる。

絵画といえばやはり一五世紀のケルン派絵画を忘れてはならない。すなわちシュテファン・ロホナーによる宗教画特に聖母子像で、現在ケルン大聖堂に安置されている「東方三博士礼拝」の名画は、ヨーロッパ絵画史上に一頁を割くに十分価する名品であろう。ただこれがハンザの遺産としてはあまり意識されることはないようなのであるが、それには二つの理由が考えられる。一つはケルンがハンザ都市としてはあまりにも非ハンザないし反ハンザ的であったこと、もう一つはケルンの歴史的役割が群を抜いて大きいため、ハンザの一員という狭い枠では捉えきれない点である。それでも一五世紀ケルン派絵画、特にロホナーの聖母子画は、秀れたハンザの芸術的遺産として理解されてもよいだろう。

他方彫刻の世界では、ハンザは世界美術の至宝を遺している。一五世紀——どうやら一五世紀はハンザ文化の頂点であるようだ——にはリューベクからリーメンシュナイダーに匹敵する逸材を生み出した。その名をベルント・ノートケという。現在ストックホルムに所在する「聖ゲオルク像」はその代表作であるが、ほぼ同時代のリーメンシュナイダーによる同主題の「聖ゲオルク像」（ベルリン国立美術館彫刻コレクション蔵）と比べても、素人眼には優劣の差はない。その他、中世末から近世初へかけての低地地方絵画も、経済圏としてはハンザ圏の所産ではあるが、これをハンザの文化とするにはあまりにも普遍的であり過ぎるであろう。

音楽

筆者としてはハンザ固有の文化的遺産としては、一七世紀に開花した北ドイツの教会音楽をぜひ挙げたい。時代的には近世に入ってからの所産であり一般的にはハンザと結び付けられることはないが、一七世紀にはハンザは形式上はまだ存在していたのである。この音楽はハンザ都市リューベクを主たる舞台とし、北ドイツ商人層を背景とした文化遺産であり、何よりその感性が煉瓦作りゴシック建築とよくマッチしているからである。

リューベクの聖マリア教会は司教座聖堂とは異なった商人教会（むしろラート教会）であるが、それだけにリューベク商人層の精神的拠り所であるとともに文化的活動の場でもあったが、宗教改革後北ドイツがプロテスタント圏になってから、いかにもハンザに似合った厳粛な音楽が開花した。特にこの教会のオルガニストには二代にわたって傑出した音楽家が勤めた。最初の人はフランツ・トゥンダー（一六一四～一六六七）で、次がその後継者のディートリヒ・ブクステフーデ（一六三七～一七〇七）であり、バロック音楽愛好家が増えた今日、特に後者は広く知られている。前者トゥンダーの作品はもっぱら教会音楽とオルガン音楽であるが、ここでは教会カンタータ「バビロンの河のほとりで」を挙げたい。これは旧約詩編第一三七による、バビロン捕囚時代のユダヤ民族の切ない悲しみを歌い上げた作品で、ほかの何人もの音楽家によって取り上げられている題材であるが、それらのなかでも、トゥンダーの作品がとりわけ強く胸に迫ってくる。もう一つトゥンダーの教会カンタータ「あゝ主よ、汝の愛する天使たちをして」も捨てがたい。死を想っての聖楽であるが、宗教改革後北ドイツ商人層の真剣な人生観を表現しているように感ぜられる。

このトゥンダーの後継者が著名なブクステフーデである。彼の作品としては主にオルガン曲が知られているが、教会音楽（声楽）にも秀でた作品が多い。個人的事情を述べて恐縮だが、若き頃の筆者に震えるような感動を与え、以後の私をして一貫してバロック音楽に熱狂させてきた想い出深い作品は、ブクステフーデの二つの降誕日用カンタータである。一つは「生まれ給いしみどり児」で、クリスマスの厳粛さをつつましく歌い上げており、もう一つはこれもクリスマスの聖歌として名高い「甘き愉悦の裡に」に基づくカンタータで、こちらは降誕の喜びを素直に表現した作品、聖夜室内に入り込む夜風を受けて蠟燭の灯がかすかに揺れ動く様子を合唱で表現した部分はこよなく美しい。

ブクステフーデの作品には他にオルガン曲があり、チェンバロ曲や室内楽等の非礼拝的作品もあるが、その真価は何といっても教会声楽作品とオルガン曲にある。オルガン曲で昔から名高いのはト短調のプレリュードとフーガで当時の形式に従い複数の自由部分とフーガ部分から成る。この作品一つで十分大バッハに匹敵すると思われる傑作である。ほかにニ短調のパッサカリアがあり、文豪ヘルマン・ヘッセがその作「デミアン」のなかで触れている。それは作中の主人公が一風変った教会オルガニストに頼んで、自分が悩ましい時にこのパッサカリアを聞かせてもらうところで、ヘッセはこの作品を「異様な深い沈潜的な、自分自身に聞き入っているような音楽」（高橋健二訳）と表現している。バッハの名高い同種の作品（ハ短調）のような圧倒的強烈さはないが、この作品に限らずブクステフーデのオルガン曲には聞く者をして、何か黙示録的な神秘の境地に誘うようなところがある。コラール作品としては数多いなかから一つといわれれば、待降節用の「今ぞ来たれ、異邦人の救い主よ」を挙げよう。一切の娯楽的要素を排し、聞く者に思わず祈りの心境を想い出させるところがある。

ハンザ圏のバロック音楽としてさらに、ブクステフーデの弟子にして若死したニコラウス・ブルーンス（一六六五～一六九七）を挙げたい。活動地はリューベクでなくシュレースヴィヒ地方のフーズムであるが、それにしても北ドイツであることに変わりはない。三十代はじめに夭折しただけに作品は多くはなく、また弦楽に秀でていたはずなのにその種の作品は残っておらず、どうやら失われてしまったらしい。最終の職務はフーズムのオルガニストであったため、残された作品は声楽の教会音楽とオルガン曲である。一つだけ紹介しておきたいのは教会用カンタータ「私は横たわりかつ眠る」で、死を想い死後の救いを願う作品で、ブルーンスの若き死を想い合わせ、また疫病流行による死の恐怖が現実のものであった当時の社会事情を考慮すると、感銘がとりわけ深い。

「音楽する仲間たち」（Johansen Voorkout画）。左ガンバを弾いているのがブクステフーデとされている。その隣でチェンバロを弾いているのがラインケン（ハンブルク市史博物館所蔵）

一七世紀北ドイツ楽派の一人として、もう一人、オランダ生まれで主にハンブルクでオルガニストとして活躍したヤン・アダムス・ラインケンを挙げたい。転職を願ってハンブルクを訪れた壮年期の大バッハのオルガン演奏を聴いて、日頃は気難しい人物だったにもかかわらずバッハの技量を絶讃したという逸話のある人物である。残された作品は多くはないが、ただ一つの作品で輝いており、それは当時の人々にもよく知られていた傑作であったらしい。それはオルガンのためのコラール幻想曲「バビロンの河のほとりで」である。前出トゥンダーの作品を挙げたところで言及した同じ詩編に基づくオルガン曲（トゥンダーの同名の作品は教会用声楽曲）であるが、ラインケンは長大なオルガン即興演奏の大家として有名であった。即興である以上、この種の作品は後世に伝わりにくいだけに、これは貴重な遺産といわねばならない。コラール作品とはいえ、全曲で二十分近い長大な大作であり、それでいて主題である旧約詩編の悲痛な気持ちを最後まで引きずって離さない。長大な上に娯楽的要素などほとんどないのに、聴く者の心を最後まで捉え続ける不思議な作品である。

ハンブルクといえばバロック音楽の大家ゲーオルク・フィーリップ・テーレマン（一六八一～一七六七）が有名であり、各種のジャンルにわたって作品も多いが、その活動期は一七世紀ではなく一八世紀であり、しかもその音楽は全ヨーロッパ的に普遍性を有し、ハンザの文化遺産などという狭い領域では捉えられないので、本稿では無関係なものとして取り上げない。

以上、一七世紀の北ドイツ教会音楽をハンザの文化遺産としてあえて取り上げたが、バロック音楽愛好家の多い今日、これらの作品がハンザとの歴史的関係でほとんど論ぜられていないのはまことに残念と思い、本書でこれに言及し、識者の関心をこの点に喚起することは、ハンザ研究者のはしくれとしての私の責務であろうと考えた次第である。

あとがき

本書は教育社歴史新書の一冊として一九八〇年に出版した『ハンザ同盟』の内容を大幅に改訂増補したものである。旧著に対してはかなりの好評が寄せられたが、紙数の制約等により割愛せざるを得なかった事柄も多く、加えて年月も相当に経過していることから、このたび全文を見直して新版を出版することになった。

具体的には、冒頭の部分や帝国直属に関する論述にはかなり手を入れ、その他の箇所にも近年の研究動向をふまえて修正を施した。結果として大きく変える必要のなかった部分もあるが、それぞれ精査のうえ適宜補足している。図版も大幅に増やし、ハンザ諸都市についてより具体的なイメージをもっていただけるように努めた。

とりわけ第7章「ハンザ諸都市の群像」と終章「ハンザの文化遺産」の二章は、本書出版に際してまったく新たに書き加えた部分である。旧著ではリューベク中心の記述になりがちであったハンザ諸都市の解説を手厚くするとともに、従来あまり注目されてこなかったハンザ諸都市の文化的側面にも光を当てることを試みた。

また、旧著に対して寄せられたさまざまな御意見も参考にさせていただいた。特に服部良久氏と相澤隆氏から厳しい御批判と御指摘を賜った。本書では両氏の御批判を可能なかぎり取り入れたつもりである。両氏に深甚の謝意を表する次第である。

本書を上梓するにあたり、創元社編集部の堂本誠二氏に格段の御高配を頂いた。ここに心から御礼を申し上げる。

二〇一三年一月

高橋　理

参考文献

ハンザ史ほど外国の盛況に比べて日本での研究が乏しい分野はめずらしい。邦文文献のみでは不足なので、欧文の主なハンザ史概説も紹介しておきたい。

邦文文献でハンザ通史に近いものとしては

高村象平『ドイツ・ハンザの研究』(日本評論新社、一九五九年)

がある。高村氏は日本におけるハンザ史学開拓者で、本書の価値は今なお高い。しかし、水準としては同氏の

高村象平『ドイツ中世都市』(一条書店、一九五九年)

のほうが高い。そのなかのリューベク市民の土地所有に関する論文は本邦としては最初の本格的ハンザ史研究である。この高村氏の二著はその後まとめられ、左記改訂版として出版された。

高村象平『西洋中世都市の研究』(筑摩書房、一九八〇年)

邦人の成果として

関谷清『ドイツ・ハンザ史序説』(比叡書房、一九七三年)

がある。事実上、本邦最初のハンザ史総観であり、ハンザ通史として一切の項目を含んでいるのはこれだけである。ただ厖大に過ぎ、叙述にもう一工夫欲しいところである。

最近になると何点かのハンザに関する邦人の文献に恵まれるようになった。

斯波照雄『中世ハンザ都市の研究』(勁草書房、一九九七年)

同『ハンザ都市とは何か』(中央大学出版部、二〇一〇年)

がその代表で、著者はいくつもの都市にわたってさまざまな局面、たとえばハンザ都市内部の市民闘争を研究してきており、右二著はそれの集成である。

谷澤毅『北欧商業史の研究』（知泉書館、二〇一一年）は近世における世界経済の形成を念頭に置きつつ展開された、中世末を主とする雄大なハンザ史展望を示している。

さらに翻訳ではあるが、

デヴィド・カービー他著／玉木俊明他訳の『ヨーロッパの北の海――北海・バルト海の歴史』（刀水書房、二〇一一年）もハンザ史研究にとって有用な成果である。

個別論文としては戦前に

増田四郎『独逸ハンザ都市リューベックの成立について』（東京商科大学研究年報『経済学研究』第四号）がある。今日ならばいくつかの論文に分けられるべきものだが、戦前の論文としてはきわめて水準が高い。ハンザに関しては高村象平氏の個別論文ももとより多いが、ここではそれらを集大成した前記二著を挙げれば十分であろう。

比嘉清松「中世末北ヨーロッパにおける毛皮取引」（『松山商科大学論集』一九巻二号、一九六八年）は生活必需品取引を主とする北方貿易のなかで意外に重要な地位を占めていた毛皮取引が中世末に盛行した事情を探究している。

また、ハンザ都市における市民闘争について次の研究成果に接することができる。

服部良久「中世末期リューベックにおける市民闘争」（『史林』五九巻三号、一九七六年）はリューベックの市民闘争を扱い、経済情勢や市民層の変化とにらみ合わせつつ、リューベク市民闘争の本質解明を試みている。

影山久人「中世末葉ニュルンベルク・リュペック間交易事情の一斑」（京都外国語大学、『コスミカ』7、一九七七年）

は、本書で割愛した南ドイツ商人のハンザ圏進出という問題を扱っている。ニュルンベルク商人がハンザ商人に転身する過程をドイツ南北の社会経済的対比を背景に論じている。

高橋理「一三世紀ヴィスビ・ドイツ商人による北方通商法の確立」(『史学雑誌』八八編一一、一九七九年)は、ハンザ商業の始源を法史的視角から扱い、ハンザ商人の先祖がどのような労苦を払ったかを論じ、それを通じてハンザの本質解明をねらっている。

さらに若手研究者の業績として、

小野寺利行「中世ノヴゴロドのハンザ商館における生活規範」(『比較都市史研究』三〇巻二号、二〇一一年)が挙げられる。小野寺氏は年来ノヴゴロド商館規約(スクラ)の閲読と分析に専念しており、前掲論文はその成果であるが、知られるところの乏しい具体的事実をわかりやすく整理・解説した功績は大きい。同氏はスクラと本格的に取り組んだおそらく日本で最初かつ唯一の研究者であり、今後の学会への貢献が期待される。

もう一人の若手研究者の成果として、

柏倉知秀「十四世紀後半リューベク商人のネットワーク」(『立正史学』一〇五号、二〇〇九年)が得られた。柏倉氏はこれまでのハンザ史研究にはあまり取り入れられてこなかったプロソポグラフィクな手法を導入し、それを用いて一三六八年のポンド税台帳を分析し、リューベク有力商人の実態を明らかにした。同氏はさらに一四世紀後半のポンド税決算書の分析を通じてハンザ諸都市の商業規模と勢力序列を明示した

柏倉知秀「中世ハンザ都市の商業規模」(『比較都市史研究』二三巻一号、二〇〇四年)を世に問うている。

なお、ハンザ都市に関する邦文文献でも、ハンザ史研究という方向性の乏しいものは割愛した。

邦語文献が乏しい反面、欧文文献は無数にあるといってよい。論文としては、一八七一年以来ハンザ史学会により毎年発行されている Hansische Geschichtsblätter 掲載論文がきわめて重要であるが、ここでは通史のみ紹介する。

現在最も定評があるのはフランスの文献、

Phlippe Dollinger, La Hanse（XIIe-XVIIe siècles）（Paris, Aubier, 1964）

である。著者はアルザスの人で昔はドイツ中世農業史研究で知られていた。その後ハンザ史研究にも乗り出し、現在ではハンザ史研究の重鎮となっている。学術的にも信頼度が高く、通史としても手頃であるが、理論を好む日本の研究家には多少物足りないかもしれない。原文はフランス語だが、ドイツ語訳（Philippe Dollinger, Die Hanse. Stuttgart, Kröner, 1976. ハンザ史学会による訳）と英訳（Philippe Dollinger, The German Hansa.London, Macmillan, 1970）がある。

本場のドイツでは大戦直後の良いハンザ通史がない。一般に最も広く読まれているのは

Karl Pagel, Die Hanse.（Braunschweig, 1952）

で、たびたび版を重ねている。しかし、専門家の間での評判は芳しくない。著者が素人であるうえに、学界の研究水準と無関係で学術的価値がないからである。しかし、写真が多いのは有益である。

戦前の著作では

Dietrich Schäfer, Die deutsche Hanse.（Bielefeld & Leipzig, 1925）

は、今日でも一応の利用価値がある。著者は一九世紀末から二〇世紀へかけて長らくハンザ史学を牛耳った大ボスで、歴史学は政治に奉仕すべきだと公言して憚らなかった人物として知られ、帝政時代のドイツ政治家とも縁が深かった。それだけに国粋主義的な傾向には注意して読む必要がある。

Theodor Lindner, Die deutsche Hanse.（1898, 3, A., Leipzig, 1902）

も同種の傾向を帯びた書物であるが、その点を割引けば一九世紀の学問的気風を伝えた意外な良書である。今日専門家は重んじないようだが、具体的史実を知るうえでなかなか参考になる。

シェーファーに次いでハンザ史学の権威として一時代を築いたのは本書でも言及したフリッツ・レーリヒである。彼の著書・論文は多数にのぼるが、主な論文を集めた、

Fritz Rörig, Wirtschaftskräfte im Mittelalter（Köln, Böhlau, 1971）

を挙げるにとどめよう。彼に対しては批判もあるが、商人ハンザ史を開拓した業績は高く、論述が力強く理論性にも

富んでいるので読みごたえがある。さすがにレーリヒの論著には邦訳されているものが二点ある。

F・レーリヒ著／瀬原義生訳『中世の世界経済』（未來社、社会科学ゼミナール四六、一九六九年）

フリッツ・レーリヒ著／魚住昌良・小倉欣一共訳『中世ヨーロッパ都市と市民文化』（創文社、歴史学叢書、一九七八年）

ともにレーリヒの学風を知るうえで手頃である。

Walther Vogel, Kurze Geschichte der deutschen Hanse（Pfingstblätter des Hansischen Geschichtsvereins 11, 1915）

は概説として最良だという評さえある。事実、著者はドイツ航海史の最高権威として現在でも名声が高く、未完に終わったその主著

Walther Vogel, Geschichte der deutschen Seeschiffahrt I.（Berlin, 1915）

は、ハンザ貿易の実態を知る上で今日なお必読書の地位を保っている。

戦後の文献としては

Ahasver von Brandt, Geist und Politik in der Lubeckischen Geschichte.（Max Schmidt-Römhild, Lübeck, 1954）

が有益である。レーリヒの遺業を継ぎ、戦後のハンザ史学では第一人者であった。本書はリューベクの歴史をさまざまの角度から論じたもので、叙述は二〇世紀にまで及んでいる。定評のある概説を読んだ後に読むとよいであろう。通常のハンザ史概説からは得られない貴重な示唆を与えてくれる名著である。

Hanse in Europa.（Kunsthalle, Köln, 1973）

も重要である。共同執筆による項目別ハンザ史というべきもので、執筆陣も一流である。ハンザ史の特定問題をコンパクトでしかも高い水準で知るのに好便である。

統一前の東ドイツでは

Johannes Schildhauer, Konrad Fritze, Walter Stark, Die Hanse（VEB Deutscher Verlag der Wissenschaften. Berlin, 1975）

が出版された。共同執筆の三人はいずれも旧東ドイツのハンザ史学を代表する人々で、それぞれ高度の専門研究を発

表している。本書がハンザ史概説として妥当か否かはともかく、東独ハンザ史学の基本精神を知る上での必読書である。ヨーロッパでは Dreimännerbuch という愛称で親しまれている。

概説そのものではないが、

Dietrich Schäfer, Die Hansestädte und König Waldemar von Dänemark（Jena, 1879）

は対デンマーク戦争時代のハンザを扱っている。本書は近代ハンザ史学の開幕を告げた記念碑的著作で、ハンザ史学会第一回の受賞作品となった。しかし、ハンザ史学にドイツ国民主義を吹き込む元凶となったのも本書である。その後の受賞作品として

Ernst Daenell, Die Blütezeit der deutschen Hanse. 2 Bde.（Berlin, 1905）

も重要である。シュトラールズント条約からユトレヒト条約までを扱い、したがって「ドイツ・ハンザの最盛期」という表題となっている。叙述が多面的なので有益であるが、皮肉なことにその題名にもかかわらず、ハンザ衰退期の事情を知るのに好個の文献でもある。

ドイツ語以外の文献としては古く、

Helen Zimmern, The Hansa Towns.（London, 1889）

がある。出版当時は貴重な成果だったと思われるが、今日では学術的価値は乏しい。英語でハンザ史を読もうというのであれば、最初に挙げた Dollinger の英訳を読めばよい。

最近の欧文文献としては次の諸冊が重要である。

Klaus Friedland, Die Hanse. 1991 (Kohlhammer Urbantaschenbücher Band 409)

著者は数年前高齢で他界された現ドイツにおける最高のハンザ史家であり、大部のハンザ通史は書き残さなかった。本書は氏の唯一ともいうべき概説書であり、何よりも文庫本の形態を取り、簡便に読めるのが有り難い。むしろ氏の著作でハンザ通史に近いのは、

Klaus Friedland, Mensch und Seefahrt zur Hansezeit. 1995. (Quellen und Darstellungen zur hansisehen Geschichte. Neue

Folge Band XLII Böhlau Verlag)

であろう。何しろ著者は「ハンザに関する史料のすべてを閲読した唯一の人」と噂されるほどの大家。この二書のみならず論文が多数あり、ハンザを深く研究しようと志す人には同氏の論著は必読である。

ドイツではついに前世紀末に前記 Dollinger に匹敵するハンザ史概説が出た。

Heinz Stoob, Die Hanse. (Verlag Styria, 1995)

著者はハンザ史の専門家というより中世史全般の研究で名高い。本書は今のところ Dollinger のドイツ版に相当するが、Dollinger にはない見地も含まれているようである。

その後多くの各部門専門家による合作である

Jöergen Bracker, Volker Henn, Rainer Postel, Die Hanse. Lebenswirklichkeit und Mythos. (Schmidt Röemhild, 1998)

が出版された。通史ではなくむしろテーマ毎の各論集成であり、特定のテーマに就いて知見を深めようとする向きにはまことに好便である。本著の「ハンザ諸都市の群像」の章は本書に依拠する所が多い。

リューベク市史に関しては次の大著が得られた。これに匹敵する著書はドイツでも見当たらない。

Heransgegeben, Antjekathrin Graßmann, Lübeckische Geschichte. (Schmidt Römhild, 1988)

また、

Die Deutsche Hanse als Mittler zwischen Ost und West. (Westdeutscher Verlag Köln und Opladen, 1963) は、

Ahasver von Brandt, Paul Johansen, Hans van Werveke, Kjell Kumlien, Hermann Kellenbenz

右記五人の大家による、各部門、各時代別の専門論文の集大成である。ロシア貿易についての漸新な見方などは Johansen の論文から得られる。専門性が高く、しかも高度な内容なのでハンザ史研究者にとっては必読の書というべきである。

ハンザ史の個別問題に関する単行の文献もきわめて多いが、一切省略する。ハンザ史学会の意欲的活動のおかげで、印刷刊行されたハンザ史料も多く、中世史のなかでハンザは印刷史料集に恵まれているほうであろう。ここでは基本

的なもの四種を挙げるにとどめる。

Hansisches Urkundenbuch. 11 Bde.（K. Höhlbaum, K. Kunze, W. Stein, H.-G. v. Rundstedt 編 1876-1939）

は、ハンザ史料として最も幅が広く基本的なものである。ただし、編集上の困難から第七巻はついに出版されなかった。だから第七巻欠如で刊行史料集としては全部である。また、ハンザ史学会創立以来今日まで編集が続けられている

Hanserezesse 4 Abt.（1870-）

はハンザ総会関連史料を中心とする厖大な史料集で、前記史料集とともにハンザ史料集の双璧を成すが、四部から成り、分量はこちらの方がずっと多い。編集の息も長く、戦後も続けられている。一九七〇年に第四部第二巻が出、一五三七年の分まで刊行されたが、今後継続出版の見通しは立っていない。

リューベクの史料集としては

Urkundenbuch der Stadt Lübeck. Codex Diplomaticus Lubecensis, Lübeckisches Urkundenbuch. 1. Abtheilung. 11 Bde.（Lübeck, 1843~1932）

が基本的である。ただし最初の部分には刊行年のせいもあって、史料研究の成果が進んだ今日再検討を要するところもある。

イングランド貿易の史料集としては

Karl Kunze, Hanseakten aus England 1275-1412（Hansische Geschichtsquellen 6. 1891）

が若干の統計をも含み利用価値が高い。

近年では次のハンザ史料集が刊行された。

Rolf Sprandel, Quellen zur Hanse-Geshichite. Ausgewählte Quellen zur deutschen Geshichte des Mittelalters. Freiherr vom Stein-Gedächtnisausgabe. Band XXXVI. Wissenschaftliche Buchgesellshaft, Darmstadt, 1982.

有名な総合史料集中の一冊にまとめられているのでハンザ研究入門には簡便ではあるが、専門的に深く研究を進めるには不十分である。そのうえ編者 Sprandel がハンザは中世末の歴史現象だという見解の持ち主なのでその点での

偏向もあろう。またラテン語原文には現代ドイツ語訳が付されているが、中世低地ドイツ語原文にはそれがない。日本の研究者にとっては後者にこそ対訳がほしいところである。それにつけて思い出されることがある。かつてハンザ研究者 Walter Stark に史料を読むに際してラテン語と中世低地ドイツ語とどちらが楽かと問うたところ、しばらく考えた末に中世低地ドイツ語のほうだろうと答えてくれた。なにしろ子供のころから聞き慣れているからとのことであった。われわれ日本人としてはラテン語のほうが何とか意味が辿れるが、中世ドイツ語となるとお手上げである。筆者など専門論文の場合にはラテン語で勝負のつく時代とテーマに逃げている始末である。やはり現地の研究者には圧倒的な強みがある。しかし今後のハンザ研究者は中世低地ドイツ語に相当熟達していないと務まらないであろう。

▶ま行

▶や・ら・わ行

▶は行

▶た行

▶な行

▶さ行

▶か行

索　引

高橋　理（たかはし・をさむ）

1932年東京都生まれ。東京大学文学部卒業、同大学大学院人文科学研究科（西洋史学専攻）修士課程修了。弘前大学教養部教授、山梨大学教育学部教授、立正大学文学部教授を歴任、2003年立正大学を定年退職。著書：『ハンザ同盟――中世の都市と商人たち』（教育社）、『都市論の現在』（共著、文化書房博文社）。主な論文：「十三世紀ヴィスビ・ドイツ商人による北方通商法の確立」（『史学雑誌』88編11号）、「中世初期における北・東ヨーロッパの宣教事情」（『弘前大学教養部紀要』30号）、「ハンザ都市リューベクの帝国直属と十三世紀の教皇庁」（山梨大学教育学部報告）、「フィンチャルの聖ゴドリクとその時代」（『立正史学』93号）。2018年10月逝去。

ハンザ「同盟《どうめい》」の歴史《れきし》
中世《ちゅうせい》ヨーロッパの都市《とし》と商業《しょうぎょう》

2013年２月20日　第１版第１刷発行
2025年６月20日　第１版第11刷発行

著　者……高　橋　　理
発行者……矢　部　敬　一
発行所……株式会社 創　元　社
〒541-0047 大阪市中央区淡路町4-3-6
Tel.06-6231-9010㈹
https://www.sogensha.co.jp/
印刷所……株式会社 フジプラス

ISBN978-4-422-20337-9 C1322